Natureza e imanência

Fábio Rodrigues de Ávila

Natureza e imanência

O Sistema da Natureza de Holbach

alameda

Grafia atualizada segundo o Acordo Ortográfico da Língua Portuguesa de 1990, que entrou em vigor no Brasil em 2009.

Edição: Haroldo Ceravolo Sereza / Joana Monteleone

Editora assistente: Danielly de Jesus Teles

Projeto gráfico, diagramação e capa: Mari Ra Chacon Massler

Assistente acadêmica: Bruna Marques

Revisão: Alexandra Colontini

Imagens da capa: *The Ray*, de Jean-Baptiste-Simeon Chardin.

Este livro foi publicado com o apoio da Fapesp - processo n. 2017/05011-1

CIP-BRASIL. CATALOGAÇÃO NA PUBLICAÇÃO
SINDICATO NACIONAL DOS EDITORES DE LIVROS, RJ

A972n

ÁVILA, FÁBIO RODRIGUES DE
Natureza e imanência : o sistema da natureza de Holbach / Fábio Rodrigues de Ávila. - 1. ed. - São Paulo : Alameda, 2018.
: il. ; 21 cm.
Inclui bibliografia
ISBN 978-85-7939-501-7

1. Holbach, Paul Henri Thiry, baron de, 1723-1789. 2. Filosofia da natureza. 3. Filosofia e religião. I. Título.

18-49930 CDD: 113
CDU: 113

ALAMEDA CASA EDITORIAL
Rua 13 de Maio, 353 – Bela Vista
CEP 01327-000 – São Paulo, SP
Tel. (11) 3012-2403
www.alamedaeditorial.com.br

Para meu avô, Antônio Alves e minha tia, Fátima Aparecida Alves (in memoriam)

A borboleta quer romper seu casulo, ela o golpeia, ela o despedaça; então é cegada e confundida pela luz desconhecida, pelo reino da liberdade.

Nietzsche

Queimando interiormente numa ira violenta,
com extrema amargura falei à minha mente:
criado da matéria, das cinzas dos elementos,
sou como a folha soprada pelos ventos.
(...)
A esmo sou levado como uma nave sem piloto,
e pelos ares voo como um pássaro ao sabor dos ventos;
correntes não me prendem, chaves não me trancam,
eu procuro os que me semelham, e me uno aos desajustados.
(...)
Eu vou pelos largos caminhos, como devem ser os da juventude,
eu me entrego aos vícios, e me esqueço das virtudes,
desejoso de volúpias, muito mais que de salvação,
morto em minha alma, à minha carne me devoto.

Confessio, Archipoeta
Carmina Burana 177

Sumário

Prefácio

Holbach: a vitória da razão sobre o niilismo

Regina Schöpke

Trazer à luz o pensamento de um filósofo como o Barão de Holbach não deixa de ser hoje, como, aliás, já era no seu tempo, um ato de coragem. Isso porque, ainda que não estejamos mais sob a mira da Inquisição, que ainda queimava seus hereges em pleno século XVIII, agora a questão é a própria razão, que tendo caído em descrédito no mundo contemporâneo, faz parecer que tratar de um iluminista tão convicto do seu poder transformador é algo sem grande valor especulativo e mesmo prático. Mas, muito pelo contrário, a filosofia de Holbach era e continua sendo uma "máquina de guerra" (para usar um conceito de Gilles Deleuze e Félix Guattari) dirigida contra uma metafísica que, mesmo sub-repticiamente, permanece viva. A guerra agora é contra a paralisia que tomou conta do próprio pensamento, é contra o niilismo devastador que não poupou nem mesmo a filosofia nos últimos séculos. Sem dúvida, quando Nietzsche anunciou, quase como um profeta, a grande crise moral que assolaria o século XX, ninguém poderia imaginar, àquela altura, o que isso verdadeiramente significava. Mas a denúncia estava feita: o mundo estava prestes a mergulhar num niilismo sem precedentes, e isso queria dizer simplesmente que os homens viveriam, na carne, a mais profunda dissolução dos valores.

Nietzsche sabia bem o que dizia e é claro que, em parte, a própria iconoclastia de seu pensamento (com sua corrosiva crítica da moral e da verdade) influenciou decisivamente os rumos da filosofia. No entanto, a intenção de Nietzsche nunca foi a de afundar o homem no "vazio" ou no "absurdo da existência". Pelo contrário, a questão era preparar o solo para a grande transvaloração de todos os valores. Afinal, para Nietzsche, tanto quanto já era para Holbach, a filosofia devia estar sempre a serviço da vida. Não sem razão, a questão mais premente deste filósofo, que filosofou "a marteladas", era recuperar "o sentido da terra", recuperar a paixão pela existência, algo que teria sido roubado dos homens, desde os primórdios, por uma metafísica que sempre tratou a vida como algo menor, sem valor em si mesma.

Com certeza, não é destituído de interesse o fato de que muitas das filosofias que nasceram dos escombros da metafísica (Heidegger, Sartre, Cioran, etc.), ao invés de se sentirem libertas da prisão do mundo superior e produzirem um pensamento afirmativo, parecem ter se ressentindo tanto com a perda do estatuto metafísico, que acabaram detratando ainda mais a vida e a própria razão, que agora lhes pareciam fazer ainda menos sentido. Ironicamente falando, Holbach, o apaixonado defensor da razão humana, está mais próximo de Nietzsche (sobretudo, no que tange à afirmação da vida) do que muitos filósofos que lhe são devedores, mas que não conseguiram superar o mal-estar diante de uma existência que lhes aparecia como supérflua. Mas, afinal, não seria este niilismo atual, que considera não só a morte, mas também a vida como um nada, um indicativo de que a metafísica ainda é vitoriosa? Não estariam ainda os homens, e a própria filosofia, enredados numa lógica que nos fez sempre prisioneiros desta busca de um sentido da vida fora da própria vida, fora do próprio viver?

Como pode, afinal, ser supérflua a vida para aquele que vive? Com ou sem razões superiores, não é a existência aquilo que verdadeiramente nos separa do nada? E não é para ela que devemos orientar nosso olhar, para a construção desta vida, seja como seres individuais ou coletivos? É aqui que Holbach nos aparece como um companheiro anacrônico de Nietzsche, na verdade, o seu antecessor mais direto na luta contra o niilismo humano e sua profunda aversão pela vida real, em prol de mundos e ideais criados pela imaginação. O problema é que até alguns companheiros de pena e de luta de Holbach, dentre os quais, o próprio Voltaire, viam a sua obra como perigosa, por trazer em seu bojo um ateísmo e um materialismo explícitos – algo que Voltaire considerava um desserviço ao mundo social, que, para ele, não poderia prescindir da transcendência para estabelecer limites aos homens. É muito conhecida a sua frase sobre isso: "Se Deus não existisse, seria preciso inventá-lo".

Mas é claro que Holbach não concordava com Voltaire, pois, para ele, as crenças religiosas, ao invés de terem feito os homens viverem em paz, os levaram a fanatismos e a guerras ainda mais sangrentas, e sem lhes produzir qualquer culpa, visto que elas se encontravam fundamentadas na fé. Sem dúvida, Holbach é um opositor radical de todos os tipos de superstições, fanatismos, crendices e preconceitos – que, para ele, tanto quanto já era para Epicuro, de quem seu pensamento muito se aproxima, refletem a falta de conhecimento da natureza. Sim, Holbach jamais colocou em dúvida o poder da razão de conhecer a natureza (neste sentido, ele é um empirista convicto, bem diferente dos filósofos que foram tocados por Kant), mas também, e sobretudo, jamais negou a ela o poder de refazer a própria rota do pensamento, ir além dos erros e das ilusões que criou, pois é certo que, para ele, os homens se enganarão sempre que abandonarem a experiência, ou seja, toda vez que voltarem as costas para a natureza. Ocorre que, para Holbach, a história do homem é a história deste engano, eis porque os homens teriam se perdido em seus próprios delírios de grandeza. São estes delírios que servem de base e de justificativa para os governos despóticos, que exercem, sem reação do povo, sua perversa tirania. E também são estes delírios que estão na base desta ideia de uma linhagem de sangue "nobre", tão falsa quanto as justificativas que são dadas para o povo obedecer a um governante injusto.

Pois bem, de fato, mesmo sendo um aristocrata, Holbach não se cansa de atacar a nobreza de sangue, pois, para ele, a única nobreza real é a do caráter. Eis porque é essencial, antes de qualquer coisa, desenvolver a nossa capacidade de pensar, desenvolver plenamente a razão – algo que é sempre negligenciado ou, simplesmente, distorcido por conta de uma razão ela própria já distorcida por ideias e ideais quiméricos. Não sem motivos, termina-se por considerar a razão impotente, quando, na verdade, não se educa o homem adequadamente dentro de princípios reais, ou seja, naturais. Real e natural são sinônimos em Holbach. Afinal, estamos diante de uma filosofia absolutamente imanente, que pensa o homem como um ser natural, com suas especificidades próprias, mas tão parte da natureza quanto qualquer outro ser.

É aqui que a obra de Holbach tem muito a dizer ao nosso tempo, mesmo que se possa também acusar o seu modelo de sociedade de utópico. Talvez ele também sonhe com um mundo ideal, mas o seu diferencial é que seu pensamento leva em conta o homem como ele é, naturalmente cheio de paixões, desejos, ambições, mas que, antes de deplorá-las em si, ele acredita que se deve colocá-las a serviço da sociedade. E somente uma verdadeira educação pode ensinar o valor e a utilidade de ser um homem justo, equânime, um homem que busca sua liberdade sem ferir a do outro, que sabe que a felicidade depende das relações que se estabelece com esses outros que dividem conosco a existência. Muito antes de nós, os gregos dos séculos VI e V a.C. já sabiam que não há verdadeiros cidadãos sem uma "paideia", ou seja, sem um processo educativo, sem uma formação ética, em poucas palavras, sem a produção de qualidades essenciais ou, mais especificamente, "virtudes sociais", para usar uma terminologia holbachiana. Holbach reconhece que os homens são, geralmente, viciosos, pervertidos, cruéis, etc., mas é exatamente porque não aprendem, desde o início, os verdadeiros valores que sustentam a vida social.

Sem dúvida, é preciso felicitar o autor deste estudo, Fábio Rodrigues de Ávila, não apenas pelo seu belo e rigoroso trabalho, mas por poder dar a todos a chance de conhecer melhor uma filosofia que foi deixada propositadamente no esquecimento, exatamente por ser perigosa para uma falsa moral que se estabeleceu desde sempre. Sim, Holbach nos fala em uma moral universal, e nos fala também em virtudes, termos que parecem tão ultrapassados em nosso tempo, mas basta que nos debrucemos sobre sua obra e logo percebemos o frescor de um pensamento que, por estar tão distante deste sentimento de derrota da razão, nos permite respirar os ares de quem ainda é capaz de encontrar razões suficientemente nobres para fazer valer esta existência. É claro que será preciso ir mais fundo na obra do próprio Holbach para entender o que ele chama de moral universal e porque isso está bem longe de ser uma forma de impor a todos um único modo de vida e pensamento. Holbach respeita as diferenças individuais e até as incentiva, tanto quanto incentiva as paixões, desde que elas não prejudiquem os outros e não sejam completamente alheias à felicidade geral. Sim, como dissemos acima, as paixões também devem estar a serviço do coletivo, pois, afinal de contas, para o Barão de Holbach, não se pode falar em felicidade individual sem felicidade coletiva, e o inverso também é verdadeiro, não se pode falar em felicidade coletiva sem felicidade individual.

Enfim, se a felicidade é realmente possível, e Holbach acredita que sim, ela diz respeito à forma como o homem orienta a sua vida; mas para que todos tenham as mesmas condições de atingir esta felicidade, ou seja, para que todos tenham igualmente uma formação adequada que lhes permita buscar o melhor e repudiar o pior em si mesmo, faz-se necessário um governo que seja, ele próprio, virtuoso. Como diz Holbach, "são os bons costumes que fazem os bons cidadãos" e, por bons cidadãos, devemos entender os homens capazes de fazerem um bom uso da sua liberdade sem prejudicar a ninguém. Seja como for, é preciso, antes de tudo, que os governantes sejam capazes de entender que a sua função é fazer a felicidade de todos e não apenas de alguns. Não sem razão, a educação pública, "tão vergonhosamente negligenciada", diz Holbach, deveria ser uma das prioridades máximas de todo bom governo. Sem dúvida, às vezes parece que ele escreve diretamente para os nossos governantes.

Enfim, Holbach está longe de ser um racionalista ultrapassado. Ele é, ao contrário disso, um pensador genial, independente dos tributos que paga ao seu tempo. Como todo filósofo, ele é filho de sua época, é claro, mas também é uma espécie de farol que ilumina os caminhos das novas gerações, anunciando incansavelmente que o homem pode ir mais longe.

Introdução

O século XVIII marca um dos momentos políticos e econômicos mais críticos da história da Europa. Durante as últimas fases do *Ancien Régime*, a prodigalidade aristocrática, em vias de constituir uma nova elite intelectual,[1] promoveu, em contraste com a miséria do povo francês, a ascensão de um personagem histórico que combinava o ardil, a *sagesse* e o bom gosto, bem representados pelo *Sobrinho de Rameau* de Diderot. Esse personagem ilustrou a ânsia pelo reconhecimento público com o intuito da ascensão social, aparentemente facilitada pela desorganização cambial, reflexo de uma economia em vias de transformação devido ao recrudescimento da hierarquia feudal e das novas formas de comércio e relações econômicas aceleradamente em gérmen. Como sugere Guy Chaussinand-

1 Robert Darnton, ao analisar a importância da literatura clandestina no desenvolver do processo da Ilustração que culminou na Revolução de 1789, não deixa de apresentar o empenho com que o Estado francês procurou, à guisa de gordas pensões, conseguir o apoio popular através de periódicos e obras encomendados e sempre submetidos à censura: "a monarquia sustentava circunspectos sábios, desejosa, talvez, de recrutar uma nova elite intelectual. Dispensava, igualmente, caridade. E usava seus fundos para estimular escritos que propagassem uma imagem favorável do regime" (DARNTON, 1989, p. 21).

Nogaret, o personagem do marquês de Carabás[2] permeava o imaginário europeu, uma vez que o sistema financeiro despropositado facilitava a ação de especuladores e o enriquecimento ilícito através de inúmeros recursos, como as letras de crédito (muitas vezes falsas), a agiotagem e a ação de golpistas e falsários que encontravam meios de ganhar fortuna à custa dos honestos e ingênuos.[3] Não apenas a imagem de um novo modelo econômico, mas antes o desmoronamento de um sistema em crise, a construção do capitalismo pré-industrial se formou com base nas exigências sempre imediatas da necessidade do pão. A expectativa do enriquecimento seduziu o pequeno burguês e o *sans-culotte*, que acreditavam poder entrar na aristocracia pela porta da frente, a das Belas-Letras. Um dos casos mais emblemáticos dessa expectativa, que demonstra também a mudança dos valores da nobreza francesa em relação aos seus, foi o de Voltaire, como indica Robert Darnton. Os mesmos círculos que aplaudiram a surra que ele levou a mando do cavaleiro de Rohan, em 1726, devido a uma discussão em que o nobre sentira-se ofendido, ovacionaram-no anos mais tarde, em seu retorno à Paris em 1778,[4] pouco antes de sua morte, quando já era considerado o maior escritor da França.

---

2 Personagem do conto *O Gato de Botas*, de Charles Pérrault. Cf. também CHAUSSINAND-NOGARET, 2007, p. 130.

3 Outro romance de Diderot que apresenta esse personagem de maneira satírica é *Jacques o Fatalista e Seu Amo*, onde vemos inúmeros personagens que, através do ardil, do cinismo e dos mais horrendos vícios, mas também aqueles dotados de virtude, representam "a imagem da sociedade como um espaço onde tigres e cordeiros, predadores e presas, convivem lado a lado" (PIVA, 2003, p. 187). Para alguns detalhes interessantes sobre as relações econômicas no século XVIII, ver o início do capítulo IX de *Les Lumières au Péril du Bûcher*, p. 130 e segs.

4 Cf. DARNTON, 1989, p. 15.

As fartas pensões distribuídas pela nobreza para escritores e intelectuais com notoriedade – principalmente os acadêmicos – serviram de estímulo à carreira das letras, apesar de constituir, na realidade, e em grande parte, um submundo literato que no final das contas se revoltaria contra esse *sistema* e insuflaria o coro revolucionário, maculando as estruturas sociais fundadas nos privilégios, na distinção e na hereditariedade. A possibilidade de ascensão repentina tinha se tornado uma das fabulações preferidas de um público ávido por milagres e mistérios.[5] De modo que, de um lado, tínhamos acadêmicos ilustres nas cortes e salões, filósofos e teólogos em defesa da monarquia, da aristocracia e dos privilégios da nobreza; por outro lado, a clandestinidade dos escritores de libelos que denunciavam e troçavam da aristocracia e de seus costumes desvirtuados,[6] característicos de uma classe em decadência, mas que ansiavam também em um dia alcançar o mesmo triunfo do filósofo de Ferney.

Contudo, este não foi o caso de Paul Henri Thiry.[7] Ele parece encontrar-se a meio termo de cada uma dessas duas figuras literárias que marcam a *intelligentsia* francesa no final do Antigo Regime. Nascido a oito de dezembro de 1723, em Edesheim, no Palatinado alemão, ele foi criado desde os sete anos na França por seu tio, François-Adam Holbach, o primeiro barão de Holbach, que em 1753, quando o jovem sobrinho estava com seus trinta anos, deixou-lhe como herança uma

5 Cf. CHAUSSINAND-NOGARET, 2009, p. 130.

6 Um dos libelos mais famosos sobre os costumes "exemplares" da aristocracia foi *As anedotas sobre a Mme. Condessa du Barry*. Ver DARNTON, 1998, p. 353-402.

7 Uma breve biografia de Holbach é apresentada por Guy Chaussinand-Nogaret em *Les Lumières au Péril du Bûcher: Helvétius et Holbach*, de onde extraímos a maior parte das informações biográficas de Holbach. Mas há também informações retiradas da obra dedicada ao pensamento de Holbach, de Pierre Naville, *Holbach et la philosophie scientifique au XVIII*e *siècle*, Paris: Gallimard, 1943.

fortuna considerável, que proporcionará uma vida confortável para aquele que se tornará em breve o inimigo pessoal de Deus e principal anfitrião e *maître d'hôtel* dos *philosophes*. Graças a seu tio, um homem erudito e generoso, Paul recebeu uma educação sólida e digna de um aristocrata. Em 1744, aos dezenove anos, ele foi enviado para estudar na Universidade de Leiden, uma universidade holandesa protestante que era célebre pela liberdade de pensamento e pelo espírito de tolerância, que atraía estudantes e os mais célebres intelectuais de toda Europa. É lá que Holbach conhece os jovens ingleses adeptos do deísmo, ficando assim fascinado com a ideia de um Deus-relojoeiro que dispensava rituais, dogmas e superstições. Mas apesar desse encantamento, que não foi duradouro, o jovem barão se tornaria mais tarde um dos escritores clandestinos mais ousados de todo o século XVIII, escrevendo obras assumidamente materialistas e descaradamente ateias, apesar de permanecer por toda a vida um nobre.

Após a morte da primeira esposa, Bazile-Geneviève, em 1754, Holbach passou por um período de grave melancolia, que foi sanada em parte graças a uma viagem por Lyon, Marselha e Montpellier, organizada por Grimm. Quando retorna, agora um pouco recuperado, ele volta a se dedicar aos seus trabalhos na *Enciclopédia*. Guy Chaussinand-Nogaret sugere que foi nesse período que, aparentemente, o materialismo e o ateísmo seduziram-no mais fortemente. Pois até esse triste evento, as questões religiosas aparentemente não o preocupavam em demasia e ele era adepto de um vago deísmo, talvez mais por conveniência e influência de seu convívio com os britânicos em Leiden do que propriamente por uma convicção pessoal ou por justificativas sociais – como foi o caso de Voltaire. De todo modo, em sua juventude, as guerras eram frequentes nas regiões dos Países Baixos e da Prússia, e ele vira de perto, em Leiden, as suas consequências funestas, como a pobreza e a ruína de povos e Estados, levantando uma suspeita sobre a origem de sua preocupação com as questões sociais e políticas, de suas teses sobre a guerra e da afirmação da necessidade de uma estabilidade social que permita aos cidadãos viverem bem; suas obras filosóficas futuras permitem essa hipótese. Mas em 1749, quando estreita laços com Diderot, que nesta época é preso pela publicação da *Carta aos Cegos*, ele percebe o quanto a religião e a superstição podem ser nocivas e, quando se imiscuem na vida pública, interferem na política e adquirem determinado poder sobre as consciências e os costumes, contribuem para que a sociedade adoeça e a moral degenere. Elas são, portanto, umas das principais raízes da intolerância, dos conflitos e da infelicidade das nações.

Em relação ao desenvolvimento de seu materialismo propriamente dito, Chaussinand-Nogaret, por sua vez, diz que Holbach foi influenciado por Diderot, que o instruiu nos seus princípios filosóficos ao longo de sua amizade. Já Pierre Naville indica que, na época em que se conheceram, Diderot ainda se dizia adepto do deísmo, como faz ver em uma carta a Voltaire de 1749,[8] pouco antes da publicação da *Carta aos Cegos*, e que foi a amizade com Holbach, que desde Leiden já se encaminhava para o materialismo e o ateísmo, que o influenciou nessa doutrina. Embora não se possa afirmar com clareza qual dos dois tenha influenciado mais o outro, o fato é que essa amizade contribuiu deveras para o desenvolvimento de uma filosofia em comum, muito próxima em seus princípios, propostas e metas, mas com distinções precisas, e que foi fruto de inúmeras e calorosas discussões.

Mas apesar de não ser datado precisamente, seu materialismo e consequente ateísmo é sem dúvida o fruto de uma longa e profunda meditação filosófica, decorrente principalmente de suas experiências pessoais. O impacto da morte na felicidade pessoal, a exemplo do que acontecera à sua esposa, juntamente ao impacto da guerra e dos conflitos religiosos na felicidade coletiva, que ele tivera conhecimento na época em que estudou em Leiden, além da prisão (injusta) do recente

8 "Eu acredito em Deus, embora eu viva muito bem com os ateus" (Diderot a Voltaire, 2 de junho de 1749 *apud* Pierre Naville, *op. cit.*, p. 23).

amigo, que ele soubera não haver cometido nenhum crime, senão a publicação de um livro com ideias "inaceitáveis"; tudo isso associado a um saber enciclopédico[9] da história, da literatura e da filosofia clássicas, rendeu-lhe uma fermentação de experiências e ideias que culminaram nos seus imensos tratados que visam compreender justamente a natureza do destino, da essência humana e suas relações, e a necessidade de uma vida feliz como propósito da existência.

Tanto é que Jean-Claude Bourdin diz que suas obras não podem ser reduzidas a apenas uma crítica à religião ou um combate ao cristianismo e à metafísica, tampouco meramente uma defesa do ateísmo; mas que são a construção de um sistema filosófico, denominado naturalismo ou fatalismo, que possui uma organização bem estruturada e princípios bem fundamentados, desenvolvendo um pensamento estritamente sólido, voltado para questões não apenas filosóficas ou teológicas, mas existenciais, psicológicas, morais e políticas que estão bem relacionadas, de modo que podemos identificar nelas uma filosofia complexa, um pensamento original e uma militância radical.[10]

*

Paul Vernière afirma que Holbach é considerado vulgarmente um pensador medíocre e sem originalidade, além de um escritor pesado e ilegível.[11] De fato, ele não é um pioneiro em sua crítica à religião, tampouco suas ideias filosóficas ou a elaboração de seu materialismo apresentam alguma originalidade. Mas o barão de origem alemã destaca-se por seu empenho em cooperar para a disseminação

9 "Holbach era mais seco, mais frio, mas sua eloquência era alimentada por tantos conhecimentos diversos e profundos, sua memória era tão prodigiosa que era por si só uma biblioteca onde cada um poderia retirar algo a seu gosto" (CHAUSSINAND-NOGARET, 2007, p. 155).

10 Cf. BOURDIN, 2006, p. 251 e segs.

11 Cf. VERNIÈRE, 1954, p. 632.

das Luzes através das ciências e da filosofia, sendo um dos principais colaboradores da *Enciclopédia*.[12] Ele não apenas contribuiu com a produção de cerca de 400 verbetes, como também dispunha de suas riquezas para publicá-la e difundi-la. Ele também escreveu inúmeras obras que se destacam pelo teor crítico à religião e ao cristianismo, desde traduções e libelos, até imensos tratados de cunho político de uma radicalidade extrema, o que faz dele uma das figuras mais emblemáticas do iluminismo do século XVIII, a ponto de se dizer que "Holbach é, em toda história literária e filosófica, um caso único" (CHAUSSINAND-NOGARET, 2009, p. 208).

Porém, mais do que um escritor de imensos tratados filosóficos em favor do materialismo e do ateísmo, ele foi talvez o mais sistemático e zeloso dos materialistas. Extremamente preocupado e cuidadoso com seus fundamentos, ele procurou constituir sua doutrina através de uma linguagem clara e precisa, e mesmo que não tenha obtido êxito em seu rigor conceitual, ele não se furtou a uma argumentação que procura ser sólida e coerente. Sua escrita deselegante preza por um didatismo até um pouco exacerbado, pois ele se utiliza de uma reiteração sucessiva das suas ideias, a fim de familiarizar o leitor com seus próprios conceitos. Não obstante ele faça uso constante de frases repetitivas e retome argumentos iguais, o que torna suas obras volumosas. Mas apesar de sua imensa produção e a apreensão com o entendimento de seu leitor, a preocupação com a glória e o reconhecimento público aparentemente não o afligiu, pois permane-

12 Ele fez grandes contribuições à *Enciclopédia*, principalmente nos campos da mineralogia, metalurgia, química e física. Jeroom Vencruysse, em *Bibliographie descriptive des écrits du baron d'Holbach* (*Bibliografia descritiva dos escritos do barão de Holbach*), sugere o número de 438 artigos, podendo ainda ser maior, devido aos numerosos artigos anônimos, que não foram assinados devido à ousadia de seu conteúdo. Cf. CHAUSSINAND-NOGARET, 2009, p. 145.

ceu sempre no anonimato, utilizando-se de nomes emprestados para suas publicações nos países estrangeiros, que chegavam à França via comércio clandestino, de maneira que sua autoria sempre permanecia em segredo.[13] Apenas seus amigos mais próximos, os frequentadores de sua *sinagoga*,[14] sabiam das suas publicações.[15]

As primeiras obras de Holbach que provocaram alvoroço no mundo filosófico surgem por volta de 1760. Elas são extremamente radicais e atacam diretamente as crenças cristãs: o *Le Christianisme Devoilé*, por exemplo, segundo a *Correspondance Litteraire*, foi tido como o libelo "mais ousado e mais terrível que jamais aparecera em nenhum lugar do mundo".[16] Inicialmente ele escreveu traduções rá-

---

13 Alguns de seus pseudônimos foram, por exemplo, o *Teologia Portátil* (1758) como abade Bernier; o *Sistema da Natureza* (1770) sob o nome de Mirabaud, acadêmico falecido em 1760; o *Ensaio sobre os preconceitos* (1770) sob Du Marsais, que morreu em 1756; e *A Política Natural* (1773) que menciona um "antigo magistrado" (CHARBONNAT, 2007, p. 348). Cf. também CHAUSSINAND-NOGARET, 2009, p. 208.

14 "A *padaria* ou a *sinagoga*, assim que se qualificava a 'panelinha' holbachiana, era então um lugar de prazeres refinados onde a cortesia mundana, discreta, cheia de respeito pelas diversas sensibilidades, se transformava em escola de especulações ousadas quando apenas seus eleitos estavam reunidos, mas não excedia as fronteiras do exercício intelectual" (CHAUSSINAND-NOGARET, 2009, p. 172).

15 "O caráter mais sedutor da corte holbachiana era sua absoluta discrição. Todos os familiares da casa sabiam que Holbach era o autor de obras que o carrasco tinha laceradas e queimadas, mas todos guardavam o segredo para evitar de comprometê-lo. Uma indiscrição de algum dentre eles o colocaria gravemente em perigo" (CHAUSSINAND-NOGARET, 2009, p. 158). Cf. também todo o capítulo XI de *Les Lumières...*: "*O complô da corte holbachiana*".

16 *Correspondance Litteraire*, 1831, T. XIV, p. 287 *apud* CHAUSSINAND-NOGARET, 2009, p. 164. "Desde as origens do cristianismo, tinha-se frequentemente escarnecido seus mistérios, negado a realidade dos milagres de Jesus, compadecido ironicamente à credulidade dos mártires, mas pela primeira vez Holbach reuniria, em uma síntese didática, todas

pidas de obras clandestinas para atacar e ridicularizar a religião e a Igreja, e chega inclusive a adquirir certa notoriedade com suas publicações de caráter científico, como os verbetes de química, mineralogia e geologia, dentre outros, que lhe renderam homenagens das academias de Berlim, de Mannheim e de São Petersburgo.[17] Ele também traduziu grandes obras como o *Tratado da Natureza Humana* de Hobbes (1772) e o *De Rerum Natura* de Lucrécio (1768), além das obras panteístas de John Toland e outros textos deístas. Mas é com o aparecimento do *Sistema da Natureza*, em 1770, que suas ideias realmente abalam as discussões filosóficas nas cortes e nos salões da França, até se espalharem definitivamente por toda a Europa.[18]

Não é à toa que Voltaire, em uma carta de oito de agosto de 1770, escreve à madame du Deffand,

> Um diabo de homem inspirado por Belzebu veio a publicar um livro intitulado *Sistema da Natureza*, no qual ele acredita demonstrar em cada página que absolutamente não há um Deus. Este livro assusta todo mundo, e todo mundo quer o livro. Ele está pleno de extensões, de repetições, de incorreções, e apesar de tudo isso, devoram-no. Há muitas coisas que podem seduzir, há eloquência, e qualquer um se engana gravemente em algumas direções, ele está acima de Espinosa. De resto, acreditais que a coisa vale a pena de ser examinada.[19]

---

as objeções feitas à uma religião que seus adversários tomavam por uma impostura que desafiava por vezes a natureza e a razão" (CHAUSSINAND-NOGARET, 2009, p. 166).

17 Cf. CHARBONNAT, 2007, p. 348.

18 Cf. CHAUSSINAND-NOGARET, 2009, p. 221.

19 Voltaire à Mme du Deffand, 8 agosto de 1770, éd. Bertermann da *Correspondance de Voltaire*, Paris : Gallimard, "La Pléiade" *apud* CHAUSSINAND-NOGARET, 2007, p. 227.

Quando foi publicado, o *Sistema da Natureza* causou grandes polêmicas. Elogiado por alguns, como Diderot – que alguns dizem ser seu coautor –, e mais tarde por alguns revolucionários como Camille Desmoulins e Saint-Just, ele foi também muito criticado por teólogos, governantes e mesmo filósofos. Isso se deve a esse livro volumoso possuir argumentos que, fruto de uma longa maturação das ideias de sua época, sintetizavam um sistema filosófico que desde o começo do século começava a embaraçar as autoridades. Não obstante ele seja uma obra singular do século XVIII, pois sua defesa contundente do ateísmo e as críticas mordazes à religião, às tradições e costumes ligados aos princípios religiosos, e a defesa da insurreição dos povos oprimidos por um tirano, abalaram o *status quo* de toda a sociedade francesa, a ponto de ser oferecida uma recompensa a quem descobrisse ser seu verdadeiro autor, já que a obra aparecera publicada sob o pseudônimo de um acadêmico já falecido, Jean-Baptiste de Mirabaud. Por essa razão, Bourdin afirma que todo o materialismo do século XVIII se apresenta perfeitamente identificado através do *Sistema da Naturezai.*[20]

O pensamento de Holbach é totalmente assimilado na construção desse imenso tratado de metafísica. Três pontos configuram o eixo central de suas ideias: uma crítica antirreligiosa e anticlerical; uma afirmação do materialismo e do ateísmo a partir de um sistema naturalista; e uma doutrina moral e política que se projeta como fundamento da felicidade e alicerce da sociedade. Pois dentro do *Sistema da Natureza*, temos essas três etapas dispostas em uma ordem diferente: primeiramente, a afirmação da matéria e de seu movimento autônomo, a Natureza é concebida como um sistema integral e complexo; da matéria passa-se aos homens, e destes à sociedade, pois das moléculas sensíveis se chega às faculdades intelectuais, assim como dos movimentos de prazer e de dor aos deveres sociais; conclui-se então que as mesmas leis necessárias que regem o mundo físico são as que regem

20 Cf. BOURDIN, 2006, p. 251.

o universo moral.[21] Já Paul Vernière vai além, e diz que o esquema de construção do *Sistema da Natureza* apresenta o velho molde dos tratados escolásticos; isto é, a Natureza, o Homem, e Deus como sendo seu núcleo temático: "O primeiro volume constrói o universo material onde a humanidade integra-se, o segundo, puramente crítico, destrói metodicamente os diversos sistemas teológicos para mostrar no ateísmo a conclusão lógica e desejável do materialismo" (VERNIÈRE, 1957, p. 637). De todo modo, vê-se nos primeiros cinco capítulos do primeiro tomo Holbach apresentar sua concepção de Natureza, apresentando sua constituição a partir dos elementos de matéria em constante movimento, que produzem o conjunto dos seres e tudo o que existe na realidade. Já nos capítulos seguintes, seguindo até o último do primeiro tomo, no capítulo 17, ele elabora uma antropologia filosófica e analisa os princípios da felicidade e bem-estar do homem, além dos fundamentos da sociedade a partir das leis naturais derivadas desse movimento da matéria. Por conseguinte, praticamente em todo o segundo tomo, do primeiro ao décimo capítulo, ele se dedica à desconstrução dos sistemas metafísicos e teológicos, e faz a crítica da moral e dos costumes derivados desses sistemas. Já nos capítulos finais, do 11 ao 14, ele busca fundamentar a sociedade a partir da perspectiva de um sistema naturalista e fatalista, defendendo também o ateísmo como princípio moral superior ao de seus adversários.

*

Nossa análise do *Sistema da Natureza* parte da hipótese de que há dois movimentos presentes na construção da obra: por um lado, uma exposição clara e precisa dos fundamentos do materialismo, que é feita através da apresentação de preceitos simples e facilmente assimiláveis que o sustentam, tais como a ideia de que a matéria possui, em si mesma, todos os seus atributos, inclusive o movimento,

---

21 Cf. BOURDIN, 2006, p. 331.

que lhe é essencial e que garante a autonomia para engendrar-se e dar origem ao conjunto de seres existentes – esse conjunto é denominado Natureza. A partir dessa concepção, Holbach integra o homem nesse sistema imanente, apresentando-o como um ser inteiramente material, cujas faculdades como a sensibilidade, a vontade e a inteligência são o resultado de sua organização fisiológica, e não possuem nenhuma relação com uma entidade imaterial distinta de seu corpo. Com essa perspectiva material do homem, ele desenvolve suas ideias políticas e morais, propondo um sistema que integre a organização da sociedade tendo por base o conceito de interesse, que ele dá uma conceituação própria e que é o núcleo de sua doutrina moral e política. Em suma, tudo deriva do movimento incessante e regular da matéria. Das moléculas aos homens, e dos homens à sociedade, ele propõe um sistema filosófico que seja capaz de superar as deficiências inerentes a toda tradição filosófica. Pois esta tradição não foi competente, na sua visão, para instituir princípios adequados para organizar uma sociedade, em que as leis e os costumes sejam benéficos aos seus membros, pois eles possuem direitos naturais inalienáveis, como o direito à liberdade, à justiça e à felicidade. Holbach procura, portanto, valendo-se de uma argumentação bem encadeada, fundamentar esses direitos na Natureza, isto é, na matéria e no seu movimento incessante.

Por outro lado, há um movimento crítico que se dirige à filosofia tradicional, que tem seus fundamentos na teologia e na metafísica, que ele denomina filosofia espiritualista. Essa tradição parte do princípio de que há uma realidade distinta por trás da Natureza, que já não é um conjunto de elementos primordiais dotados de atributos próprios, mas um composto de matéria homogênea, incapaz de mover-se, criar ou engendrar seres de maneira autônoma. Essa realidade é distinta da Natureza porque é imaterial, desprovida de elementos corpóreos, e não está sujeita às mesmas leis que regem o movimento da Natureza como um todo. É um universo inteligível, desprovido das qualidades da matéria, como extensão, forma, movimento e mudança. Nesse universo inteligível estariam os verdadeiros motores da Natureza. Ela, enquanto todo, é tida como criada e ordenada por um Ser espiritual primordial – que no entendimento do pensamento teológico judaico-cristão, é Deus. Os homens, por sua vez, são movidos por suas almas, que pertencem também a esse mesmo plano de existência, isto é, há um elemento incorpóreo no homem que anima seu corpo, impulsiona suas ações e ativa sua inteligência. Essas ideias, para Holbach, acarretam problemas de diversas ordens, como no plano do conhecimento, uma vez que essa realidade inteligível não pode ser atestada de nenhuma maneira, tampouco os seres dessa natureza estudados ou conhecidos, pois seus atributos, como nidade, imutabilidade, são inacessíveis ao entendimento; no plano fi inextensão, eterlosófico, pois esses seres, sendo incognoscíveis, são objetos de crença, e dependem do assentimento a dogmas, revelações e mistérios sagrados, não podendo ser objeto de investigação racional e científica; e no plano moral e político, pois essa ideia do homem possuir uma parte imaterial, que não é sujeita às mesmas leis dos outros corpos, traz consequências prejudiciais à sua vida em sociedade, como a ideia de uma vida além-túmulo ou a ideia de livre-arbítrio e de vontade livre, além da necessidade de se submeter a uma suposta divindade e seus representantes.

Conforme se segue a leitura da obra, é possível identificar que Holbach tem a preocupação de elaborar um sistema de fato, constituindo uma base argumentativa sólida através da apresentação das ideias que embasam a sua doutrina. Ao mesmo tempo, ele se utiliza da exposição dos princípios teológicos e metafísicos da filosofia tradicional, demonstrando seus equívocos e procurando desconstrui-los. Logo, a partir desse movimento de exposição dos seus princípios materialistas e da refutação dos princípios de seus adversários, ele busca limpar o campo conceitual da filosofia, o que revela uma preocupação com o rigor e com a clareza de suas ideias, a partir das quais ele pretende persuadir o seu leitor de que o sistema do materialismo é, do ponto de vista filosófico, científico e moral, superior àqueles que ele direciona suas críticas. Para isso ele se utiliza de uma linguagem que procura ser simples e acessível ao comum dos homens, e valendo-se a exaustão da sua ideia principal, isto é, insistindo reiteradamente na ideia de que a Natureza é constituída de uma matéria que se move incessantemente, ele elabora uma desconstrução contundente da tradição teológico-metafísica na filosofia. Por consequência, ele demonstra a inaptidão da religião para organizar a vida em sociedade, pois argumenta que, apesar da força que tem sua influência na moral e nos costumes, as sociedades são instáveis, os povos infelizes e a moral corrompida. Isso representa o equívoco dos soberanos ao governar orientados por essas ideias.

Nessa perspectiva, ao criticar os fundamentos da filosofia tradicional, e refutar a necessidade das ideias teológicas e metafísicas para se chegar à verdade, ele também constrói a proposta de uma filosofia alternativa, materialista e prática, de certa forma transformadora da própria atitude filosófica, já que ela passa a ser embasada nas ciências empíricas, como a mecânica, a química, a física e a medicina, e todo o conhecimento delas derivado. Desse modo ele inverte a relação entre a filosofia e a ciência, pois no pensamento tradicional, é a filosofia que dá sustentação às ciências – lembremo-nos da metáfora de Descartes, em que a filosofia seria o tronco e as ciências os galhos da árvore do conhecimento –, enquanto ele propõe que sejam as ciências, que tem uma estreita relação com a experiência, que devam embasar o conhecimento filosófico. Em sua visão, com essa filosofia naturalista, e um conhecimento do homem alicerçado no conhecimento científico da Natureza, é possível instituir um sistema moral e político que seja conforme a natureza humana, que possibilite às sociedades serem prósperas, e seus cidadãos felizes. Cabe ao soberano, portanto, deixar-se guiar pelos filósofos, e abandonar os conselhos nocivos dos sacerdotes.

Ao apresentar esses dois movimentos na construção do pensamento de Holbach, procuramos organizar a maneira como ele elabora sua crítica à tradição, ao mesmo tempo em que constrói e fundamenta o seu sistema filosófico. Seu pensamento configura-se de forma crítica e construtiva, pois tem em seu horizonte não apenas desconstruir a filosofia tradicional, mas se propõe a um objetivo preciso: romper com essa postura filosófica que está presa aos preconceitos e dogmas do pensamento teológico-metafísico, e estabelecer uma filosofia natural que a substitua, que seja materialista, e que tenha por base a compreensão da Natureza em sua integralidade. Isto é, em detrimento da visão negativa da teologia, que considera a Natureza composta por uma matéria inerte e impotente, criada e movida por um princípio metafísico imaterial, a filosofia materialista de Holbach procura estabelecer os critérios filosóficos para uma compreensão monista e imanente da Natureza, com base em uma visão positiva da matéria, que a entende como constituída de elementos heterogêneos, diversa enquanto substância, dotada de atributos variados, em que o movimento lhe seja essencial.

Portanto, através dessa concepção materialista da Natureza e do homem, a filosofia deixa de servir como fundamento de uma verdade metafísica, sustentada e orientada pela imaginação, o que a libera também de ser utilizada como um instrumento de poder ideológico, a serviço de instituições políticas e religiosas que subjugam os homens, que pervertem a conduta moral e tornam instável a vida em sociedade. Livre do dogmatismo da verdade revelada e da perversão do uso da razão subjugada pela superstição e pela fé, a filosofia passa a ser a libertadora da consciência humana, tornando-se o instrumento por excelência do contínuo desenvolvimento e progresso da humanidade, promovendo assim a felicidade como o alicerce da vida social.

*

Por fim, procuramos apresentar uma introdução ao pensamento do barão de Holbach, por ser ele um autor pouco conhecido pelo público brasileiro. Assim contribuímos também com os estudos sobre o materialismo do século XVIII, com o objetivo de descaracterizar uma visão simplista que o considera um puro mecanicismo, formulado através de princípios rudimentares, isto é, que o consideram uma filosofia "menor". Nosso propósito é tornar mais evidente a riqueza dessa corrente filosófica cujos autores e sistemas são tão variados quanto a filosofia em geral, pois cada um deles, a sua maneira, expõe uma visão de mundo através da filosofia ou da literatura que vai do pitoresco e glamoroso ao científico e tacanho, pois suas formas de expressividade são inúmeras. Tanto Diderot em seus contos e romances quanto Holbach em seus volumosos tratados, além das memórias de Meslier, entre outros, todos eles apresentam uma perspectiva do mundo que dispensa o misticismo, a magia, as fábulas religiosas e demonstram a beleza sombria que existe num mundo desencantado – expressão essa tão cara aos nossos filósofos contemporâneos, que lhe dão um ar pernicioso. Apesar dessa beleza ameaçadora de um mundo sem deuses, anjos e propósitos *post-mortem*, todos os materialistas têm um objetivo em comum, que é a felicidade de cada pessoa e o bem-estar da sociedade como um todo. Em suma, eles defendem e propõem uma vida mais plena para os homens, com mais gozos e prazeres e menos dores e sofrimentos. Uma vida mais satisfatória que busca ser vivida e não temida ou desprezada. Essa proposta, em nossa opinião, revela a nobreza desse empreendimento que não pode ser menosprezado.

O século XVIII e o materialismo

> Materialismo: Opinião absurda – ou seja, contrária à teologia – que sustentam alguns ímpios que não têm bastante espírito para saber o que é um espírito, ou uma substância que não tem nenhuma das qualidades que nós podemos conhecer.
>
> Barão de Holbach, *Teologia Portátil*

> A matéria existe, não a concebeis senão mediante vossas sensações. Ah! De que servem todas as suscetibilidades do espírito desde que raciocinamos? A geometria nos ensinou grande número de verdades, a metafísica bem poucas. Pesamos a matéria, medimo-la, decompomo-la; e, além dessas operações rudimentares, se quisermos dar um passo sentimos em nós a impotência e adiante de nós um abismo.
>
> Voltaire, verbete *Matéria*, *Dicionário Filosófico*

Século XVIII: o projeto iluminista

Século da razão, século das luzes e século do esclarecimento; alvorecer da modernidade, do progresso e do desenvolvimento científico; origem das revoluções populares, das democracias representativas e dos totalitarismos: os epítetos que se podem atribuir ao século XVIII são diversos e multifacetados, mas todos designam um mesmo projeto: uma nova visão do homem e do mundo, uma nova perspectiva da realidade. Seu objetivo: a libertação do homem e o estabelecimento de uma sociedade renovada, engendrada pelos princípios da tolerância e da liberdade de pensamento. Como aponta Tzvetan Todorov, "o primeiro traço constitutivo do pensamento das luzes consiste em privilegiar o que escolhemos e decidimos por nós mesmos em detrimento daquilo que nos é imposto por uma autoridade externa" (TODOROV, 2008, p. 14). É, portanto, o século da emancipação, da conquista da autonomia e da liberdade; é o momento em que a autoridade deixa de ser imposta por uma instância exterior, transcendente e sobrenatural, para ser constituída por princípios humanos, pela razão e pela experiência, que configuram as normas, as leis e as condutas, não deixando de serem matizadas pelas paixões que, longe de se precisar extirpá-las da natureza humana, tornam-se seu horizonte e seu instrumento. O destino, por sua vez, já não é algo dado, mas construído pelo próprio homem. Este, quando se depara com sua humanidade, cuja integralidade passa a ser apreciada, deixa de aspirar a um ideal mais divino que humano e procura antes atingir a plenitude de suas potencialidades, de seu pensamento, de suas paixões, de seu engenho. Essa nova visão da realidade transforma o homem assim como o mundo que o cerca: seu objetivo agora é a felicidade mundana, e não mais a salvação de sua alma.[1]

Para Roland Desné, sua característica mais notável é ser o século dos *philosophes* e das *Luzes*, no qual "*philosophe* indica uma atitude; *luzes*, um conteúdo de ideias" (DESNÉ, 1974, p. 71). Do início do século XVII ao advento do Iluminismo, a figura do filósofo não se discernia absolutamente daquela do teólogo ou do humanista, que se apresentava como o sábio letrado, versado nas línguas e literatura clássicas e, acima de tudo, construtor de imensos tratados e sistemas sobre Deus, o homem ou a moral. Como assinala Elisabeth Badinter, no século do Iluminismo não há uma clara distinção entre o homem

1 "A busca da felicidade substitui a da salvação" (TODOROV, 2008, p. 20).

de ciências e o das belas-letras, pois são considerados filósofos os "homens que trabalham com a razão e usam a pena" (BADINTER, 2007, p. 13). Já Luiz Roberto Salinas Fortes diz que o termo abrange não apenas os homens das letras como também um naturalista ou um botânico como Buffon.[2] Mas quem dá o tom preciso é justamente o verbete *Filósofo* da *Enciclopédia*, uma provável alteração do opúsculo de Chesneau du Marsais, *O Verdadeiro Filósofo*,[3] no qual o *philosophe* é apresentado não "como um autor de tratados teóricos, nem como um mestre a doutrinar discípulos; ele dá o exemplo vivo da liberdade, da independência e da audácia no exercício do juízo; [...] o filósofo é, pois, ao mesmo tempo um cidadão atuante e um homem de reflexão" (DESNÉ, 1974, p. 72). Ele não é, como o queria Pascal,[4] o indivíduo solitário, fechado em si mesmo em busca da verdade. Pelo contrário, sua solidão não é desejada, pois ele quer ser útil à sociedade,[5] quer o

2 Cf. FORTES, 1987, p. 12.

3 Esse texto aparece publicado primeiramente em 1743, editado em Amsterdam, numa coletânea de textos clandestinos intitulada *Nouvelles libertés de penser*, cujo título é *"Le vrai philosophe"(Opuscules philosophiques et littéraire, la plupart posthumes ou inédites,* Paris: Imprimerie de Chever, 1796). Cf. o prefácio em SCHÖPKE, 2008, p. 9-21.

4 "Quando às vezes me pus a considerar as diversas agitações dos homens, e os perigos e os castigos a que eles se expõem, na corte e na guerra, e que dão origem a tantas contendas, tantas paixões, tantos comedimentos audazes, e muitas tantas vezes funestos, descobri que toda infelicidade dos homens vem de uma só coisa, que é de não saberem ficar quietos, dentro de um quarto". Ver Blaise Pascal, *Pensamentos*, trad. Sergio Milliet, São Paulo : Livraria Martins Editora, 1965, (Coleção Biblioteca do Pensamento Vivo, apres. de François Mauriac), p. 65.

5 "O homem não é de modo algum um monstro que deva viver apenas nos abismos do mar ou no fundo de uma floresta. As simples necessidades da vida lhe tornam necessário o relacionamento com os outros e, em qualquer estado em que ele possa se encontrar, suas necessidades e seu bem-estar o convidam a viver em sociedade. Dessa forma, a razão exige dele

reconhecimento e o prestígio dos seus contemporâneos; ele sai para o mundo em busca das respostas e, com espírito justo e ideias claras, constrói uma doutrina ou um sistema sem tomá-los como absolutos, livres das objeções de seus adversários. Sua atitude é de observação e ponderação, em que a experiência matiza sua razão. Não sendo mais definido por um sistema específico e fechado, ele quer, ao mesmo tempo, estar alheio às crenças religiosas tanto quanto aos preconceitos populares: "A sociedade civil é, por assim dizer, a única divindade que ele reconhece sobre a terra (...). O filósofo é, portanto, um homem que age em tudo por intermédio da razão e que junta a um espírito de reflexão e de justeza os costumes e as qualidades sociáveis" (DU MARSAIS, 2008, p. 34, 42). Ele é, em suma, o livre-pensador, o herdeiro do libertino erudito, na expressão de René Pintard.[6]

Por conseguinte, *Luzes* expressa um sinônimo para a confiança na razão, no conhecimento e na capacidade do homem de compreender o mundo que o cerca e a si mesmo. Estando livre das amarras do poder espiritual, das interdições da magia e da revelação divina, tudo o que até então era considerado sagrado agora pode ser submetido ao questionamento, à crítica e à dúvida; a autoridade já não é mais divina, mas estabelecida pelo exame e juízo da razão: "não é mais a autoridade do passado que deve orientar a vida dos homens, mas seu projeto para o futuro" (TODOROV, 2008, p. 15). Para Salinas Fortes, "o

---

que conheça, estude e trabalhe para adquirir as qualidades sociáveis" (DU MARSAIS, 2008, p. 32).

6 Luiz Roberto MONZANI assim define a figura do libertino erudito: "Sua característica marcante é a liberdade de pensar. Entenda-se: tratar as matérias sem se curvar aos dogmas e preceitos da religião e da moral vigentes. Seu princípio básico no exame dos problemas é: o que a razão indica, e não o que a autoridade me impõe, sobre tal ou tal matéria? De certa maneira, o libertinismo erudito prefigura o *philosophe* do século das Luzes" (Monzani, 1996, p. 193). Ver também René Pintard, *Le libertinage érudit dans la première moitié du XVIIe siècle*, Genebra: Skalatine, 1983.

que caracteriza as Luzes, além da valorização do homem já referida, é uma profunda crença da Razão humana e nos seus poderes (...) é esperar que cada homem, em princípio, pense por conta própria" (FORTES, 1987, p. 9). Essa prerrogativa foi defendida por Kant, que dirá que o Iluminismo não é outra coisa senão "a saída do homem da sua minoridade, da qual é ele próprio o responsável. Minoridade, isto é, incapacidade de se servir do seu próprio entendimento sem a direção de outrem".[7] Luzes, portanto, engloba um movimento libertador de emancipação e de independência, e para isso, vê-se a necessidade do espírito crítico que vai se constituir ao longo deste século:[8]

> Estamos, sem dúvida, perante a crítica universal; exerce-se em todos os domínios, na literatura, na moral, na política, na filosofia; ela é a alma desta idade controversa; não vejo época alguma em que essa crítica tenha encontrado representantes mais ilustres, em que haja sido mais generalizadamente exercida, em que se tenha mostrado mais mordaz, não obstante a sua aparência jovial (HAZARD, 1974, p. 20).

Duas coisas são importantes ressaltar: o século XVIII, apesar de sua confiança na Razão e no Progresso, não é ingênuo e não tem uma visão idealizada do homem, e os pensadores iluministas sabem da

7 Ver Imamnuel Kant., *Resposta a pergunta: Que é esclarecimento? Textos Seletos*, tradução Floriano de Sousa Fernandes. 3 ed. Petrópolis: Editora Vozes, 2005, pg. 63-71.

8 Du Marsais esclarece o que é o espírito filosófico de seu tempo: "Ele prefere, a esse brilho, o cuidado de bem distinguir as ideias e de lhes conhecer a justa extensão e a ligação precisa [...]. É nesse discernimento que consiste aquilo que se chama de juízo e de justeza de espírito. [...]. O espírito filosófico é, portanto, um espírito de observação e de justeza, que vincula tudo aos seus verdadeiros princípios" (DU MARSAIS, 2008, p. 31).

dificuldade em se estabelecer como meta a perfectibilidade humana e a estabilidade social plena,[9] tanto é que este não é o horizonte de suas ideias, pois eles não sonham com a idade de ouro dos poetas. Justamente o contrário, eles procuram enxergar o homem tal como ele é, e buscam ajustar as suas características mais naturais às suas necessidades mais imediatas e vindouras. Isto é, ajustar suas paixões e seus interesses mais particulares aos costumes e à sociedade em que este se encontra, defendendo os valores seculares da tolerância, da segurança política e da liberdade de pensamento. Além do mais, a descoberta do Novo Mundo e a observação de diferentes sociedades, diferentes costumes e normas sociais, matizam essa nova visão da natureza humana, pois o europeu já não é mais o paradigma do homem, ele é um povo entre outros povos, ou seja, "ele não confunde mais sua tradição com a ordem natural do mundo. É assim que o francês Montesquieu pode criticar os persas, mas também imaginar os persas criticando judiciosamente os franceses" (TODOROV, 2008, p. 22).

Ao mesmo tempo, há de notar-se que não há estritamente um "laço orgânico" que una esses *philosophes* num movimento unilateral, pois essas Luzes não são homogêneas, pelo contrário, elas são múltiplas, englobando as mais diversas atividades humanas, e se manifestando através das mais diversas formas de cultura: nas ciências, na literatura, no teatro, na pintura; e figurando os mais diversos sistemas, como o deísmo, o espinosismo ou o materialismo.[10] Porém, um ponto une-os, em que todos convergem em uma mesma empreitada: o enfrentamento aos poderes instituídos pelo *Antigo Regime*, representa-

9 "A noção, ainda muito difundida hoje, de que os pensadores iluministas nutriam uma crença ingênua na perfectibilidade do homem parece ser um grande mito inventado no início do século XX por estudiosos antipáticos às reivindicações desses pensadores" (ISRAEL, 2015, p. 17). Cf. também ISRAEL, 2015, p. 15 e segs. e TODOROV, 2008, p. 26 e segs.

10 Cf. FORTES, 1987, p. 14.

dos pela soberania da Igreja e pelo Estado monárquico, na busca por essa emancipação do entendimento e pela liberdade de pensar.[11] A política deixa de ser uma ciência meramente teórica e uma preocupação exclusiva de juristas-teólogos e metafísicos, e passa a envolver as investigações mais prementes dos filósofos que analisam a Natureza, que se torna também seu eixo central, desvinculando-a das preocupações teológicas:

> O próprio Estado não se coloca a serviço de um intento divino, seu objetivo é o bem-estar de seus cidadãos. Estes, por sua vez, não dão prova de um egoísmo culpável quando aspiram à felicidade no domínio que depende de sua vontade, têm razão em embalar suas vidas particulares, procurar a intensidade dos sentimentos e dos prazeres, cultivar afeição e amizade (TODOROV, 2008, p. 20).

A universalidade e a igualdade, conceitos que se imbricam necessariamente e que fundamentam o pensamento de grande parte dos filósofos iluministas, conduzem à aspiração de uma derrocada da sociedade de classes e de hierarquias. As mulheres devem ter tanto direito quanto os homens, assim como a escravidão, que não é mais natural, deve ser abolida; os pobres, os párias e mesmo as crianças, devem ter seus direitos reconhecidos e assegurados pelo poder soberano, pois todos possuem direitos naturais inalienáveis, e uma dignidade a ser respeitada.[12] A educação, por sua vez, deve ser universal, e garantir

---

11 "Vê-se que os '*lumières*', muito frequentemente apresentados como um corpo monolítico, eram de fato divididos, bem além dos conflitos pessoais, sobre os riscos fundamentais, e a república das letras, bem longe de ser homogênea, se fragmentava frequentemente em capelas concorrentes que só o perigo, quando ele se tornava muito insistente, reconciliava ao menos provisoriamente" (CHAUSSINAND-NOGARET, 2009, p. 213).

12 Cf. TODOROV, 2008, p. 20-21.

a cada um a capacidade de empreender livremente uma atividade ou função social. Os privilégios dos abastados são postos em xeque; alguns consideram necessária sua extinção, outros, veem a necessidade de se conservá-los, mas de melhorar as condições daqueles que não os possuem. Pois a miséria já não é mais uma virtude, uma provação ou um castigo divino, ela é uma condição social a ser superada. Nessa perspectiva, Jonathan Israel distingue dois movimentos adversários no Iluminismo, que se distinguem em sua base ontológica, epistemológica e política: por um lado, o Iluminismo Moderado, que tem nas figuras de Voltaire, Kant e Montesquieu sua representação mais emblemática, pois é um movimento que visa o progresso, busca o aperfeiçoamento das instituições políticas, e enfrenta o poder despótico do Absolutismo; contudo, mantém as estruturas sociais hierárquicas, defende a figura do déspota esclarecido, e vê com ressalvas uma sociedade democrática na qual o povo tenha poder político suficiente para conduzir os rumos da sociedade. Por outro lado, o Iluminismo Radical, herdeiro de Espinosa, levado a cabo por autores em sua maioria materialistas e ateus – mas também cristãos unitaristas, como os socinianos –, partidários da eliminação das hierarquias sociais, que descarta a aristocracia e a monarquia, e vê apenas na democracia igualitária o motor do Progresso e do desenvolvimento social. Esse era o ponto principal que distinguia um grupo de pensadores do outro. Se de um lado, os iluministas moderados confiavam no Progresso, isso se dava pela confiança na Providência divina que, apesar dos tropeços da humanidade, caminhava rumo ao aperfeiçoamento:

> A grande limitação do iluminismo moderado era que ele não estava aberto para que seus teóricos (assumindo que eles, de forma temperamental, assim o desejassem) repudiassem a estrutura hierárquica da sociedade existente, ou retratassem a sociedade conforme ela havia evoluído, isto é, inerentemente falha, opressiva, sistematicamente

> injusta e, portanto, mal organizada para a finalidade de promover a felicidade humana (ISRAEL, 2015, p. 16);

de outro lado, os iluministas radicais que

> apresentavam a razão filosófica como o único guia da vida humana, procuravam basear suas teorias a respeito da sociedade no princípio da igualdade e separavam completamente a filosofia, a ciência e a moralidade da teologia (...). O Iluminismo Radical foi intrinsecamente definido tanto por sua insistência na liberdade plena de pensamento, de expressão e de imprensa, quanto por identificar a democracia como a melhor forma de governo, às quais, mais uma vez, são características especificamente espinosistas (ISRAEL, 2015, p. 31).

Nesse conflito, surge uma questão pertinente: as Luzes deveriam ser restritas a uma elite intelectual - como ocorria no início do século, nas Academias de Ciências e das Belas-Letras - ou deveriam ser disseminadas para a maioria das pessoas? Observa-se que no final do século XVII e início do XVIII, os textos filosóficos deixam de ser publicados exclusivamente em latim, e passam a ser vertidos nas línguas pátrias, de maneira que a disseminação do saber filosófico e científico ganha fôlego. Em consequência disso, a linguagem dos textos deixa de ser direcionada ao público acadêmico, adquirindo aspectos mais didáticos e instrutivos, pois se vê a necessidade de divulgar os seus conteúdos tendo em vista a disseminação do saber e o aperfeiçoamento dos costumes.[13] Segundo Roland Desné, os materialistas defendiam

---

13 Isso é representativo nos *Diálogos sobre a pluralidade dos mundos*, de Bernard le Boyer de Fontenelle. Fontenelle foi um grande personagem das Academias de Ciências e de Letras. Depois de fracassar como poeta e dramaturgo, escreveu ensaios filosóficos que lhe renderam o prestígio como grande divulgador das ideias científicas e filosóficas: "O que poderá salvar

a disseminação do conhecimento para o maior número possível de pessoas, e esse não se restringia às classes nobres da sociedade francesa, mas a todo o povo, pois as Luzes também aparecem como critério necessário para a felicidade e, nesse movimento, surge a convicção de que conhecimento e felicidade são indiscerníveis.[14] Já outros pensadores, por sua vez, como é o caso de Voltaire, não viam com bons olhos a democracia e a igualdade, e achavam necessário conservar uma sociedade hierarquizada, com privilégios para alguns, pois essa é a ordem da Natureza, e a condição humana não poderia deixar de ser esta que está aí,[15] alguns mandando e a maioria, obedecendo.

---

o Sr. De Fontenelle do esquecimento é o mérito real de ter sido o primeiro a popularizar a filosofia na França... O espírito filosófico, hoje em dia tão amplamente difundido, deve seus avanços a Fontenelle" (*Correspondance littéraire*, t. III, 1º de fevereiro de 1757, p. 337-340 *apud* BADINTER, 2007, p. 30). Conferir também o Prefácio de Luiz Roberto Monzani em Bernard le Boyer de Fontenelle, *Diálogos sobre a pluralidade dos mundos*, tradução de Denise Bottmann, Campinas : ed. Unicamp, 2013.

14 Cf. DESNÉ, 1969, p. 22-3.

15 Muitos comentadores fazem alusão à postura política extremamente conservadora de Voltaire: "Certamente, alguns são ricos e comandam, enquanto a maioria não tem nada e obedece, Voltaire admitiu em 1771, mas isso não significa que, em sua opinião, eles sejam injustamente explorados. Os escalões hierárquicos, a nobreza e a desigualdade de riqueza são simplesmente inerentes à vida humana. A maioria deve trabalhar duramente para viver e, enquanto trabalham, argumentou, eles não têm tempo para serem infelizes" (ISRAEL, 2015, p. 57); – "Como porta-vozes do novo estado de escritores (mas não de *philosophes* como Diderot e Holbach), Duclos, Voltaire e d'Alembert exortavam seus 'irmãos' a tirarem proveito da mobilidade que se lhes era oferecida, juntando-se à elite. Em vez de desafiar a ordem social, apoiavam-na" (DARNTON, 1989, p. 25); – "O deísmo de Voltaire não é com efeito desinteressado e é com cinismo que ele expõe numerosas vezes sua teoria da necessidade de se fazer o povo temer uma punição divina para contê-lo, e uma recompensa para lhe fazer suportar suas frustrações" (CHAUSSINAND-NOGARET, 2009, p. 229).

Materialismo, um conceito a ser combatido

É nesse panorama que vemos, no início do século XVIII, o materialismo como uma doutrina tímida, ainda pouco difundida. Mas não demorará muito para que, já a partir da segunda metade do século, o termo, que até então estava restrito aos panfletos clandestinos, começasse a se espalhar em círculos cada vez maiores, até chegar definitivamente ao domínio público.[16] Ele servia para designar uma ameaça aos costumes, à moral, à religião e mesmo ao Estado. Isso é notável com a publicação do *De L'Esprit*, de Helvétius, que fez o advogado geral Jean-Omer Joly de Fleury assim como o abade Dufour se manifestarem furiosamente contra esse sistema ímpio e ameaçador.[17] Como faz também o *Dictionnaire anti-philosophique*, de Chaudon, que no artigo "Ateus", toma o *De L'Esprit* por uma síntese dessas novas ideias:

> Acredita-se não ver aí senão o ateísmo propriamente dito, um ateísmo formal ao menos, o materialismo, o fatalismo; é a mesma coisa quanto às consequências morais. Também [...] não houve senão um grito contra a obra, e um grito tanto mais forte quanto este livro aparecendo depois de alguns outros dos quais ele se assemelhou, desenvolvido e colocado como um sistema de princípios,

---

16 Como assinala Robert Darnton, "A demanda de livros ilegais em Troyes ultrapassava, evidentemente, a impiedade voltairiana, chegando ao ateísmo descarado que horrorizava o próprio Voltaire. Naturalmente, não se pode concluir que os leitores de livros ateus fossem ateus. O que interessa é que o comércio de livros proibidos favorecia a versão mais extrema, a de Holbach, do pensamento iluminista, e que esse tipo de Iluminismo ocupava posição secundária, mas ainda assim significativa, no padrão das encomendas de Mauvelin [editor de livros clandestinos]" (DARNTON, 2007, p. 142).

17 Cf. SALAÜN, 1997, p. 113.

> olharam-no como o grande golpe de uma conjuração formada desde diversos anos contra a religião.[18]

O *Supplément* do *Dictionnaire de Trévoux*, em 1752, dá uma nova versão do termo (o primeiro havia sido feito em 1743):

> Materialismo. s.m., Dogma muito perigoso, seguinte aos quais certos filósofos, indignos desse nome, pretendem que tudo é matéria, e negam a imortalidade da alma. O materialismo é um puro ateísmo, ou pelo menos um puro deísmo; por que se a alma não é absolutamente espírito, ela morre assim como o corpo: e se a alma morre, não há mais religião. M. Locke disputava pelo materialismo.[19]

O *Dicionário da Academia de Ciências*, por sua vez, já em 1762, caracteriza-o como a opinião daqueles que admitem como substância apenas a matéria.[20] Em geral, o termo deveria atingir a uma grande parte dos *philosophes* do século, o que seria um ledo engano, visto que Voltaire, por exemplo, com sua ideia do "deus relojoeiro", não poderia ser enquadrado nessa classe, apesar da sua contundente defesa do sensualismo e do seu apreço pela vida terrena. Mas essa designação compreendia os "diferentes males" existentes desde o século XVII, dos quais os libertinos, o espinosismo, o deísmo e o pirronismo formavam, segundo os críticos, um complô contra o Antigo Regime. Tanto que, em 1759, Berthier, no *Journal de Trévoux* (março de 1759, p. 238) escreveu:

> Hoje, tem-se mais do que certeza da existência do materialismo. Quantos livros, desde aqueles de Hobbes até

---

18 Louis-Mayeul Chaudon, *Dictionnaire anti-philosophique...*, éd. 1769, Avignon, T.2, p. 47-48 *apud* SALAÜN, 1997, p. 113.

19 *Supplément du Dictionnaire de Trévoux*, 1752 *apud* SALAÜN, 1997, p. 116.

20 Cf. DESNÉ, 1969, p. 12.

> o *De L'Esprit*, ensinam que a matéria pode pensar e pensa efetivamente; que nossas ideias, nossos julgamentos, nossas volições, nossos raciocínios são as modificações de uma substância extensa e composta de partes! Quem não conhece, em meio à multidão de obras ímpias cujo público está inundado, a *História natural da alma*, o *Homem-máquina*, o *Anti-Sêneca*, a *Filosofia do bom senso*, o *Mundo e sua origem*, as *Cartas Filosóficas*, etc.? Estes livros estão repletos do materialismo mais cru, mais formal, mais indubitável.[21]

A princípio, são dois usos iniciais para o conceito: primeiramente, o termo "materialista" surge no meio inglês, caracterizando uma tipologia que fazia par a "idealista". Em seguida, serviu para designar uma corrente de incredulidade.[22] Helvétius, em *De L'homme*, publicado postumamente, pôs em nota que "os teólogos abusaram tanto da palavra materialista, da qual eles jamais puderam dar ideias nítidas, que enfim essa palavra se tornou sinônimo de espírito esclarecido. Designa-se agora por este nome os escritores célebres, dos quais as obras são avidamente lidas".[23] Olivier Bloch afirma que, longe de ser uma doutrina constituída por um conteúdo uniforme, o materialismo apresenta-se repleto de contradições e conflitos inerentes aos seus porta-vozes e suas heranças antigas, renascentistas e clássicas. Ele aparece ao mesmo tempo como uma continuidade e uma ruptura das doutrinas filosóficas anteriores. Continuidade porque, no decorrer do Renascimento e no século XVII, os temas inerentes ao materialismo estão em gérmen, senão em seu pleno vigor: a crítica

---

21 Berthier, *Compte rendu de la Lettre au R. P. Berthier sur le matérialisme*, in *Journal de Trévoux*, março de 1759, p. 238 *apud* SALAÜN, 1997, p. 121.

22 Para uma historiografia mais completa dos termos "materialista" e "materialismo", ver as obras de Olivier Bloch indicadas na Bibliografia.

23 *De L'homme*, Paris, Fayard, 1989, t.I, p. 401 *apud* SALAÜN, 1997, p. 122.

teológica e o questionamento da moral fundada na religião, como vemos no *Tratado Teológico-Político* de Espinosa, ou nos anônimos *Theophrastus Redivivus* e *Tratado dos Três Impostores*; o resgate do pensamento e dos valores da Antiguidade, principalmente das doutrinas helênicas, como é notável em *Vida de Epicuro* de Gassendi e no *De Voluptate*, de Valla; e a organização mecânica do universo, como é defendida por alguns como Galileu, Hobbes e Descartes, que descrevem o prenúncio de uma Natureza desprovida de providência e teleologia. Mas esse movimento marca também uma ruptura porque, a partir da negação irrestrita dos pressupostos teológicos e do enfrentamento aos sistemas metafísicos, inclusive da afirmação categórica da inexistência de Deus e da defesa do ateísmo como uma doutrina moral superior à religiosa, ele rompe com uma tradição que, mesmo ao criticar os pressupostos teológico-metafísicos e os dogmas da religião, buscava preservar a todo custo uma figura divina; mesmo que esta figura estivesse ainda representada como unida à Natureza ou como uma razão universal, distante da figura do Criador típica das religiões monoteístas, sua existência era inquestionável. De todo modo, são esses posicionamentos filosóficos que matizam as discussões que serão os temas mais retomados pelos materialistas e, em contrapartida, também de seus adversários, que procurarão combatê-los a todo custo com o mesmo vigor em que eles levam a cabo seu projeto de emancipação.

Já Franck Salaün sugere que a construção do materialismo seja decorrente mais do posicionamento ideológico dos apologistas cristãos do que propriamente de uma força ideológica independente. De acordo com ele, esses apologistas, tão ávidos em seu combate à incredulidade, tornaram o materialismo popular antes mesmo de ele ser propriamente uma contribuição filosófica, ou um sistema constituído. Ele se configurou como um modo de problematizar a realidade, através das disputas teológicas dos apologistas cristãos que acabaram, à guisa de enfrentá-lo, constituindo seus pressupostos fundamentais. É importante observar que, apesar de suas diversas influências, como o atomismo antigo e o mecanismo dos seiscentos, ele foi uma invenção notória do século XVIII, pois foi construído tendo em vista objetivos específicos,[24] tais como o enfrentamento aos poderes políticos e ideológicos vigentes. No entanto, suas origens remontam a um artifício imaginário de seus adversários, mais do que propriamente à sua apologética, como defendem tanto Franck Salaün como Olivier Bloch.[25] Ambos afirmam que a propagação dos termos "materialismo" e "materialista" fez-se em dois momentos específicos: no final dos seiscentos e nas primeiras décadas dos setecentos, eles se referiam às disputas em torno da natureza da alma e às teses de Locke, consideradas favoráveis a eles. Até então, apesar deles serem conotados sempre negativamente, encontram-se usos neutros, como no *Dictionnatire universel* de Furetière:

> materialista, adj., Espécie de filósofo que sustenta que não existe senão a matéria ou o corpo, e que não há absolutamente outra substância no mundo; que ela é eterna, e que é dela que tudo é formado; que tudo o que é produzido ou existe no universo não é outra coisa senão a matéria e seus acidentes, que nascem e que perecem; e que tudo o que se percebe de vida e pensamento não pertencem senão à matéria.[26]

Porém, neste momento, o termo estava restrito à República das Letras, e distante razoavelmente da corte e dos meios menos intelectuais. Desse modo, ninguém se atrevera a ser partidário ou a fazer a apologia de uma doutrina que fizesse uma afirmação tão radical, a de

24 "Neste sentido, mesmo que as teses materialistas remontem à antiguidade, pode-se considerar que o materialismo foi inventado no século XVIII e posto em evidência por seus objetivos específicos" (SALAÜN, 1997, p. 114).

25 "O materialismo foi, primeiro, o discurso do outro" (BLOCH, 1987, p. 15).

26 *Dictionnatire universel apud* SALAÜN, 1997, p. 115.

que o mundo é desprovido de qualquer Providência. Mesmo um epicurista, como Gassendi, preservara ainda uma ideia de divindade.[27]

O segundo momento é já um pouco mais tarde, na metade do século XVIII, quando La Mettrie assumirá o epíteto de materialista, tornando-o assim mais popular. Logo em seguida, começa a crescer uma reação a esse materialismo. Buffon será acusado de propagá-lo, assim como o *Discurso Preliminar* da *Enciclopédia* de defendê-lo. Em 1758, Gauchat, em suas *Lettres critiques*, manifesta-se contra esses autores que fazem a apologia da matéria e negam a interferência de uma divindade nos acontecimentos do mundo. Eles são denominados *cacouacs*, para distingui-los dos libertinos, que são apenas céticos ou indiferentes à religião:

> Nós declaramos expressamente que sob a palavra *cacouac*, nós não entendemos os incrédulos quaisquer, mas unicamente os partidários do materialismo. Se for permitido exprimir mais vivamente, é contra um sistema deplorável, igualmente odioso e funesto, seja à Religião, seja ao Estado.[28]

Representando uma ameaça à moral e aos poderes clericais e monárquicos, viu-se a necessidade de se combatê-lo, já que ele é visto como uma epidemia moral, cujas sementes deveriam ser erradicadas. Curiosamente, durante os anos de 1745 a 1760, os jesuítas e os jansenistas acusavam-se mutuamente de favorecerem-no, já que o materialismo é tomado por "bode expiatório" num conflito interno

---

27 Cf. BLOCH, 1987, p. 61-3.

28 Gauchat, *Lettres critiques*, t.IX, avertissement, p.XIX *apud* SALAÜN, 1997, p. 117.

das ordens da Igreja.[29] A acusação de ser materialista tornou-se assim uma arma contra os descrentes e mesmo contra os desafetos pessoais:

> O fantasma do materialismo faz parte do dispositivo dos apologistas em suas lutas internas e contra os *philosophes*. A acusação de materialismo torna-se uma marca no interior das lutas desde o meio do século, a tal ponto que todos os grupos tiveram que levá-lo em conta. Mas esta arma ideológica marca outros riscos, em particular a questão de uma moral adaptada às exigências da natureza humana e da vida em sociedade (SALAÜN, 1997, p. 128).

Com uma rápida disseminação, o materialismo estava, assim, estabelecido nos meios intelectuais, mas também nas cortes e nos salões franceses. Seus asseclas, sempre cuidadosos, tomavam as devidas precauções para não serem expostos nitidamente. Isso, contudo, não contribuiu para que a doutrina ficasse restrita a pequenos grupos. Ela rapidamente disseminou-se através do trabalho de editores ávidos em enriquecer através dos libelos mais ousados.[30]

---

29 "A oposição entre Jesuítas e Jansenistas mascarava mal uma crise mais profunda da relação entre as práticas e os valores. Ora, é precisamente este espaço que é problematizado pelos filósofos materialistas" (SALAÜN, 1997, p. 128). Cf. também SALAÜN, 1997, p. 118.

30 Como observa Robert Darnton, é a partir da segunda metade do século XVIII que o materialismo – e há de se considerar a associação pertinente entre ateísmo e materialismo – tornou-se um dos temas de maior curiosidade do público clandestino: "Mais surpreendente é a forte presença do baron d'Holbach e de seus colaboradores, cujo materialismo sistemático hoje parece meio insípido. No entanto, os leitores do século XVIII se encantaram com a oportunidade de ver o ateísmo defendido abertamente por meio da palavra impressa. [...] Pela primeira vez nas décadas de 1760 e 1770, todo um repertório de obras ateístas se tornou acessível em

*

Surgia, desse modo, um ateísmo especulativo que era um lugar-comum e se caracterizava por uma explicação puramente natural do mundo, ou seja, a partir do qual a Natureza[31] é concebida por si mesma, sem a necessidade de um ser transcendente imprimindo-lhe movimento ou atividade.[32] Tanto essa doutrina era considerada perigosa que um abade, Pierre-Jacques Brillon, distinguiu o ímpio, aquele indiferente à religião, do incrédulo, que atribui os fenômenos da natureza "ao acaso, ao destino ou a uma certa necessidade".[33]

E é nesse percurso que a Natureza adquire um novo rosto. Como afirma Jean Ehrard, "em nenhuma outra época como no século XVIII, a Natureza não é uma realidade exterior ao homem: é inicialmente uma ideia que ele leva em seu âmago. Uma ideia complexa, sempre valorizada, que orienta e predetermina observações e reflexões, um conjunto de pressupostos mentais e afetivos, uma norma" (EHRARD, 2013, p. 365). A Natureza passa a ser vista como um todo, um conjunto dentro do qual o homem é pertencente e não senhor. De maneira absoluta, dissociada de qualquer aspecto transcendente, ela, soberana, adquire autonomia e independência diante das forças ocultas e sobrenaturais. Ehrard aponta as concepções que ao longo do século XVII confluem para caracterizar essa Natureza viva e pulsante dos materia-

---

edições relativamente baratas, e o público francês mais do que depressa tratou de adquiri-las" (DARNTON, 1998, p. 82).

31 Ao longo do texto, procurar-se-á explicitar a ideia de Natureza enquanto todo, ou conjunto de todos os seres, sempre com letra maiúscula, para facilitar a compreensão do termo empregado por Holbach. Quando ela se referir, por outro lado, a essência ou algo inerente do ser, será usada com minúscula. Nas citações, ela estará de acordo com o texto original, em geral apresentada com letra minúscula.

32 Cf. KORS, 2006, p. 292.

33 Cf. Abbé Pierre-Jacques Brillon, *Suite dês Caractères de Théophraste et dês pensées de M. Pascal*, Amsterdam, 1708, p. 20-22 *apud* KORS, 2006, p. 292.

listas. São três noções que, mesmo distinguindo-se em alguns pontos, não se excluem, e passam a constituir uma concepção original: a primeira é a de *natureza-mágica*, herdada da renascença, vista "como um reservatório de forças ocultas, harmonias e correspondências secretas pelos quais o homem, eterno mineiro, é às vezes ameaçado e protegido" (EHRARD, 2013, p. 365); a segunda, a *natureza-relógio* dos mecanicistas, herança de Descartes e Malebranche, que veem o universo constituído por choques e movimentos, de acordo com determinadas leis que permitem ao homem dominá-la pela ciência; e, por último, a *natureza-animal* dos vitalistas, nascida a partir de uma derivação da física newtoniana[34] e do desenvolvimento embrionário da biologia e da química, a partir das quais ela é vista como uma potência criadora e dinâmica, porém cega, cujos fins são imprevisíveis e inacessíveis ao homem.[35] Mas para François Pépin, a ideia oriunda do espinosismo, de *natureza naturante*, representou, dentro do materialismo do século das luzes, "uma maneira de caracterizar o que se pode nomear a imanência radical, de outro modo, diz o esforço consistente de analisar a Natureza por seus próprios recursos" (PEPIN, 2013, p. 131). Nessa perspectiva, emerge uma visão da Natureza como um todo complexo e ativo, um conjunto de elementos dotados de uma energia incessante a partir do qual os materialistas buscarão dar o contorno preciso. Ao mesmo tempo, uma vez que negam a Natureza enquanto Criação, isto é, destituída de atividade própria, precisam também dar conta de seu Criador, que já não ocupa mais um lugar privilegiado dentro da dinâmica do mundo, uma dinâmica imanente e autônoma.

34 "A física newtoniana dá o exemplo de uma concepção dinamista da matéria; logo a homogeneidade abstrata dela, resíduo cartesiano, desmoronará novamente na multiplicidade irredutível dos corpos elementares: esta será a contribuição decisiva da química e da mineralogia alemãs, difundidas na França por Holbach" (EHRARD, 1994, p. 237).

35 Cf. EHRARD, 2013, p. 365-6.

O conflito Deus e Natureza

Uma vez que o século XVIII seja marcado pelo confronto dos *philosophes* contra o poder ideológico do cristianismo,[36] urge assim a necessidade do combate ao poder teológico. Em relação a esse enfrentamento, diz Paul Hazard:

> Nestas condições, abriu-se um processo sem precedentes, o processo de Deus. Tanto o Deus dos protestantes como o Deus dos católicos estavam em causa, embora com algumas circunstâncias atenuantes para o primeiro, considerado mais conforme com a razão, mais favorável às luzes. Mas, no conjunto, não se pretendia fazer distinções entre Genebra e Roma, entre Santo Agostinho e Calvino. A origem era comum; e comum era a crença na revelação (HAZARD, 1974, I, p. 68).

Assim, negar a existência de Deus é, em primeira instância, afirmar a independência da Natureza,[37] e desse modo, "propor uma

36 Robert Darnton assim apresenta as investidas de Voltaire contra a Igreja Romana: "As cartas e os panfletos propagandísticos de Voltaire costumavam terminar com um apelo enfático, *Écrasez l'infâme* – esmagai a infame. Num desses panfletos lemos o resumo do que ele entendia por infame: 'Esmaguemos os fanáticos e patifes, suas hipócritas declamações, seus miseráveis sofismas, a história mentirosa, o amontoado de absurdos. Não permitamos que os possuidores de inteligência sejam dominados pelos que não a têm – e a geração futura nos deverá a razão e a liberdade'" (DARNTON, 1998, p. 247).

37 Sobre esse ponto, diz Etiénne Gilson sobre a concepção de Natureza no pensamento medieval: "Em toda parte, na filosofia medieval, a ordem natural se apoia numa ordem sobrenatural, de que depende como sua origem e seu fim". De fato, como afirma Gilson, no pensamento medieval, nada escapa à providência divina; a matéria mesma, por ser incriada, apresenta-se incapaz de produzir uma causa acidental, pois tudo depen-

concepção do mundo, um estilo de vida moral, e até mesmo um programa político com a finalidade de libertar os homens da submissão a uma ordem sobrenatural" (DESNÉ, 1969, p. 9). As obras desses autores, nessa medida, possuem uma unidade – apesar da pluralidade dos seus escritos e das diversas tendências filosóficas existentes – que visa um objetivo em comum, qual seja, a felicidade mundana e o método de se estabelecê-la:

> O princípio central da política dos filósofos radicais era o de que um bom governo é aquele em que a legislação e os legisladores deixam de lado todos os critérios teológicos e garantem por meio das leis que a educação, o interesse individual, o debate político e os valores morais da sociedade possam concorrer, como dito por Helvétius, um dos principais materialistas franceses, para o bem geral. Isso significa criar um quadro comum e universal da moralidade e da lei para todos (ISRAEL, 2015, p. 54).

Para esse objetivo ser atingido, primeiramente a Natureza precisa afirmar sua soberania diante de qualquer poder sobrenatural,[38] e para isso, a negação dos dogmas religiosos e a confiança nas ciências e capacidades humanas tornam-se os critérios necessários para tal intento. Juntamente a esse objetivo, vê-se a necessidade de se levar as Luzes e esse impulso à felicidade ao maior número de pessoas possível. Dessa maneira, a ideia de Deus deveria ser o alvo principal, pois é a pedra angular da metafísica.[39] Contudo, mesmo que os materialistas

---

de da ordem invariável estabelecida pela sabedoria de Deus. (Cf. GILSON, XVIII, 2006, p. 445 e segs.).

38 "A capacidade da natureza é dupla [...]. Além do que a natureza é capaz por si mesma, há o que ela é capaz de se tornar pela vontade de Deus" (GILSON, 2006, p. 468).

39 Cf. GILSON, 2006, III, p. 53-4.

e ateus[40] tivessem o apoio dos defensores da religião natural em sua crítica à religião institucionalizada – o cristianismo em particular –, estes últimos acreditavam que a crença em Deus ainda deveria funcionar como um freio ao ladrão e um receio ao mau-caráter, assim como também inspirar a obediência e a docilidade para o trabalho aos camponeses e ao povo em geral.[41] Mas como bem analisam Israel e Desné, para os materialistas, o fundamental era a libertação das consciências, uma "revolução das mentes", de maneira que sua meta não foi apenas combater o espiritualismo cristão e a metafísica no plano filosófico e científico, mas combater toda e qualquer forma de crença em Deus. Para esses autores, Deus, que só pode ser inútil (como é o caso do Deus-relojoeiro dos deístas), ou incompreensível (como é o caso do Deus-revelado das *Escrituras*), não era mais necessário para se explicar os fenômenos naturais; pois devido principalmente à influência do cartesianismo somada ao desenvolvimento das ciências da época, não se tinha mais a necessidade de se recorrer às forças sobrenaturais para a explicação desses fenômenos.

Tampouco Deus deveria servir como estatuto moral, visto que a fonte da maior parte da corrupção moral, para eles, estava instalada

---

40 Segundo Roland Desné, é possível pensar num materialismo não-ateu, como no caso do espinosismo; contudo, os materialistas do século XVIII rejeitam a ideia de Deus em qualquer instância: "São ateus". Cf. DESNÉ, 1997, p. 14.

41 É famosa a afirmação de Voltaire de que, caso Deus não existisse, ele precisaria ser inventado. Apesar de seus ataques virulentos contra a Igreja Romana ("Esmaguem a infame"), para ele, a ideia de Deus precisa ser preservada para conter a maioria do povo, pois ela mantém uma ordem social necessária. Inclusive, ele escreve ao Duque de Richelieu "que é sempre bom sustentar a doutrina da existência de um Deus remunerador e vingador [...] a sociedade tem necessidade desta opinião" (*Voltaire à Richelieu*, 1° novembro 1770, In éd. Bertermann de *La Correspondance de Voltaire*, Paris, Gallimard, "*La Pléiade*" *apud* CHAUSSINAND-NOGARET, 2009, p. 229).

nas instituições religiosas, além também de ser decorrente do despotismo monárquico que, apoiado por essas instituições, disseminava a pobreza com suas leis injustas e seus privilégios, o que gerava a miséria e os crimes dela decorrentes.[42] Logo, a negação de Deus, nesse sentido, se fez imprescindível para a afirmação do homem, da razão e do bem-estar da sociedade, em suma, do progresso humano, pois para esses filósofos, a religião mantinha o homem preso aos preconceitos da imaginação e aos costumes nocivos à felicidade geral. Iluministas radicais como Diderot e Holbach, por exemplo, consideravam que as ideias de espírito e transcendência eram um saber ingênuo e perigoso, pois mantinham os homens presos a esses preconceitos e costumes. Ao apontar as contradições inerentes a elas, eles procuraram demonstrar seu aspecto místico como uma negação da ordem natural das coisas e, desse modo, libertar o povo das noções de Providência e vida eterna que permeavam suas crenças. Sendo a realidade constituída da matéria organizada e regulada pelas leis constantes da Natureza, bastaria compreender essas leis e regular a moral e os costumes de acordo com elas para que a sociedade alcançasse seu aperfeiçoamento e o homem desenvolvesse suas potencialidades.

É notável como a ciência tem uma importância fundamental para os materialistas nesse contexto. O desenvolvimento das ciências empíricas como a física, a química e a biologia, nessa época conhecida como História Natural, permitiu que se configurasse o "novo rosto" que a Natureza adquirira. Nota-se que passou a existir um interesse

42 "No final do século XVIII, o mundo do Antigo Regime, ainda em expansão para grandes partes do Novo Mundo mesmo depois da independência americana, era governado por príncipes e pela nobreza, caracterizado por enormes desigualdades de riqueza e privilégios legalmente amparados, além de sistemas jurídicos altamente arcaicos e discriminação institucionalizada, o que incluía a penalização legalizada das minorias religiosas e dos homossexuais" (ISRAEL, 2015, p. 56).

pessoal por fósseis, insetos,[43] plantas[44] e minérios; além da profusão de experiências em laboratórios caseiros[45] e, acrescido a isso, o encanto com a recém-descoberta força da eletricidade.[46] A Natureza agora é vista não como Criação, constituída de uma matéria homogênea, informe, inerte e passiva, mas como uma força viva, complexa, dotada de energia e dinamismo próprio, ativa por si e para si mesma. François Pépin observa a importância que a química teve entre as ciências que contribuíram para essa nova perspectiva da Natureza. Ela surge como um complemento, "uma renovação das determinações da imanência que abandona (ou ao menos não se contenta com) a questão das leis universais pelas quais um conjunto de tradições mecanicistas puderam reduzir o finalismo e enfrentar a metafísica teológica" (PEPIN, 2013, p. 131). Isto é, a química surgia como uma ciência que analisa diretamente a Natureza, abstraindo, mesmo que de maneira

43 Ver mais detalhes sobre o empreendimento de René-Antoine Ferchault de Réaumur, *Dissertações para servir à história dos insetos*, In BADINTER, 2007, p. 33.

44 Buffon, para satisfazer suas curiosidades do mundo vegetal, "cria um viveiro, promove pesquisas sobre as árvores e se apaixona por tudo que diz respeito à fisiologia vegetal". Cf. BADINTER, 2007, p. 48 e segs.

45 David Bodanis, por exemplo, descreve o período em que Voltaire, no castelo de Cirey, realiza compras de equipamentos e materiais científicos para montar um laboratório e escrever uma dissertação sobre a natureza do fogo, realizando diversas experiências curiosas – entre elas, incendiando pequenas florestas, com criados imbuídos de baldes de água prontos a agir, para poder assim calcular o tempo de propagação das chamas – com o intuito de concorrer a um prêmio da Academia de Ciências. Ver BODANIS, 2012, p. 165 e também BADINTER, 2003, p. 283: "É também a época em que [Voltaire] se apaixona pela pesquisa e pela experimentação e em que cria um laboratório em Cirey".

46 "Graças a suas instruções, a eletricidade está na moda nesta cidade" Biblioteca Pública e Universitária de Genebra, Ms. Jallabert nº82, f.41, In BADINTER, 2007, p. 437, nota 23.

sutil, a matematização característica do mecanicismo do século XVII, de modo que ela deixou de ser uma abstração para tornar-se algo palpável, investigado mais pelos sentidos do que propriamente pelo puro intelecto: "os modelos químicos trazem um novo olhar, orientado sobre as potências e as forças mais que sobre o movimento matemático, sobre o trabalho da matéria mais que sobre os princípios da inteligibilidade" (PEPIN, 2013, p. 131). A influência que ela, enquanto ciência, alcançou no meio filosófico é sem precedentes, principalmente entre os enciclopedistas.[47] Tanto em Diderot quanto em Holbach, as determinações observadas através da química produziram uma nova forma de conhecimento, do qual se passa a pensar o ser a partir de uma base experimental, uma nova teoria da matéria que marca a distinção entre massa e mistura,[48] de maneira que "a química se torna o paradigma de uma filosofia experimental que rompe com as divisões filosóficas clássicas (corpo e espírito, sentidos e julgamento, imaginação e ideia)" (PEPIN, 2010, p. 446). Ou seja, o conhecimento da matéria se torna palpável, deixando de ser uma pura abstração, ou um conceito geometricamente constituído:

> a originalidade da filosofia experimental DIDEROTiana é de propor uma filosofia do conhecimento onde as operações práticas, a experiência habitual (banal e comum, mas, sobretudo, especial e diferenciada) e os sentidos não são uma preparação, um acompanhamento ou uma ferramenta anexa no que diz respeito às operações inte-

47 Diz Diderot, em seu *Princípios filosóficos sobre a matéria e o movimento*, que "o corpo, segundo alguns filósofos, é, por si próprio, despido de ação e de força: é uma terrível falsidade, *muito contrária a toda boa física, a toda boa química*: por si mesma, pela natureza de suas qualidades essenciais, quer o consideremos como moléculas, quer o consideremos como massa, está repleto de ação e de força" (DIDEROT, 2000a, p. 248, grifo nosso).

48 Cf. PEPIN, 2013, p. 142.

> lectuais mais centrais, mas constituindo uma base que se desenvolve dela mesma, a saber (PEPIN, 2010, p. 461).

A química representa, assim, um novo paradigma no modo de o homem estabelecer uma investigação da Natureza e de compreender seus mecanismos e suas leis. É uma ciência empírica que, diametralmente oposta à metafísica em todos os seus aspectos, absorve sua linguagem e lida diretamente com seu objeto, não mais especulativo, mas tangível, e assim de maneira mais precisa.

Não obstante outra ciência fora também responsável pela derrocada da metafísica e da compreensão teológica da natureza: a ciência mecânica,[49] aliada ao mecanismo que evoluíra consideravelmente no século XVII. É notável como, ao mesmo tempo em que Descartes representa uma mudança de perspectiva em relação à investigação da Natureza,[50] Galileu, patrono do mecanismo, representa uma mudança de atitude, como procura deixar claro Robert Lenoble: "o engenheiro conquista a dignidade de sábio, porque a arte de fabricar tornou-

49 D'Alembert escreveu um *Tratado de Dinâmica* no qual defende a ciência mecânica como a verdadeira ciência do movimento, pois este é visível, passível de experiências e cálculos, enquanto que a metafísica, com seu pressuposto da "causalidade motora", atinge apenas a abstração do movimento, sendo algo improfícuo. O movimento deve ter por princípio a força, de modo que a mecânica, partindo do movimento, deve sempre a ele retornar. Cf. COSTABEL, 1987, p. 96-7.

50 Com Descartes, a Matemática deixa de ser um instrumento para as ciências mecânicas como a cartografia, a engenharia e a agrimensura (conferir nota 11 do tradutor), para transformar-se no instrumento de apreensão das verdades claras e distintas. No *Discurso do Método*, ele diz: "Comprazia-me sobretudo com as Matemáticas, por causa da certeza e da evidência de suas razões; mas não notava ainda seu verdadeiro emprego, e, pensando que serviam apenas às artes mecânicas, espantava-me de que, sendo seus fundamentos tão firmes e tão sólidos, não se tivesse edificado sobre eles nada de mais elevado" (DESCARTES, 1973, *Discurso do Método*, p. 40).

-se o protótipo da ciência. O que comporta uma nova definição do conhecimento, que já não é contemplação, mas utilização, uma nova atitude do homem perante a Natureza" (LENOBLE, 1990, p. 260). O mecanismo e a ciência mecânica serviram de base para a sustentação, principalmente, dos sistemas físicos de Galileu, Descartes, Hobbes e Gassendi. A partir deles, e de Galileu em especial, a verdade sobre a Natureza deixa de residir nos raciocínios sobre as essências eternas, e passa a ser o resultado da sua experimentação, das experiências com instrumentos que fazem a sua medição e o cálculo de seu movimento. Gassendi se dedica à astronomia e escreve na década de 1640 diversos opúsculos sobre a recém-descoberta ciência mecânica.[51] Para Descartes, a Física é vista como a geometria aplicada, e a Natureza uma máquina, uma engrenagem a ser desvelada, compreendida e manipulada.[52] Hobbes será o primeiro a extrair desses conhecimentos sobre o movimento dos corpos as leis da moral e da política, algo que horroriza o próprio Descartes.[53] Característico por ser uma filosofia natural que considera os fenômenos físicos passíveis de explicação tão-somente através das leis dos movimentos corpóreos, isto é, pelas relações de grandeza, figura e deslocamento dos corpos, o mecanismo surge por um lado como um resgate do atomismo da antiguidade – como vemos nos sistemas físicos de Galileu e Gassendi –, apesar deste não servir-lhe de fundamento, mas como pressuposto; assim como, por outro lado, uma síntese de físicas mecanicistas – como a física corpuscular de Hobbes e a derivada da substância extensa de Descartes –, de modo que ele libertou a ciência do movimento das

51 Cf. BLOCH, 1987, p. 61.

52 Cf. LENOBLE, 1990, p. 260 e segs.

53 "Descartes lê-o e estremece de horror e escreve que julga as máximas do *De Cive* 'muito perigosas, muito más e dignas de censura [...]'" (LENOBLE, 1990, p. 265).

físicas tradicionais animistas e finalistas,[54] renovando assim a visão que se fazia da Natureza. Já a ciência mecânica, por sua vez, principalmente devido à contribuição de Galileu, torna-se o instrumento por excelência do mecanismo. Seu desenvolvimento alavanca a investigação e compreensão das leis naturais nos seiscentos, e no século XVIII será alimentado enormemente com as disputas entre os cartesianos e os newtonianos na Academia de Ciências.[55]

*

Curiosamente, como observa Roland Desné, no século XVIII não houve nenhuma obra, mesmo de autores materialistas, tratando especificamente da matéria em si mesma, enquanto substância, apesar de abundarem sistemas que procuraram ilustrar e demonstrar o aspecto genuinamente material da Natureza. Isso demonstra a ligação necessária entre a matéria e a Natureza enquanto todo. Essa necessidade de afirmar sua materialidade foi uma forma de estabelecer um novo conceito de matéria, distante daquele que a apresentava enquanto criação, com atributos desfavoráveis como inerte, passiva ou informe, pois no século XVIII, as associações feitas à palavra matéria eram carregadas de termos pejorativos como vil, grosseira, bruta e etc. Qualidades nobres como elevação, atividade e potência concerniam

54 "Sem ser em si mesmo uma teoria científica, ele estabeleceu uma nova racionalidade e fundou uma nova apreensão dos fenômenos, sem as quais a ciência verdadeira teria sido impossível. Em suma, o mecanismo é uma reforma fundamental do entendimento, mercê da qual o mundo se acha percebido e conhecido de maneira diferente" (BEAUDÉ, 1987, p. 59).

55 Como aponta Elisabeth Badinter, no final do século XVII prevalecia a ideia dos "turbilhões" de Descartes, que indicavam uma substância extensa "plena", sem vazio. Mas a audácia de Newton, que substitui a atração mútua por uma impulsão para explicar o movimento acendeu novamente as discussões sobre o movimento dos corpos e a própria constituição do Universo. Cf. BADINTER, 2007, p. 25 e segs.

sempre ao que fosse derivado do espírito ou da alma, tidos como emanações de Deus ou da ação divina.[56]

A base para essa visão de matéria – deturpada segundo os materialistas – era o pressuposto dualista, tanto o cristão quanto o cartesiano, em que o homem e a Natureza aparecem cindidos em duas formas de ser ou de duas substâncias distintas; o homem é considerado como um ser a parte da Natureza, pois, dotado de uma parte divina ou espiritual, ele é capaz de ultrapassar suas leis pelo poder de sua fé ou de sua razão; enquanto que a Natureza, tomada como uma criação inerme e impotente, está sujeita ao poder e à vontade de Deus, sendo inteiramente dependente dele, senão pelo seu movimento, ao menos por sua criação e seu primeiro "impulso". Esse é o modelo metafísico de pensamento que os materialistas procurarão combater ao afirmar, por um lado, a unidade do homem enquanto ser natural, pois material, e desse modo sujeito às mesmas leis naturais como todos os outros corpos, incapaz de contrariá-las ou ultrapassá-las de qualquer forma que seja; e por outro lado, a Natureza tomada em si mesma enquanto todo complexo e dinâmico, capaz de agir independentemente de qualquer força externa que não pertença à sua própria essência. De qualquer modo, a singularidade da empreitada materialista em relação às outras doutrinas filosóficas que vicejavam até então, como o deísmo ou o panteísmo, foi que, apesar de tomar a Natureza como um conjunto de moléculas dotadas de atividade inerente e atributos próprios, eles não viram a necessidade de personificá-la ou de arrancar-lhe um motor externo à sua essência. Na verdade, ela passa a ser designada não como Ser, mas como conjunto de seres, um aglomerado, seja das partículas que a compõem, seja dos seres que a constituem.

Esse empreendimento filosófico acarretou o que Alain Charles Kors chamou de um "fratricídio da filosofia cristã no século XVIII" (KORS, 2006, p. 291). Nesse processo, duas tendências filosóficas são

56 Cf. DESNÉ, 1969, p. 12-3.

notáveis: a primeira como uma refutação das pretensas demonstrações da existência de Deus, afirmando assim o naturalismo ateu, enquanto que a segunda seria uma redução mútua ao naturalismo das doutrinas da filosofia cristã em vigência no século XVIII, sobretudo devido às disputas entre cartesianos, malebranchistas e aristotélicos. Pois é importante observar que cada uma dessas escolas em particular se esforçou em deduzir o naturalismo ateu da metafísica e das premissas da física das escolas adversárias.[57] Um exemplo dessas polêmicas é a acusação dos aristotélicos contra os cartesianos em torno da necessidade ou não da existência de Deus para explicar os fenômenos do mundo. Os aristotélicos alegavam que na física cartesiana a *res extensa* poderia agir independentemente de um impulso exterior, já que a substância extensa funciona a partir de leis inteiramente mecânicas, tal como um relógio bem construído que se move a si próprio.[58] Logo, essas três grandes escolas de filosofia, no seio do catolicismo francês, precisavam acreditar-se afastadas desse naturalismo, acusando suas rivais de serem partidárias dos seus princípios. Isto é, "para os escolásticos, que dominavam as universidades e os colégios franceses no século XVIII, um cartesiano ou malebranchista não tinham nenhuma necessidade de recorrer a Deus para explicar o mundo natural" (KORS, 2006, p. 295), e isso era inadmissível, pois remetia à filosofia natural um ateísmo sem precedentes. Leibniz havia alertado que o ateísmo lançaria as bases da realidade a um jogo do acaso, ao concurso de causas desprovidas de inteligência, logo, desprovidas de propósitos,

57 Cf. KORS, 2006, p. 291.

58 "Para os escolásticos, os cartesianos, eliminando as causas finais de sua física, teriam expulsado a providência divina da filosofia natural. E enunciando uma etiologia do universo visível desde o desenvolvimento de sua origem ao seu estado presente, pelas leis mecânicas, eles teriam negado a criação do mundo e a disposição das coisas por uma inteligência" (KORS, 2006, p. 294).

referindo-se àquilo que Tomás de Aquino chamou de *naturalismo puro e ateu.*[59]

Logo, o materialismo, entendido nesse momento como naturalismo ateu, tornou-se para a filosofia cristã um problema grave de fundamentação teórica, já que esse naturalismo absoluto elimina Deus e o sobrenatural da compreensão da realidade do mundo. E reduzir a realidade do mundo ao movimento da matéria, tomando a atividade da Natureza como uma livre associação de partículas, sem finalidade ou propósito divino, e dispensando ao mesmo tempo uma força oculta ou um ser superior, transcendente, seria destruir as bases do conhecimento, da religião e da moral, em suma, destruir os fundamentos do pensamento cristão vigente.

Surge, pois, uma ideia de universo como um conjunto aberto de corpos ligados uns aos outros através de propriedades e leis fixas, que substitui aquela de cosmos, essa tida como uma unidade fechada constituída por uma ordem hierárquica e animada por uma força transcendente. Desse modo, houve para a filosofia cristã um espectro que precisava ser combatido, que era o princípio materialista do movimento autônomo da Natureza: "a redução da realidade e do conhecimento que nós temos da realidade para a matéria em movimento, concebida como absolutamente independente de um ser superior que lhe concerne sua existência original, assim como sua existência contínua, suas atividades, seus modos e suas formas de ser" (KORS, 2006, p. 292). Até então, o naturalismo era concebido a partir dos princípios do aristotelismo tomista, que expunha as objeções essenciais às pro-

59 "[...]o ateísmo sustentaria que 'tudo dependeria do acaso ou do concurso das causas sem inteligência'". LEIBNIZ, *Jugement sur les oeuvres de M. le comte de Shaftesbury*, in *Recueil de diverses pièces sur la philosophie, la religion naturelle, l'histoire, les mathématiques, etc., par Mrs Leibniz, Clarke, Newton et autres autheurs célèbres*, ed. Michel de La Roche, Amsterdam, II, p. 281 *apud* KORS, 2006, p. 293.

vas da existência de Deus na *Suma Teológica*. Contudo, esses princípios eram vistos como especulativos, sem realidade existente, concebidos apenas em via de objeções. Mas com a revolução copernicana e o advento da física cartesiana, esse espectro do ateísmo através do naturalismo adquiriu um corpo concreto e começou a preocupar o ambiente intelectual das universidades.

Essa dispensa das forças divinas necessárias para o movimento do mundo causou uma confrontação entre estas escolas filosóficas, pois anunciou a possibilidade de o mundo existir independentemente da vontade de um ser transcendente e onipotente. Os cartesianos anunciavam assim que tudo no mundo poderia se fazer e se formar a partir das ações dos corpos agindo uns sobre os outros,[60] ou seja, dispensando o movimento da matéria de uma forma substancial que lhe imprimisse movimento e ordenação, estes atributos só poderiam ser-lhe inerentes.[61] Logo, sem a necessidade desse princípio imaterial, o caminho para o materialismo estava aberto, pois, tanto nas objeções ao cartesianismo quanto em sua própria física,[62] encontravam-se

60 "A eliminação das formas substanciais pelos cartesianos anunciava que, para eles, tudo no mundo se faz e se forma pelas ações dos corpos que não se diferenciam senão pelas suas figuras e seus movimentos" (KORS, 2006, p. 295).

61 Cf. KORS, 2006, p. 295.

62 Uma dessas objeções fora feira pelo jesuíta Jean Denyse: "Eles [os cartesianos] acreditariam que a matéria deste mundo existe por toda eternidade, por ela mesma, que o movimento existe também por toda eternidade, na matéria [...] e que isso se passa sem que seja necessário um Deus que conserve nem o repouso nem o movimento, somente pela Natureza ou essência destes estados existentes" e completa "Se, com efeito, o movimento poderia estar na matéria, com as direções das quais a produção deste mundo se segue, sem que Deus produzisse o movimento e suas direções, o mundo poderia existir sem que Deus o produzisse, e se o mesmo movimento com todas as suas direções pôde continuar sua existência sem que Deus o mantivesse, o mundo continuaria a existir sem ter necessidade que Deus

muitos argumentos que servirão mais tarde como fundamentos para os filósofos do século XVIII conceberem seus sistemas imanentistas.

O problema das substâncias

Roland Desné sugere que alguns materialistas setecentistas germinam a ideia de religião como alienação, ideia essa que será desenvolvida no século seguinte principalmente por Feuerbach e Marx.[63] No entanto, ele afirma que menos do que uma questão política e social de dominação e opressão, no século XVIII, Deus é mais "um problema de lógica e de psicologia" (DESNÉ, 1969, p. 20). Isso se deve à grande preocupação em se explicar os fenômenos do pensamento, pois, se tudo é matéria, qual é então a origem do pensamento? Ou, mais exatamente, o que é a alma e sua atividade?

Essas questões decorreram sobretudo por conta das discussões prementes no século XVII, e têm na filosofia de Descartes sua principal matriz. Ela é, sem dúvida, a principal fonte de toda a filosofia da modernidade, pois é a partir dela que os grandes sistemas metafísicos como os de Espinosa, Leibniz ou Malebranche erigir-se-ão, seja para

---

o conservasse, e todos os efeitos da natureza corporal seriam produzidos sem o concurso imediato de Deus" (Jean Denyse, S.J., *La nature expliquée par le raisonnement et l'expérience*, Paris, 1719, p. 217-218 e 241-242 *apud* KORS, 2006, p. 296).

63 Como é possível notarmos em Helvétius, é o desejo de ser feliz que cria no homem a necessidade de se lançar para além da experiência e criar seres imaginários. Para satisfazer esse desejo, eles "constroem castelos no ar; gostariam que a natureza inteira se interessasse pela sua felicidade. Mas será ela suficientemente poderosa para consegui-lo? É então que se dirigem a seres imaginários, fadas, gênios. Se desejam a sua existência é na confusa esperança de que, favorecidos por um encantamento, poderão graças a essa ajuda, tornarem-se, como nas mil e uma noites, senhores da lâmpada maravilhosa, para que nada falte ao seu bem-estar" (HELVÉTIUS, *Do Homem, das suas Faculdades Intelectuais e da sua Educação*. Secção II, Cap. XX, In DESNÉ, 1969, p. 112).

criticá-la ou desconstruí-la, seja para dar-lhe novas roupagens ou novas reverberações.[64] A princípio, a filosofia de Descartes caracterizou-se por um tripé metodológico: erigir uma ciência exata, tal como a matemática, procurando opor-se à obscuridade da filosofia escolástica medieval. Desta ciência exata, era necessário extrair os fundamentos para aplicações práticas que pudessem tornar o homem "senhor da natureza", e ao mesmo tempo, fundamentar uma ontologia que fosse capaz de exaurir as querelas teológicas sobre o Ser e a realidade, estabelecendo um estatuto racional que superasse o conflito entre ciência e religião, que era pertinente nessa época. Muito embora o método elaborado por Descartes buscasse estabelecer os fundamentos de uma filosofia racional,[65] ele também procurou dar conta da aparente fragilidade das ciências, desordenadas segundo ele, por serem orientadas por critérios duvidosos, como os sentidos, ou pela proeminência de forças ocultas e inacessíveis imprimindo o movimento na Natureza, tal qual relegava a tradição renascentista. Para Descartes, tudo deveria ser passível de explicação através das leis mecânicas do espaço e do movimento, de modo que ele se opunha contundentemente à tradição platônica de uma alma do mundo, ou de uma matéria animada por uma força motriz transcendente, tal como defendia a filosofia escolástica.[66] Sem dúvida, o ra-

---

64 "Os grandes metafísicos do século XVII (Malebranche, Espinosa, Leibniz) construíram os seus sistemas refletindo sobre o de Descartes, do qual, bem entendido, se afastam muitas vezes, embora se situando relativamente a ele" (ALQUIÉ, 1987, p. 17).

65 Vemos nas *Regras para Orientação do Espirito* Descartes afirmar o seguinte: "Quanto ao método, entendo por isso regras certas e fáceis cuja exata observação fará que qualquer um nunca tome nada de falso por verdadeiro, e que, sem despender inutilmente nenhum esforço de inteligência, alcance, com um crescimento gradual e contínuo de ciência, o verdadeiro conhecimento de tudo quanto for capaz de conhecer" (DESCARTES, 2007, IV, p. 20).

66 "A análise do fenômeno físico deve ser feita apenas em termos de partes extensas e movimentos entre elas. Veremos mais tarde que, com efeito,

cionalismo de Descartes, apesar de sua matriz metafísica, servirá para a afirmação do "racionalismo do iluminismo", que tem uma matriz "empírica e experimental".[67]

Logo, a partir da afirmação da existência de uma substância pensante (*res cogito*) e de uma substância extensa (*res extensa*), em que ambas possuem atributos distintos e, contudo, mantém uma relação de contiguidade, surge a dificuldade de se estabelecer a comunicação entre elas, pois ambas não possuem apenas atributos diferentes, mas opostos. Enquanto que os corpos possuem extensão, forma e movimento, o pensamento é inextenso, informe e imóvel. A existência do mundo material, assim, é aferida por Descartes a partir da certeza de que existem corpos que afetam os sentidos, sem poder, no entanto, ir além da representação ideal ou imagética desses corpos. Tudo o que o espírito pode apreender são as qualidades dos corpos, de maneira que a existência do mundo material sustenta-se tão-somente a partir da constatação psicológica do *cogito*, de que existe uma substância extensa que é distinta dele próprio.[68] Mas o problema que se coloca, nessa perspectiva, é: como pensar a relação entre essas duas substâncias distintas que são distintas em seus atributos? Como algo inextenso poderia comunicar-se com algo extenso, ou algo imaterial com algo

---

extensão e movimento se tornarão, juntamente com a figura, os principais conceitos da física de Descartes. Qualquer consideração de qualidades supostamente interiores aos corpos, e que provocariam ações, significaria introduzir nos corpos físicos elementos estranhos à *extensão*, provocando a confusão que impossibilita a distinção entre extensão e pensamento, o que é prejudicial à física" (SILVA, 1993, p. 48).

67 "É uma ideia aceita que, no país de Descartes, todos são racionalistas. Como o século XVIII francês é, por excelência, o século do racionalismo, ele teria sido também o do cartesianismo triunfante. Para aceitar o silogismo, é preciso confundir o racionalismo cartesiano (de fundação idealista e metafísica) e o racionalismo do Iluminismo (de fundação empírica e experimental)" (DESNÉ, 1997, p. 75).

68 Cf. SILVA, 1993, p. 70 e segs.

material e vice-versa? Como vemos presente em sua correspondência com a princesa Elisabeth da Holanda, a essa dificuldade Descartes não apresenta uma solução definitiva, à qual ele sugere uma alternativa: a de considerar o homem tão-somente como a união dessas duas substâncias. Ou seja, seu recurso para escapar a esse problema foi constatar que havia uma correspondência entre as duas substâncias através do homem, que é *substancialmente* uma relação entre elas.[69] Na medida em que Deus é o princípio que criou e sustenta tudo o que existe, essa relação entre corpo e espírito também é estabelecida e sustentada por Ele. Embora enquanto corpo, o homem seja *res extensa*, e tenha o mesmo funcionamento a partir das leis mecânicas, tal como os animais, ele também possui *res cogito*, e pode apreender o movimento dos corpos e, através do seu entendimento, constituir uma ciência. Contudo, é notável como essa solução apresentada por Descartes é frágil, pois ele alega que podemos verificar a comunicação dessas duas substâncias ao constatar que, enquanto uma sensação afeta o corpo, ela afeta também o pensamento, e do mesmo modo, o pensamento é capaz de pôr o corpo em movimento, pois vemos que o homem é um ser dotado de vontade livre.[70] Porém, a relação não é explicada,

---

69 "Ora, essa dificuldade se agrava quando Descartes constata que existe um caso em que a substância pensante e a substância extensa, embora metafisicamente separadas, na realidade se encontram unidas formando um composto indissociável, quase como se fosse uma outra substância. É o caso do homem, na medida em que nele o espírito e o corpo estão substancialmente unidos" (SILVA, 1993, p. 75-6).

70 "Primeiramente, considero haver em nós certas noções primitivas, as quais são como originais, sob cujo padrão formamos todos os nossos outros conhecimentos. E não há senão muito poucas dessas noções; pois, após as mais gerais, do ser, do número, da duração e etc., que convêm a tudo quanto possamos conceber, possuímos, em relação ao corpo em particular, apenas a noção da extensão, da qual decorrem as da figura e do movimento; e, quanto à alma somente, temos apenas a do pensamento, em que se acham compreendidas as percepções do entendimento e as in-

mas torna-se a própria explicação para o fenômeno. Isso demonstra uma fragilidade inerente aos fundamentos do sistema cartesiano que vigorará ainda muitas disputas filosóficas e principalmente críticas ao longo do tempo.

*

Uma das críticas mais radicais ao cartesianismo partiu de Jean Meslier. Considerado o primeiro ateu e materialista "*strictus sensu*",[71] o padre de Etrépigny elaborou uma análise severa dos princípios da metafísica cartesiana, e em especial das noções de substância elaboradas por Descartes. Meslier apresenta a dificuldade implícita no sistema cartesiano quando este entende o conceito de substância como *causa sui*, apesar de conservar duas substâncias que seriam distintas entre si.[72] Para ele, aquilo que é *causa sui* – causa de si mesmo – é o que existe por si e para si mesmo e que deve ser um princípio independente, a partir do qual todas as coisas existentes devem ser suas modificações, seus atributos e suas qualidades.[73] Descartes, no entan-

---

clinações da vontade; enfim, quanto à alma e ao corpo em conjunto, temos apenas a de sua união, da qual depende a noção da força de que dispõe a alma para mover o corpo, e o corpo para atuar sobre a alma, causando seus sentimentos e suas paixões" (DESCARTES, 1973, *Cartas*, p. 309).

71 Cf. PIVA, 2006, em especial o capítulo I.

72 "VIII. A substância que entendemos ser soberanamente perfeita, e na qual não concebemos nada que encerre qualquer falha, ou limitação de perfeição, chama-se Deus [...] X. Duas substâncias são ditas realmente distintas quando cada uma pode existir sem a outra" (DESCARTES, 1973, *Objeções e Respostas*, p. 180). Isto é, as substâncias extensa e espiritual são distintas e independentes entre si, porém, ambas dependem de Deus, que as criou e as conservam pelo poder de sua vontade.

73 Não se pode deixar de notar a semelhança da noção de substância apresentada por Meslier em relação a Espinosa, apesar de, como aponta Maria das Graças de Souza, não haver indícios de que o padre francês tenha sido um conhecedor da filosofia espinosana. Cf. SOUZA, 2002, p. 50, nota 2.

to, apresenta as substâncias *res extensa* e *res cogito* como substâncias distintas e criadas pela única substância realmente independente, que é Deus. De acordo com ele, Deus seria, portanto, a única substância real, o que induz necessariamente a um panteísmo. Mas para Meslier, essa solução é frágil, porque se atribui a realidade do Ser a uma hipótese arbitrária, um ser desconhecido, sem atributos plausíveis e que não se tem nenhuma experiência. Em suma, uma noção imaginária:[74]

> É mais fácil dizer, e supor que o mundo é por ele mesmo o que ele é, do que dizer e supor que Deus seria por ele mesmo o que ele é [...] E sendo assim não resta mais do que ver qual dos dois é o mais verdadeiro, ou o mais verossímil. Ora, é manifesto e evidente que há muito mais razão em atribuir a existência necessária, ou a existência por si mesma em um ser real e verdadeiro que se vê, que sempre se viu, e que se encontra sempre manifestamente por toda parte, que atribuir a um Ser que não é senão imaginário e que não se vê, e não se encontra em parte alguma.[75]

Meslier defende que a substância, por ser causa de si mesma, não pode ser criada, e define-a como aquilo que é dotado de realidade, que possui extensão, forma e figura, ou seja, atributos passíveis de experiência. E ele complementa dizendo que a matéria, pela constatação sucessiva de sua existência pela experiência dos sentidos, é real.[76] Logo, a substância real e verdadeira não pode ser outra senão a

---

74 "deve-se atribuir o ser a algo real e verdadeiro, do qual conheçamos a natureza e a existência. Ou seja: é melhor postular o mundo que postular Deus" (SOUZA, 2002, p. 46).

75 Paris-BNF. fr. 19460, 196 v; *Oeuvres de Jean Meslier*, t. II, éd. par J. Deprun, R. Desné et A. Soboul: Paris, *Anthropos*, 1971, p. 171-172 *apud* BENÍTEZ, 2006, p. 281.

76 "É a existência das coisas que funda a verdade, e não o contrário" (SOUZA, 2002, p. 46).

matéria. Ora, tudo aquilo que não possui forma, figura, ou extensão, ou seja, tudo o que não seja matéria, não pode ser substância,[77] tampouco pode ser real, porque é produto da imaginação. Isso se aplica às noções de Deus e de espírito, pois, além de serem desprovidos de qualquer realidade, eles se opõem a todos os atributos do ser real que é a matéria.[78] A solução para o problema cartesiano, segundo o padre ateu, portanto, está na eliminação dessa substância desconhecida e na afirmação necessária de que a única substância real e existente é a matéria. Não obstante, os manuscritos de Meslier, que além de um ataque virulento ao cristianismo e à metafísica, possuíam também uma teoria materialista solidamente desenvolvida, difundiram-se na França logo após sua morte, tornando-se um dos principais libelos da literatura clandestina.[79] Com eles, estava aberto o caminho para o crescimento do materialismo no século XVIII.

*

Essa relação complexa entre corpo e pensamento, isto é, esse problema da intersecção das duas substâncias, foi de fundamental importância para o desenvolvimento do materialismo setecentista,[80] isso porque, a partir dessa inconsistência da relação alma e corpo, surgiram diversos sistemas com o intuito de resolver esse imbróglio na tentativa de sustentar o dualismo de forma mais consistente, apesar da evidente dificuldade. Os sistemas de Leibniz e Malebranche são

---

77 "Sem nenhuma dificuldade, Meslier concebe a realidade como sinônimo de matéria. O que não for material, raciocina o padre, o que não for constituído de forma, figura nem extensão, não será real, isto é, não será considerada substância" (PIVA, 2006, p. 189).

78 "Não é possível conceber um ser do qual subtraímos todas as propriedades do ser" (SOUZA, 2002, p. 48).

79 Cf. PIVA, 2006, p. 109-11.

80 "As discussões sobre a alma desempenharam um papel essencial na afirmação do materialismo" (DESNÉ, 1969, p. 20).

um exemplo desse empreendimento em favor do cartesianismo. No entanto, apesar do engodo que possa causar esse ponto frágil do sistema cartesiano, é preciso admitir o fato de que Descartes, ao negar a existência da alma nos animais e afirmar seu movimento autômato, contribuiu para que se pudesse, mais adiante, conceber o homem através desse mesmo mecanismo.[81] Pois, se os animais prescindem de uma alma e são capazes de mover-se e articular-se, por que não o seria também o homem? É o que sustenta La Mettrie, que transfere os atributos do animal-máquina de Descartes para o homem.[82]

Para o médico e filósofo francês, a questão do pensamento não se coloca em termos espirituais, mas necessariamente deriva da constatação do movimento da matéria.[83] No *Traité de l'âme*, ele se apoia no *De Anima* de Aristóteles para tratar da questão da alma, defendendo a perspectiva empirista de que tudo o que seja produto da mente seja resultado da experiência sensível. Ele a divide em três partes: a vegetativa, a sensitiva e a racional; contudo, divergindo do estagirista,[84]

---

81 "Em tudo aquilo que não diz respeito à alma, o homem se assemelha a uma máquina, se bem que perfeita, posto que criada por Deus. Todas as funções orgânicas podem ser comparadas, segundo Descartes, ao funcionamento de uma máquina muito bem construída. Os seres que não possuem alma, os animais, são constituídos apenas por esse maquinismo. Essa teoria do homem-máquina e do animal-máquina deriva da doutrina metafísica da absoluta separação das substâncias. Tudo o que é extenso deve ser explicado em termos de extensão e mecanismo" (SILVA, 1993, p. 95).

82 "Por uma operação na verdade um tanto redutora, [La Mettrie] transforma o animal-máquina de Descartes no homem-máquina" (SOUZA, 2002, p. 45).

83 "Perguntar se a Matéria pode pensar, considerando-a apenas em si mesma, é o mesmo que perguntar se a Matéria também pode dar as horas" (LA METTRIE, 1982, p. 49).

84 "La Mettrie aborda a questão da alma utilizando a teoria das almas-formas substanciais dos Antigos. Ele faz mais particularmente referência a Aris-

a parte racional é assimilada inteiramente à sensitiva. Ele associa os movimentos da alma aos movimentos do cérebro: os órgãos dos sentidos comunicam, pelos nervos, através de uma matéria sutil, os *espíritos animais* (uma espécie de fluído etéreo ou calor vital), para o interior do cérebro, que os absorve e processa enquanto sensação, dando origem às ideias mais ou menos vivas que se alojarão na memória, constituindo o conteúdo do pensamento. As atividades costumeiramente atribuídas à alma são identificadas a um princípio material, o cérebro, que possui uma matéria específica capaz de pensar e sentir.[85] Diz La Mettrie:

> Eu não vejo senão matéria no cérebro (...): vivente, sadia, bem organizada, essa víscera contém na origem dos nervos um princípio ativo espalhado na substância medular; eu vejo este princípio ativo que sente e pensa, se desarranja, adormece, e se extingue com o corpo.[86]

Já em *O Homem-Máquina*, ele abandona a teoria das formas substanciais de influência aristotélica e concebe o homem como um puro mecanismo. Nesse momento a alma já não é tomada por uma energia vital que trespassa os órgãos e os nervos, mas como um princípio de movimento, uma parte material do cérebro que serve como mola do corpo. La Mettrie abandona uma perspectiva vitalista da alma e assume integralmente o materialismo mecanicista:

---

tóteles, no qual distingue três tipos de alma: a alma vegetativa que pertence às plantas; a alma sensitiva, comum ao homem e ao animal; a alma racional, própria do homem. Contrariamente a Aristóteles, ele identifica inteiramente a alma racional à alma sensitiva" (MISSA, 1997, p. 135).

85 "A alma se identifica à atividade de uma parte do cérebro, a substância medular a qual contém um princípio ativo material que sente e que pensa" (MISSA, 1997, p. 136).

86 *Traité de l'âme*, p. 171 *apud* MISSA, 1997, p. 136.

> O corpo humano é uma Máquina que monta, ela própria, as suas peças: uma imagem viva do movimento perpétuo. Os alimentos servem de sustento ao que em seguida a febre excita. Sem eles a Alma enfraquece, entra em fúria ou morre de abatimento. É como uma vela cuja luz, quando está prestes a apagar-se, se reanima. Alimentem, no entanto, o corpo, vertam nos seus canais Sucos vigorosos e licores fortes e a Alma, então, tão generosa como eles, rearmar-se-á com uma altiva coragem (LA METTRIE, 1982, p. 55).

Desse modo, os estados psicológicos são assimilados estritamente ao estado fisiológico: "os diversos Estados da Alma são sempre, por conseguinte, correlativos dos do corpo" (LA METTRIE, 1982, p. 59). Estabelecendo um estudo comparativo entre a fisiologia animal e a do homem, e observando suas similitudes em relação ao tamanho e disposição do cérebro, La Mettrie conclui pela plena materialidade da alma. Assim, ao tamanho do cérebro relativo ao seu próprio peso e ao peso do animal ao qual pertença, ele deriva a força dos instintos animais e mesmo a qualidade da inteligência do homem; ao tamanho do cérebro, se junta o equilíbrio dos humores, que garantirá o grau do temperamento e o teor da inteligência.[87] Com isso, ele sugere que, quanto maior o animal e menor o cérebro, mais violento ele é; por outro lado, quanto maior o cérebro, mais dócil e inteligente o animal se apresenta:

> Dos animais ao homem a transição não é violenta; os verdadeiros Filósofos reconhecem-no. O que era o Homem antes da invenção das Palavras e do conhecimento das Línguas? Um Animal da sua espécie, com muito menos instinto natural do que os outros, dos quais até

87 Cf. LA METTRIE, 1982, p. 59 e segs.

> então ainda não se julgava o rei, e que só se distinguia do Macaco da mesma maneira que este se distingue dos outros animais: ou seja, por uma fisionomia que anuncia um maior discernimento (LA METTRIE, 1982, p. 63).

O homem é um animal como qualquer outro e difere-se do restante por algumas faculdades distintas, próprias dele, mas que não representam uma diferença ontológica de sua essência com relação à deles, mas apenas uma diferença orgânica, relativa ao seu desenvolvimento intelectual, derivado do aumento de seu cérebro. Roland Desné afirma assim que "de forma original e radical, o autor do *Homem-Máquina* proclama 'a unidade material do homem' e não hesita em submeter a moral ao determinismo biológico" (DESNÉ, 1969, p. 11).

*

Com La Mettrie e a partir dele, portanto, o materialismo ateu solidifica-se e contribui não apenas para desenredar uma perspectiva ontológica e cosmológica do universo da ideia de uma substância imaterial, como também transforma a visão da epistemologia, da moral e da política como ciências que podem ser investigadas a partir da Natureza. A partir da tese de uma alma material, e, por consequência, negando-se um princípio transcendente para o movimento corpóreo, nega-se também o princípio moral do livre-arbítrio. O determinismo materialista no campo moral se constrói a partir dessa negação: o homem não é mais concebido como um ser desconectado da Natureza pelo seu princípio motor, que o possibilita escolher suas ações de acordo com um critério moral pré-estabelecido por uma divindade. Pelo contrário, ele é visto agora como um ser natural, sujeito à mesma causalidade existente em todos os corpos, isto é, sujeito à causalidade universal da Natureza. Seu comportamento, seu *éthos*, agora é observado a partir do mundo, não há mais teleologia e transcendência divinas para sustentar seus princípios morais. Urge assim a necessidade de a moral ser reformulada, ela deve agora partir de critérios que não estejam arraigados nos pressupostos metafísicos tampouco em dogmas religiosos, mas que sejam imanentes, fundamentados nas mesmas leis naturais que compõem, organizam e regulam os corpos. Este pode ser considerado o corolário da filosofia setecentista e a pedra angular de todo o materialismo das Luzes.

Uma objeção contundente ao materialismo

O aparecimento do materialismo no início do século XVIII, como visto, suscitou diversas críticas que foram feitas, principalmente, por teólogos que se opunham à nova *intelligentsia* que florescia. Mas as críticas não partiram apenas dos teólogos. Os próprios filósofos iluministas deístas e teístas opuseram-se a ele, pois viam no materialismo a degenerescência da moral e a impossibilidade de uma reforma efetiva dos costumes. Filósofos como Voltaire e até mesmo o déspota esclarecido da Prússia, Frederico II, por exemplo, procuraram combatê-lo vigorosamente: o rei-filósofo escreveu uma obra intitulada *Examen critique du Système de la nature*, uma crítica de caráter antropológico e político em que procura, principalmente, apontar os erros de uma doutrina cujo "direito para os súditos de depor seus soberanos quando eles estão descontentes" é defendida. Ele faz alusão a essa obra numa carta a Voltaire no mesmo ano de publicação do *Sistema da Natureza*, a Obra-magna de Holbach. Já o filósofo-rei, aparentemente mais preocupado com a repercussão da obra do que propriamente com seu conteúdo, tratou também de retratá-la, alegando que sua publicação poderia pôr em risco a República das Letras e seus filósofos, que em geral eram tolerados, pois instigaria contra eles o ódio das autoridades políticas.[88] Sua crítica aparece num pequeno livro chamado *Dieu, réponse au systéme de la nature*, também do mes-

88 Cf. CHAUSSINAND-NOGARET, 2009, p. 284.

mo ano do *Sistema*, que depois fora compilado num complemento ao seu *Dicionário Filosófico* (*Questions sur l'Encyclopédie*).

Voltaire, em sua *Réponse*, procura sair do plano metafísico para entrar mais especificamente no plano existencial (psicológico). Ele considera que é necessária a crença em Deus, porque para a maior parte dos homens, além dela servir como um freio ao crime, funciona também como um consolo, uma vez que a natureza humana tem necessidade da esperança, para suportar a infelicidade inerente às mazelas da vida.[89] O ateísmo e o materialismo preconizados no *Sistema da Natureza* apenas privariam os homens desse consolo. Guy Chaussinand-Nogaret lembra que a *Correspondance Litteraire*, provavelmente sob a pena de Diderot, apresenta a tréplica ao patriarca de Cirey, alegando serem esses argumentos destituídos de justeza, pois defender uma divindade remuneradora e vingativa, ao mesmo tempo em que se procura negar a superstição, é uma incoerência, senão uma hipocrisia: "a crença de Voltaire, sublinha o autor, não era fundada nem na filosofia nem na convicção, mas sobre a conveniência social" (CHAUSSINAND-NOGARET, 2009, p. 231).[90]

Inclusive, o mesmo Diderot escreverá, em suas observações sobre a obra de Hemsterhuis, a defesa dos autores materialistas, ao

---

89 Como demonstra Maria das Graças de Souza, vários dos contos de Voltaire, cujas histórias sempre abordam as relações ambíguas entre o homem e a Providência, tratam da questão da felicidade e do destino, mas em especial, no *Histoire de Jenni*, ele procura combater mais enfaticamente o ateísmo decorrente dos princípios materialistas. Cf. SOUZA, 1984.

90 Diderot também ironiza um possível materialismo "reprimido" em Voltaire nas suas observações à *Carta sobre o Homem e suas Relações*, do holandês Hemsterhuis: "E o que dizer de Voltaire, que afirma com Locke que a matéria pode pensar, com Toland que o mundo é eterno, com Tindal que a liberdade é uma quimera, e que aceita por fim um Deus vingativo e recompensador? Era incoerente ou receava a reação dos doutores da Sorbonne? " (DIDEROT, 2000b, p. 183).

mesmo tempo em que defende o *Sistema da Natureza*: "Jamais algum autor, materialista ou não, propôs tornar ridículas as noções de vício e de virtude, e atacar a realidade dos costumes. Rejeitando a existência de Deus, os materialistas fundam as ideias de justo e injusto sobre as relações eternas de um homem para com outro. Ver o *Sistema da Natureza*" (DIDEROT, 2000b, p. 158).

*

Contudo, dentre os filósofos, foi Jean-Jacques Rousseau quem se preocupou, mais exatamente oito anos antes da publicação do *Sistema da Natureza*, com o "problema" do materialismo. Em uma de suas principais obras, o *Emílio* (1962), ele dedica uma passagem denominada *profissão de fé do vigário de Savóia*, no início do livro IV, para elaborar uma série de argumentos constitutivos de princípios que se opõem aos princípios do materialismo de forma radical. Através de uma cadeia de argumentos que procuram fundamentar sua própria doutrina, chamados de "artigos de fé", ele critica os alicerces filosóficos do materialismo e dá sustentação ao que seria uma ideia de Natureza animada por um ser transcendente, que lhe imprime movimento através de sua vontade, e ordem e regularidade através de sua inteligência. Para Rousseau, o materialismo é elaborado a partir de uma metafísica "obscura e ininteligível", pois não é filosoficamente concebível a noção de movimento da matéria independente de um princípio imaterial. Ele refuta, assim, a ideia de uma Natureza autônoma, e propõe um princípio transcendente para lhe conferir existência, ordem e atividade.

Analisemos, neste momento, sua crítica e seu sistema: inicialmente, através da figura do vigário, Rousseau elabora uma teoria do conhecimento de viés empirista, na qual ele chama de matéria tudo o que seja percebido pela sensibilidade: "Tudo o que sinto fora de mim e que age sobre os meus sentidos eu chamo de matéria, todas as porções de matéria que concebo reunidas em seres individuais eu chamo de corpos" (ROUSSEAU, 2009, p. 379). Até aí, ele está de pleno acordo com a doutrina materialista, porém, a convergência não vai adiante, pois a seguir ele diz que o homem possui, além da faculdade sensível, uma inteligência capaz de estabelecer relações entre os objetos percebidos, podendo assim compará-los e julgá-los, o que caracteriza uma atividade para além da capacidade da matéria. Ou seja, essa capacidade ativa de julgar indica um princípio transcendente, pois a matéria, por si mesma, é inerte e totalmente passiva. Como exemplo, ele mostra a singularidade do homem em relação aos animais, pois estes, apesar de sua atividade motriz, são passivos, já que não podem conferir um juízo aos objetos que os afetam – eles apenas respondem instintivamente a eles. Já o homem, ao compará-los e julgá-los, demonstra possuir uma faculdade para além daquelas dos animais.

Entendamos melhor esse mecanismo. A passividade é a afecção dos sentidos pelos objetos, é o conhecimento que se inicia com as sensações. O homem, a partir do momento em que percebe um objeto, percebe também que ele é *outro*, e não ele próprio. Rousseau, inclusive, inverte o método cartesiano, já que considera que as sensações, que são a afecção do objeto, são sempre verdadeiras e certas, e que o julgamento, ao compará-las, pode se equivocar e elaborar um juízo falso e conduzir ao erro:

> Por que a imagem, que é a sensação, não é conforme a seu modelo, que é o objeto? É porque sou ativo quando julgo, porque a operação que compara é falível, e meu entendimento, que julga as relações, mistura seus erros à verdade das sensações, que só mostram os objetos (ROUSSEAU, 2009, p. 381).

Ele se opõe a Descartes, pois afirma que as sensações não falham ao perceber os objetos, e que, quando ocorre um descompasso entre o objeto e a ideia, isso se deve a um erro do juízo, que é ativo, e não às sensações que, por sua passividade, não podem se enganar: "A verdade está nas coisas e não no meu espírito que as julga, e que, quanto menos coloco de meu nos juízos que faço sobre elas, mais estou seguro de me aproximar da verdade" (ROUSSEAU, 2009, p. 381). Assim, a Natureza é a fonte da verdade, quando é aferida, primeiramente, pelas sensações. Por sua vez, a atividade – que não é, é bom notar, atividade motriz, mas capacidade de comparar, julgar e ajuizar – é uma singularidade do homem, e demonstra que ele possui uma faculdade da qual os outros seres estão destituídos. É a partir dessa distinção entre atividade e passividade que ele parte da investigação do ser que conhece para o objeto conhecido.

É nesse momento que ele inicia seu ataque ao materialismo, que parte primeiramente da crítica à sua noção de movimento. Para os materialistas, ele é considerado uma qualidade da matéria. Mas para Rousseau, o movimento é uma ligação que o entendimento estabelece quando percebe o deslocamento dos objetos de um lugar para outro, de maneira que ele não seja essencial à matéria, mas apenas uma forma de se considerar a mudança dos corpos:

> Não é claro que, se o movimento fosse essencial à matéria, seria inseparável dela, estaria nela sempre num mesmo grau; sempre o mesmo em cada porção de matéria, seria incomunicável, não poderia nem aumentar nem diminuir e não poderíamos nem mesmo conceber a matéria em repouso? (ROUSSEAU, 2009, p. 385).

Apesar de negar alguns pressupostos da física newtoniana, Rousseau sugere dois tipos de movimento que são característicos dela: um é o comunicado, cuja causa motriz está em outro corpo; é o movimento de transferência de força e de energia de um corpo para outro. O outro movimento que ele aponta é o espontâneo, que é aquele que parte do próprio corpo, uma faculdade dos seres animados como os animais e o homem. Ele sugere que esse movimento espontâneo seja a ação de uma vontade inerente à natureza desses seres, como ele demonstra através do exemplo de sua própria vontade: "Perguntar-me-ás também como sei então que existem movimentos espontâneos; dir-te-ei que o sei porque o sinto. Quero mexer meu braço e mexo-o, sem que esse movimento tenha outra causa imediata além da minha vontade" (ROUSSEAU, 2009, p. 382). Essa vontade inerente ao ser garante a existência de algo que transcenda o corpo e que lhe confira o movimento, uma vez que os outros corpos inanimados não possuem essa capacidade. Pois se o movimento fosse essencial à matéria, não haveria corpos em repouso. Seu primeiro artigo de fé, portanto, é o de que há uma vontade agindo na Natureza.

Com isso, ele recusa o principal argumento materialista, que é o movimento como qualidade da matéria.[91] E complementa a crítica dizendo que a incapacidade da matéria de mover-se espontaneamente implica também a incapacidade dela em regular-se, de modo que a Natureza, caso tivesse essa capacidade, deveria ser caótica, já que a diversidade de elementos, de choques, de causas e de efeitos que a constituem, não possibilitariam uma organização tão prodigiosa e perfeita como é possível notar ao contemplá-la. Segundo seu raciocínio, caso a Natureza fosse capaz de mover-se por si mesma, seria um movimento desordenado e fortuito, o que contraria a ordem que sugere uma inteligência agindo, regulando-a em um movimento constante e harmonioso. Essa inteligência, obviamente, não pode ser também uma propriedade da matéria, visto que os outros corpos, mesmo os animais, não a possuem. Ela implica, portanto, a ação de um ser que transcenda a Natureza e este é seu segundo artigo de fé.

E é a partir desses dois pressupostos, de que a matéria seja movida pela vontade de um motor externo, e que ela se organiza graças a

91 "Meu espírito recusa-se a admitir a ideia da matéria não organizada movendo-se por si mesma ou produzindo alguma ação" (ROUSSEAU, 2009, p. 383).

uma inteligência que não pode também ser uma de suas qualidades, que Rousseau postula a existência de uma divindade. A Natureza é um complexo de seres que se justapõem e que agem espontaneamente, o que implica uma vontade imprimindo-lhe movimento. Do mesmo modo, ela é organizada de forma harmoniosa, o que sugere uma inteligência que regula essa atividade, tal como só se pode conceber um relógio a partir da ação e da inteligência de um relojoeiro. Pensar que a Natureza seja o resultado de um choque fortuito de átomos seria conceber que as peças e engrenagens de um relógio casualmente se juntassem e o compusessem. Desse modo, ele refuta a tese materialista de que a Natureza seja um aglomerado de elementos de matéria automotriz. Esse sistema, além de quimérico no plano conceitual, possui implicações morais perigosas, que devem ser rejeitadas para o bem da sociedade.

Eis o ponto crucial de sua crítica: a questão da liberdade humana. Um ser dotado de vontade é um ser livre. Caso tudo fosse consequência de um movimento mecânico de moléculas, as ações humanas seriam destituídas de critérios de valor, não podendo ser consideradas nem boas nem más, pois seriam determinadas pela Natureza, consistindo tão-somente em um impulso de conservação dos seres. Assim, destituído de vontade e entregue às suas determinações físicas, o homem não seria livre, mas escravo da necessidade: "uma máquina não pensa, não há nem movimento nem figura que produza a reflexão [...] Nenhum ser material é ativo por si mesmo, e eu [o sujeito que age] o sou" (ROUSSEAU, 2009, p. 394). Ao considerar-se o modo como os materialistas concebem a Natureza, não seria possível constituir uma moral e tampouco uma sociedade, pois na Natureza materialista tudo é permitido tendo em vista à autopreservação. Isso acarreta consequências perigosas, pois na medida em que o homem age mecanicamente, sem a possibilidade da escolha, suas ações não podem ser reguladas senão por um mecanismo autoritário e violento, visto que ele, não tendo consciência dos seus atos, age apenas por reflexos. Para opor-se a essa visão nebulosa da natureza do homem, ele defende a tese categórica de que, do mesmo modo como a Natureza é regida por um princípio que a transcenda, o homem – notadamente ativo e possuidor de uma consciência das suas ações, de uma inteligência capaz de criar e julgar, e de uma vontade capaz de movê-lo – deve, necessariamente, possuir em si esse mesmo princípio que anima a Natureza. Ele afirma, dessa maneira, que o homem é dotado de uma alma, já que ele demonstra possuir vontade e inteligência que promovem, por assim dizer, a liberdade em suas ações:

> Só conheço a vontade pelo sentimento que tenho da minha, e o entendimento não me é mais bem conhecido. Quando me perguntam qual é a causa que determina minha vontade, pergunto por minha vez qual é a causa que determina meu juízo, pois é claro que essas duas causas são apenas uma (ROUSSEAU, 2009, p. 395).

É importante observar que Rousseau não nega absolutamente que a Natureza seja composta por uma substância material, que age mecanicamente. A ideia de movimento comunicado implica um mecanismo de causas e efeitos correspondente à ação dos corpos uns sobre os outros. Contudo, o que o diferencia dos materialistas é que esse mecanismo não deve ser atribuído às qualidades da matéria, que para ele é constituída apenas de extensão e figurabilidade, pois é preciso "conhecer a matéria como extensa e divisível para estar certo de que ela não pode pensar" (ROUSSEAU, 2009, p. 393). Porquanto os corpos inanimados sejam destituídos de faculdades próprias, uma vez que eles agem de acordo com leis constantes e que seus movimentos sejam ordenados, nota-se que um princípio ativo de uma vontade age para impulsioná-los, caso contrário, não existiriam corpos inanimados. Ou seja, uma vez que o homem age e pensa por sua própria vontade, a causa não pode estar no puro mecanismo físico de seu corpo, mas em um princípio motor que o impulsiona, e um princípio inteligente que o constitui: "Não depende de mim acreditar que a matéria passiva e morta tenha podido produzir seres vivos e sensíveis, que uma fatalidade cega tenha podido produzir seres inteligentes, que o que não pensa tenha podido produzir seres que pensam" (ROUSSEAU, 2009, p. 389).

Ora, se o homem possui uma vontade que o anima e uma inteligência que o faz comparar e julgar os objetos que o afetam, de modo que ele não seja determinado por essas afecções e pelas paixões delas decorrentes, ele pode por sua vontade declinar-se ou não a elas. Essa consciência que ele possui de si mesmo, que é capaz de comparar os objetos, é também capaz de ajuizar o que é bom e o que é mau. Se o homem possui, portanto, uma consciência capaz de orientar as suas ações quando percebe que elas podem prejudicar seu semelhante, a doutrina da vontade livre que Rousseau defende garante um fundamento para a moral e assegura a existência da sociedade:

> O princípio de toda ação está na vontade de um ser livre; não poderíamos remontar além disso. Não é a palavra liberdade que nada significa, mas a palavra necessidade. Supor algum ato, algum efeito que não derive de um princípio ativo é realmente supor efeitos sem causa. É cair no círculo vicioso. Ou não há um primeiro impulso, ou todo primeiro impulso não tem nenhuma causa anterior, e não há verdadeira vontade sem liberdade. O homem, portanto, é livre em suas ações e, como tal, animado de sua substância imaterial: este é o meu terceiro artigo de fé (ROUSSEAU, 2009, p. 396).

A partir disso, é possível inferir que os critérios de bom e de mau sejam o resultado da ação da inteligência que o homem possui, pois a divindade que criou o Universo, sendo boa,[92] não poderia conferir-lhe a capacidade de praticar o mal:

---

92 "O ser que quer e que pode, o ser ativo por si mesmo, o ser, enfim, qualquer que seja ele, que move o universo e ordena todas as coisas, chamo-o

> Ela o fez livre para que ele fizesse não o mal, mas o bem por escolha. Colocou-o em condições de fazer essa escolha empregando bem as faculdades de que o dotou; mas limitou de tal modo suas forças que o abuso da liberdade que ela lhe deixa não pode perturbar a ordem geral. O mal que o homem faz retorna a ele sem nada mudar no sistema do mundo, sem impedir que a própria espécie humana conserve-se, apesar de tudo (ROUSSEAU, 2009, 396).

Criada e ordenada por Deus, a Natureza de Rousseau remete-nos àquela perspectiva combatida pelos materialistas, a de que ela seja constituída de uma matéria inerte e impotente, que não age e não cria sem o impulso de uma força motriz transcendente. Defensores da mais pura imanência, os materialistas, e em especial o barão de Holbach, não perdoarão a intransigência de Rousseau. Ele, assim como os demais adversários, terá de reunir suas armas filosóficas para dar conta da avalanche de obras materialistas e ateias que viriam a surgir a partir da segunda metade do século XVIII, que não são poucas. O *Sistema da Natureza*, talvez a mais radical delas, procurará desmoronar todos esses sistemas filosóficos que se opuseram e que viriam a se opor à ideia de uma Natureza soberana e ativa.

Deus. Junto a esse nome as ideias de inteligência, de potência, de vontade, que reuni, e mais a de bondade, que é uma consequência necessária das primeiras" (ROUSSEAU, 2009, p. 390).

Capítulo II

O Sistema da Natureza de Holbach

> Ora, é preciso que afastem este temor e estas trevas do espírito, não os raios de Sol nem os luminosos dardos do dia, mas a contemplação da natureza e a sua compreensão. O princípio a partir do qual partiremos é que nada nasce do nada, por obra divina. De fato, é assim que o terror domina os mortais, ao observarem que ocorrem no céu e na terra muitos fenômenos cujas causas não são capazes de perceber de maneira nenhuma, e julgam então que estes se dão por vontade dos deuses.
>
> Lucrécio, *De Rerum Natura*, I, v.144-157

O Sistema da Natureza e a crítica à metafísica

Holbach inicia o *Sistema da Natureza* alertando que conhecer a Natureza é algo essencial para a felicidade, pois afasta os temores e angústias imaginários que tanto afligem a existência humana, e possibilita uma vida conforme o curso *natural* dos acontecimentos. Para ser feliz, é necessário apenas que utilizemos a experiência e consultemos a razão, pois estes são os instrumentos capazes de apreender a verdade da Natureza e assim compreendê-la, dispensando os recursos da imaginação que servem para apaziguar nossa alma. Desse modo não é preciso ultrapassá-la e deixar o pensamento vagar por entre as nuvens obscuras da metafísica: "O homem só é infeliz porque desconhece a natureza. Seu espírito está de tal modo infectado de preconceitos que seria possível acreditar que ele está condenado para sempre ao erro" (HOLBACH, 2010, p. 25). Logo no prefácio, ele exprime claramente seu objetivo, que é simplificar os fundamentos da moral, dos costumes e mesmo de toda ciência humana. Para isso ser possível, é necessário modificar os alicerces que sustentam o conhecimento, para que ele seja elaborado a partir de princípios sólidos e coerentes, conformes às leis naturais, expurgando os devaneios da imaginação como as revelações, as crenças, os mistérios ou a fé que, longe de serem suficientes para sustentá-lo, podem mesmo prejudicá-lo, entrevando o desenvolvimento das ciências e da sociedade. Esses princípios que sustêm a moral e condicionam os costumes devem esclarecer a percepção que o homem tem da realidade, para que ele possa compreendê-la e assim harmonizar-se com ela, pois o uso de suas faculdades, ao invés de restringir-se à obediência a crenças e dogmas, deve dirigir-se à Natureza e ser orientado pela razão e pela experiência, abandonando as superstições, ideias sobrenaturais, preconceitos religiosos e erros metafísicos. Em suas próprias palavras:

> Os homens se enganarão sempre que abandonarem a experiência por sistemas criados pela imaginação. O homem é obra da natureza, existe na natureza, está submetido às suas leis; ele não pode livrar-se dela, não pode, nem mesmo pelo pensamento, sair dela. É em vão que seu espírito quer lançar-se para além dos limites do mundo visível; ele é sempre forçado a voltar (HOLBACH, 2010, p. 31).

Para Jean-Claude Bourdin, o sistema filosófico de Holbach, seu materialismo ateu propriamente dito, contrapõe-se àquela filosofia tradicional que ele considera "como uma longa desnaturação da espécie humana" (BOURDIN, 2006, p. 253), um pensamento filosófico que é suprimido pela teologia, pois está enraizado em questões e especulações metafísicas. Uma vez que o pensamento tradicional seja dirigido a seres abstratos e imaginários, que são inalcançáveis pela experiência sensível e inconcebíveis pela razão, a crítica à ideia de Deus e à visão religiosa do mundo possibilita não apenas a reconciliação do homem com a Natureza e consigo mesmo, mas abre o caminho para a elaboração dos critérios necessários para instituir uma moral natural que seja conforme a realidade da Natureza, de seu movimento e de suas leis constantes. Todavia, o pensamento de Holbach é profundo e vai além de uma simples crítica, não podendo ser redutível a um anticristianismo e a um dogmatismo materialista.[1] Ele expressa antes de tudo uma filosofia que pretende construir-se a partir da recusa de qualquer forma de transcendência, e "que se esforça em purgar o discurso filosófico dos conceitos e das categorias herdados de uma longa tradição espiritualista dominada pelo pensamento metafísico e teológico" (BOURDIN, 2006, p. 252). Ou seja, ele propõe uma filosofia materialista que se opõe à metodologia filosófica tradicional, o pensamento teológico-metafísico, ou como denominado pelo próprio barão, o espiritualismo. Franck Salaün, por sua vez, diz que o materialismo de Holbach procura

> destruir a metafísica dominante que se faz obstáculo à reflexão e ao progresso do conhecimento, expor claramente – e sem cair nas mesmas armadilhas – um sistema superior, na medida em que ele dá conta dos outros e os ultrapassa, e enfim concorrer a uma reforma política, o modo de pensamento majoritário correspondente

---

1 "O anticristianismo e o dogmatismo materialista de Holbach que escandalizaram em seu tempo, e durante muito tempo ainda no início do século XIX, mascararam sem dúvida a audácia e a amplitude do empreendimento holbachiano" (BOURDIN, 2006, p. 252).

> a uma forma de dominação e a um tipo de sociedade (SALAÜN, 2006, p. 307).

O pensamento teológico-metafísico caracteriza-se por ser uma forma de pensamento voltada para questões puramente abstratas ou conceituais, pois seus objetos de investigação não têm existência palpável tampouco têm relação direta com os seres naturais, como por exemplo, Deus, a alma, os anjos ou a vida eterna. Ele se dedica a investigar os atributos desses seres que só são concebidos através de especulações intelectivas, ou pelo assentimento à crença em sua existência, que se dá pela revelação de livros ditos sagrados e profetas. Apesar de estar vinculado a um registro puramente conceitual e abstrato, isolado das relações entre os seres naturais, o pensamento teológico-metafísico serve para regular essas relações e estruturar as normas morais, influenciando os costumes e as tradições.[2] Além disso, ele constrói os alicerces de um sistema social que conduz a uma forma de poder e dominação. Afinal, a partir das ideias de um deus eterno, onisciente e onipotente, e de uma alma imortal passível de recompensa ou punição eternas, quando essas ideias fundamentam a moral, elas tornam possível a ideia da ameaça do julgamento divino,[3] que serve unicamente para atemorizar o comum dos ho-

---

2 "É, no entanto, sobre o caráter moral da divindade, ou seja, sobre a sua bondade, sua sabedoria, sua equidade e seu amor pela ordem que pretendem fundar a nossa moral ou a ciência dos deveres que nos ligam aos seres da nossa espécie" (HOLBACH, 2010, p. 510).

3 "Com efeito, segundo Holbach, a ideia de alma imaterial funda a ideia de Deus. A ideia de um Deus criador permite por seu turno pensar a heterogeneidade, a qual permite explicar a união da alma e do corpo. A ideia de um Deus eterno permite também pensar a eternidade da alma que torna possível a ficção de uma vida após a morte e a ameaça do julgamento divino" (SALAÜN, 2006, p. 308).

mens, regulando a moral a partir de princípios imaginativos e consequentemente ineficazes:

> Todas as instituições humanas, todas as nossas opiniões conspiram para aumentar os nossos temores e para tornar nossas ideias da morte mais terríveis e mais revoltantes. Com efeito, a superstição se compraz em mostrar a morte como um momento terrível que não somente põe fim aos nossos prazeres, mas também nos entrega sem defesa aos rigores inusitados de um déspota impiedoso, do qual nada abrandará as sentenças (HOLBACH, 2010, p. 314).

As normas e regras sociais formuladas através das ideias concernentes ao pensamento teológico-metafísico interferem diretamente na existência humana. Elas orientam a conduta dos homens, pois são a base dos costumes e da moral religiosa que é predominante nas sociedades mais antigas. Para Holbach, as ideias como as de Deus e alma não passam de ideias da imaginação, já que são produtos ou da impostura, ou de uma imaginação ardente, de um delírio, ou mesmo de uma perturbação fisiológica – elas são consideradas dessa maneira porque suas qualidades são desvinculadas da realidade sensível e material. Elas se definem por atributos negativos, como inextensão, eternidade ou infinitude, de modo que são inacessíveis pela experiência porque são produzidas através de conceitos abstratos, concebidas apenas por artifícios lógicos e retóricos. Isso implica que os seres sobrenaturais derivados dessas ideias não podem ser investigados pelas ciências, pois eles são inatingíveis pela experiência, isto é, eles não podem ser conhecidos. Não obstante Holbach os denomine como quimeras. Contudo, as ideias desses seres como Deus e alma imortal são a base dos sistemas morais, jurídicos e políticos da maior parte das nações, que se furtam a elaborá-las a partir do exame das relações naturais entre os seres naturais. Ou seja, o problema apontado por

Holbach é que as normas e leis sociais que derivam das ideias metafísicas não poderiam ter, a rigor, nenhuma correspondência com os seres naturais, já que os atributos desses seres sobrenaturais são opostos aos deles. Por consequência, as leis morais e até mesmo políticas que são concebidas a partir dessas ideias, constituem o erro fundamental dos sistemas sociais e políticos estabelecidos pelos soberanos que, influenciados pelo pensamento tradicional através dos sacerdotes e teólogos – que insistem em dar existência concreta a essas ideias, vinculando-as aos seres naturais e envolvendo-as nas relações sociais –, permitem que os costumes e as tradições sejam determinados por ele.

Em suma, os seres derivados das ideias teológico-metafísicas não podem estabelecer relações com os seres naturais, já que seus atributos são absolutamente distintos dos deles. Enquanto os corpos físicos são extensos, móveis e mutáveis, os seres imateriais são inextensos, imóveis e imutáveis. A própria existência desses seres não pode ser confirmada senão por silogismos obtusos ou pela resignação à crença. Sua investigação, portanto, é algo estéril, pois como defende a própria teologia, os seres de razão são inacessíveis. E por eles não serem passíveis de experiência e aferição racional, eles emperram o conhecimento da Natureza, caso procure-se investigá-la tendo por horizonte essas ideias e esses seres *sobrenaturais*, ou seja, caso se investigue a Natureza tomando-a por uma matéria inerte animada por espíritos e divindades. Logo, a crença na existência desses seres não só impede a formulação de um sistema moral eficiente, que oriente os homens conforme sua essência natural – a material, a saber –, mas também dificulta o desenvolvimento das ciências empíricas, como a física, a química, a mecânica ou a fisiologia,[4] que são úteis para o desenvolvimento das sociedades, já que são instrumentos para se compreender a estrutura da Natureza de maneira mais efetiva. A importância de se compreender os fenômenos relativos ao movimento da Natureza e

4 Cf. BOURDIN, 2006, p. 348.

seus mecanismos fundamentais[5] – assim como compreender a essência material do homem, suas ações e suas ideias e o modo como são concebidas e operadas – se deve ao fato de esses conhecimentos serem necessários para o bem-estar dos homens, já que afetam diretamente a vida humana. As ciências empíricas facilitam a luta pela existência e auxiliam a organização social, de modo que sua investigação não pode ser estéril ou desvinculada dos assuntos relativos à felicidade dos homens. Para Holbach, portanto, é preciso desfazer-se das ideias teológico-metafísicas e investigar a Natureza em sua realidade mais sólida, concreta, qual seja, a material.

*

Para compreender seu pensamento, é necessário traçar o percurso que por ora Holbach tenha percorrido para construí-lo. Em sua teoria do conhecimento, por exemplo, ele recebe a influência de Hobbes e Locke, que criticam e se opõem ao sistema do inatismo inaugurado por Descartes, além também de se oporem à primazia dada às ideias abstratas, no terreno do inteligível, pelos teólogos. Hobbes procurou demonstrar que todas as nossas concepções são provenientes dos sentidos e que todo nosso conhecimento se apoia sobre tais concepções, como se ele fosse uma lembrança da experiência sensível, e as palavras que designam seres impossíveis de serem percebidos sensivelmente, como alma e espírito, não são senão sons sem significação, pois a substância imaterial é considerada uma contradição em si mesma.[6]

---

5 "Pois que ela se ocupa somente de quimeras definidas por 'qualidades negativas', a metafísica não é um saber, mas um obstáculo ao saber. A física, ao contrário, é o conhecimento das qualidades [positivas]" (SALAÜN, 2006, p. 308).

6 Ele escreve nos *Elementos da Lei Natural e Política*: "§4. Pelo nome espírito entendemos um corpo natural, de uma sutileza tal que não age sobre as sensações, mas que preenche o lugar que a imagem de um corpo visível poderia preencher. Portanto, nossa concepção de espírito consiste

Contudo, Alan Charles Kors, ao analisar as matrizes seiscentistas no materialismo de Holbach, aponta que Hobbes, apesar de seu contundente materialismo, era um naturalista sem ser ateu, e admitia um deus pela revelação ou pela fé, pois não via a necessidade de se comprová-lo no plano epistemológico. Dessa maneira, Deus é apresentado como uma questão de crença e não de ciência.[7] Kors ainda observa que, além de Hobbes, diversos manuscritos clandestinos do período também apresentavam essa ideia, sempre preservando a figura divina da crítica filosófica.[8]

Locke, por sua vez, postulou Deus como a causa primeira da matéria e do pensamento, sem negar que Ele, como ser Onipotente, pudesse conceder a capacidade de pensar à matéria,[9] pois mesmo sendo a matéria

---

em figura sem cor; e por figura entende-se uma dimensão. Consequentemente, conceber um espírito é conceber algo que tem dimensão. Mas, em geral, os espíritos sobrenaturais significam uma substância sem dimensão; e essas duas palavras se contradizem uma à outra, flagrantemente [...] §5. No que se refere a outros espíritos, que alguns homens chamam de espíritos incorpóreos, e outros, de corpóreos, não é possível sequer chegar ao conhecimento de que tais coisas existem, contando apenas com meios naturais" (HOBBES, 2010, p. 53).

7 Vemos também nos *Elementos*: "Primeiro, é manifesto que, se por conhecimento entendemos uma ciência infalível e natural, tal como está definido no capítulo VI, seção 4, e que procede da sensação, então não se pode dizer que sabemos que as *Escrituras* são a palavra de Deus, pois esse conhecimento procede de concepções engendradas pela sensação. E se entendemos o conhecimento como algo sobrenatural, só podemos conhecê-lo por inspiração; quanto à inspiração, porém, só podemos julgá-la pela doutrina. Segue-se, portanto, que não temos nenhum meio, natural ou sobrenatural, pelo qual o conhecimento das *Escrituras* possa ser chamado propriamente de ciência e evidência infalíveis. Resta, assim, que o conhecimento que temos de que as *Escrituras* são a palavra de Deus é apenas fé" (HOBBES, 2010, p. 56).

8 Cf. KORS, 2006, p. 300.

9 No *Ensaio sobre o Entendimento Humano*, Locke afirma: "Temos as ideias de matéria e pensamento, mas possivelmente jamais seremos capazes de

eterna, poder-se-ia argumentar que ela não é capaz de organizar-se ou mover-se sem a ação de uma inteligência exterior a ela. Ele considerou os corpos como seres externos à mente, dotados de qualidades cognoscíveis, contestando assim os princípios do inatismo.[10] Seu *Ensaio Sobre o Entendimento Humano* procurou criticar esses princípios, atribuindo a existência das qualidades sensíveis – denominadas como secundárias – ao sujeito que as percebe, porém, conservando as qualidades primárias, como a extensão, a solidez e o movimento, na substância material. Ele diz não ser possível conhecer plenamente essa substância, senão através destas qualidades inerentes a ela, que o entendimento pode perceber e operar enquanto ideias. Cabe ressaltar que Locke não parte de um pressuposto monista, concebendo apenas a matéria enquanto substância, pois sua preocupação é o processo do entendimento para conceber as ideais e formular os juízos; isto é, seu objeto, ele mesmo procura deixar bem claro, é o processo epistemológico e não o metafísico.[11] Por conseguinte, ele afirma que todo nosso conhecimento está fundado na expe-

---

saber se quaisquer seres simplesmente materiais pensam ou não. Sendo--nos impossível, pela contemplação de nossas próprias ideias, sem a revelação, seja da Onipotência que não foi dada para certos sistemas da matéria, apropriadamente disposta, um poder para perceber e pensar, seja então, unido e afixado à matéria, de tal modo disposto, uma substância imaterial pensante. Assim sendo com respeito a nossas noções, não muito mais remotas para compreender que Deus pode conceber, se lhe agradar, e adicionar à matéria a faculdade de pensar, do que esta que poderia adicionar a esta outra substância com a faculdade de pensar" (LOCKE, 1978, *Ensaio sobre o Entendimento Humano*, p. 277).

10 O principal alvo de sua filosofia era o sistema de Ralph Cudworth. Cf. LOCKE, 1978, *Vida e Obra*, p.VI.

11 É o que ele pretende demonstrar na "Introdução" de seu *Ensaio*: "Se pudermos descobrir até onde o entendimento pode se estender, até onde suas faculdades podem alcançar a certeza, e em quais casos ele pode julgar e adivinhar, saberemos como nos contentar com o que é alcançável por nós nesta situação" (LOCKE, 1978, *Ensaio sobre o Entendimento Humano*, Introdução, p. 140). Conferir também *Vida e Obra*, p.XVI.

riência, e a fonte das nossas ideias é a faculdade sensível, enquanto que os atos do nosso entendimento, ao operarem com esse material, constituem a reflexão. O conhecimento configura-se, portanto, como sendo o resultado de uma síntese entre as ideias da sensação e os conteúdos da reflexão. O pensar, para a alma, é uma operação mecânica, assim como o movimento o é para o corpo, e não sua própria essência, como queria Descartes, por exemplo.[12] Inclusive, ele alerta, o conhecimento para além das nossas ideias é impossível, pois como nossa faculdade sensível é limitada, nosso conhecimento também o será, seja por nossa ignorância, pela carência de ideias, pela impossibilidade de uma conexão entre as ideias que temos, ou mesmo pela dificuldade em podermos examiná-las. Ou seja, nosso conhecimento sobre o mundo exterior à mente possui uma limitação cognitiva que não pode ser ultrapassada, de maneira que tudo o que esteja ao alcance do entendimento humano está na natureza dos corpos e em suas relações. Assim sendo, o homem precisa desenvolver as ciências para aperfeiçoar esse conhecimento e tornar a vida humana menos laboriosa e mais agradável.[13] Em suma, defendendo que sua filosofia versa somente sobre as ideias nominais das essências, e não

---

12 "Tendo disso consciência, observando esses atos em nós mesmos, nós os incorporamos em nossos entendimentos como ideias distintas, do mesmo modo que fazemos com os corpos que impressionam nossos sentidos. Toda gente tem esta fonte de ideias completamente em si mesma; e, embora não a tenha sentido como relacionada com os objetos externos, provavelmente ela está e deve propriamente ser chamada de sentido interno. Mas, como denomino a outra de sensação, denomino esta de reflexão: ideias que se dão ao luxo de serem tais apenas quando a mente reflete acerca de suas próprias operações" (LOCKE, 1978, *Ensaio sobre o Entendimento Humano*, Livro II, cap. I, §4, p. 160).

13 Cf. LOCKE, 1978, *Ensaio sobre o Entendimento Humano*, Introdução e Livro IV, cap. XXI, §3, p. 343.

sobre a realidade da substância material,[14] a ideia de Deus permanece inabalável em seu sistema, assim como no sistema de Hobbes.[15]

Já Holbach, por sua vez, vai além de seus mestres ingleses, pois ele radicalizou essas críticas aos sistemas espiritualistas e inatistas, propondo um sistema que separa absolutamente o que seja da ordem da experiência daquilo que seja relativo às noções teológicas e metafísicas, consideradas todas como produtos da imaginação e da especulação intelectual. Para ele, os empiristas como Hobbes, Locke ou mesmo Aristóteles, que afirmaram que todas as ideias entram no espírito através dos sentidos, estavam corretos. No entanto, eles erraram ao representar o não-sensível conservando noções abstratas e imaginativas, que não são confiáveis para poder sustentar de forma rigorosa algum tipo de conhecimento ou de doutrina científica.[16] Para o barão materialista, não havia nenhuma razão para que esses filósofos sustentassem uma entidade espiritual, na medida em que seus sistemas a dispensariam sem nenhum ônus conceitual. Com seu sistema filosófico, Holbach procurou então refutar qualquer forma de transcendência e esvaziou esses conceitos de imaterialidade e divindade de seu significado, pois os metafísicos

> "ignoraram a natureza, desconheceram suas leis, não viram os caminhos necessários que ela traçou para tudo

---

14 Cf. KORS, 2006, p. 301.

15 Alan Charles Kors observa a preferência que Hobbes terá aos olhos dos materialistas, por elaborar um sistema muito mais próximo daquele em desenvolvimento no século destes. Quando Holbach traduz o *Tratado sobre a Natureza Humana* de Hobbes, Diderot comenta com Naigeon que Locke "me parece difuso e fraco comparado a este Hobbes [...] É um livro para ler e comentar toda sua vida" (Denis Diderot, *Correspondance*, éd. De Georges Roth *et al.*, Paris, éd de minuit, 1955-1970, vol. XII, p. 45-47 *apud* KORS, 2006, p. 300).

16 Cf. KORS, 2006, p. 299.

> aquilo que contém (...) todos os seus sistemas, suas conjecturas e seus raciocínios, dos quais a experiência foi banida, não foram senão um longo tecido de erros e de absurdos" (HOLBACH, 2010, p. 35).

Sua filosofia procurou suprir essa deficiência metodológica de seus antecessores ao recusar tratar de seres sem *qualidades positivas*, isto é, seres que não podem passar pelo crivo da razão e da experiência. Desse modo, ele foi em direção a um empirismo mais estritamente rigoroso.

Esse realismo ontológico de Holbach sustenta não apenas que a substância material seja a causa de toda nossa experiência e todo nosso conhecimento, mas também que ela é eterna, que o movimento lhe é essencial e que todos os fenômenos dependem de suas operações.[17] Em seu sistema, portanto, não há nenhum espaço para noções teológicas de qualquer espécie, principalmente por tais noções basearem-se em dogmas e não em princípios racionais, que são fundamentais para se alcançar a verdade. Conforme sugere Franck Salaün, com esse pressuposto, Holbach radicalizou as críticas à linguagem, ao inatismo e às ideias abstratas feitas por Hobbes, Locke ou mesmo Condillac,[18] e

---

17 "O conhecimento que nós podemos ter das causas e dos efeitos deve então restabelecer a ação e a reação da matéria em movimento, inclusive a combinação e a separação das partes" (KORS, 2006, p. 301-2).

18 Cf. SALAÜN, 2006, p. 309. Charbonnat também aponta essa radicalização: "Nisto, Holbach se opõe a Condillac (1715-1780) que defende uma forma de criacionismo. Ainda que este último situe a origem do pensamento neste mundo, isto é, nos sentidos, ele invoca apesar de tudo a necessidade de uma entidade primeira e independente do mundo. O materialismo não deve então ser confundido com o sensualismo, porque, mesmo se na origem do pensamento eles podem aproximar-se, sobre a origem considerada em sua totalidade, a divergência é manifesta" (CHARBONNAT, 2007, p. 352).

elevou ao extremo o grau de negação dos princípios teológico-metafísicos da filosofia tradicional na formulação de seu sistema filosófico. Por exemplo, onde Hobbes diz que só poderíamos imaginar coisas finitas, sendo impossível conceber o infinito, Holbach afirma que as ideias como Deus e alma não encontram nenhuma correspondência nas coisas conhecidas pelos sentidos, e isso faz delas ideias estritamente imaginárias – quimeras –, de modo que "a ideia de Deus é apresentada como sendo, em última análise, uma ideia vazia, forjada conforme um modelo antropomórfico e graças a um abuso manifesto, em ruptura com a experiência e a lógica" (SALAÜN, 2006, p. 309). No pensamento do barão, portanto, não há espaço para a crença que resguarda e conserva a ideia de Deus ou suas derivações.

Para entendermos melhor esse movimento contundente que se opõe ao pensamento teológico-metafísico, é importante observar que há nessas críticas iniciadas já no século XVII um declínio do valor da teologia e da metafísica enquanto ciências.[19] Configura-se uma separação radical entre o que seja do âmbito científico, relativo à pesquisa, cál-

19 Não podemos deixar de ter em vista o espírito crítico ao pensamento teológico-metafísico que vai se configurar no século XVIII, não sendo uma singularidade de Holbach ou dos materialistas. D'Alembert, por exemplo, nos *Ensaios sobre os Elementos de Filosofia*, procura de certo modo limpar o campo da lógica e da metafísica dos problemas concernentes às questões teológicas, como se pode ver na passagem do capítulo VI – "*Metafísica*": "Como as sensações produzem nossas ideias? Primeira pergunta que o filósofo deve se fazer; todo o sistema de elementos da Filosofia diz respeito a ela. A geração de nossas ideias pertence à Metafísica, é um de seus objetos principais e talvez devesse restringir-se a ela. Quase todas as outras questões que se propõe são insolúveis ou frívolas, *são o alimento de espíritos temerários ou de espíritos falsos*. Não é preciso haver espanto se tantas questões sutis, *sempre revolvidas e jamais resolvidas*, fizeram os bons espíritos desprezarem esta Ciência vazia e controversa que normalmente chamamos Metafísica" (D'ALEMBERT, 1994, p. 87, grifo nosso).

culo e compreensão da Natureza – a partir das ciências empíricas, movimento que já vem sendo amadurecido desde Bacon, no século XVI – com o que seja do âmbito da teologia, isto é, dos dogmas da religião e da fé. Segundo Salaün, o *Discurso Preliminar* escrito por d'Alembert na *Enciclopédia* foi fundamental para esse declínio,[20] pois a crítica à metafísica feita em um tom moderado no *Discurso Preliminar* adquiriu um ar "dogmático e militante" na pena de Holbach. A aspereza do barão, em particular, teve em vista reduzir todos os sistemas metafísicos que postulavam os mesmos princípios a um só: o espiritualismo: "A metafísica supõe, segundo Holbach, um tipo de realidade em ruptura com a experiência. Ele vai, daqui em diante, proceder em apresentar e atingir na genealogia das ideias o momento da mudança de nível dessa realidade, a fim de nela reparar o princípio" (SALAÜN, 2006, p. 310). Esta realidade, para permanecer fiel à Natureza, possui um limite, a partir do qual se abrem duas perspectivas para sua compreensão, das quais apenas uma alternativa é possível: ou conserva-se um laço entre a experiência e o julgamento, mantendo-se no plano filosófico e científico; ou apela-se para a fé e a superstição, saindo da filosofia para entrar no campo da teologia.[21] A metafísica, seguindo essa segunda via conduzida pela imaginação, em detrimento da orientação racional, consolida-se a partir de uma transformação dos seus objetos de conhecimento. Essa transformação caracteriza uma inversão dos polos real e ideal, entre mundo concreto e mundo inteligível, na qual há uma passagem do observável para o inobservável, e cujo princípio que assegura essa passagem é a

20 Salaün, inclusive, demonstra a repercussão do debate em torno da metafísica e das posições materialistas, contra as quais o *Journal des Savants*, através de Boullier, em 1751, se manifestou: "esta ciência tão mal conhecida, tão pouco apreciada, tão altamente desprezada por aqueles mesmos que deveriam melhor conhecer seu valor". Ver *Apologie de la metaphysique, à l'occasion du Discours Preliminaire de l'Enciclopédia*, in *Journal des Savants*, novembre, 1751 *apud* SALAÜN, 2006, p. 309.

21 Cf. SALAÜN, 2006, p. 310.

"transformação da negação em afirmação, o que supõe não somente a legitimação do poder da imaginação no conhecimento, mas também um recurso permanente para a fé, pois não é possível remontar às entidades designadas pelas palavras, nem mesmo aos elos precedentes no percurso" (SALAÜN, 2006, p. 311). Em suma, a metafísica permite que o conhecimento permaneça incompleto, pois abre margem para que a crença sirva como recurso ou mesmo solução para uma questão ou problema que se apresente.[22]

Com a metafísica, o conhecimento sustenta-se a partir do ininteligível, do insensível, ou seja, daquilo do qual não é possível afirmar algo, mas apenas negar aquilo que pode ser dito. Com ela, a imaginação pode suprir o que escapa à sensibilidade, não havendo um critério rigoroso pelo qual se possa alicerçar e edificar o conhecimento. Nessa construção, enquanto o mundo real, concreto, sensível, torna-se aparência e efemeridade, o mundo abstrato, criado pela imaginação e o desejo, passa a ser considerado o "essencial" e verdadeiro, pois está assentado sobre categorias imateriais e não corruptíveis - ele é eterno, infinito, inextenso, incognoscível - ou seja, ele repousa sobre um estatuto ontológico incompreensível pela razão humana, sendo concebido apenas por uma negação da realidade do mundo sensível e da constatação do que não pode ser compreendido pela experiência. Nas palavras de Holbach:

> Foi assim que alguns especuladores, criando palavras e multiplicando os seres, nada mais fizeram do que mergulhar em complicações ainda maiores do que aquelas que queriam evitar, colocando obstáculos ao progresso

---

22 "O estudo da natureza, a procura da verdade, elevam a alma, estendem o gênio, são apropriados para tornar o homem ativo e corajoso. As noções teológicas não parecem feitas senão para aviltá-lo, estreitar o seu espírito, mergulhá-lo no desencorajamento" (HOLBACH, 2010, p. 732).

> dos conhecimentos. A partir do momento que os fatos lhes faltaram, recorreram a conjecturas que logo, para eles, se transformaram em realidades, e sua imaginação, que a experiência não mais guiava, enfiou-se sem retorno no labirinto de um mundo ideal e intelectual que ela sozinha havia gerado (HOLBACH, 2010, p. 114).

Para Salaün, "as qualidades negativas são imaginárias e contrárias ao método científico, elas subsistem tanto quanto as crenças. Assim, adorar Deus é adorar um ser cujas qualidades nos são incompreensíveis: uma quimera" (SALAÜN, 2006, p. 311), ou como o próprio barão assinala: "na verdade, adorar Deus é adorar somente as ficções de seu próprio cérebro, ou de preferência é adorar o nada" (HOLBACH, *Le Bon Sens*, §28, p. 26). Palavras como espírito ou Deus apresentam-se como ideias sem referência no mundo material, não possuindo uma base sensível da qual se possa determinar sua origem. Em última instância, Holbach defende que sustentar as ideias oriundas da metafísica é o mesmo que sustentar o valor da imaginação como assentamento confiável para o conhecimento, e ao mesmo tempo falar de um mundo incognoscível, portanto não-científico, como base para a ciência.

Vemos assim que o recurso às qualidades negativas revela uma ilusão e uma mistificação, ou melhor, um desconhecimento da essência da matéria.[23] Bourdin assegura que o materialismo apresentado por Holbach no *Sistema da Natureza* busca submeter o pensamento metafísico a uma operação drástica de redução e suspensão dos seus conceitos, ou seja, procura provocar uma desvalorização dos conceitos metafísicos e, por conseguinte, de toda a tradição filosófica até então.[24] Ele constrói seus princípios filosóficos a partir do empirismo de Hobbes e Locke, mas ao mesmo tempo procura superá-los quan-

---

23 Cf. SALAÜN, 2006, p. 312.

24 Cf. BOURDIN, 2006, p. 329.

do elimina o recurso à fé ao tratar das questões teológicas, posto que as confronta rigorosamente. Sua radicalização torna evidente que seu materialismo tem por princípio metodológico não admitir nenhuma espécie de construção teórica que se furte à experiência, partindo apenas dos fatos e mensurando-os a partir dos princípios da organização física e do movimento dos corpos.[25] Conforme diz Holbach: "Se, na cadeia dessas causas, encontram-se alguns obstáculos que se opõem às nossas investigações, devemos tratar de vencê-los e, se não tivermos êxito, nunca estaremos no direito de concluir disso que a cadeia está quebrada, ou que a causa que age é sobrenatural" (HOLBACH, 2010, p. 75). A partir dessa perspectiva, não há como recorrer às noções insensíveis ou puramente racionais, pois ao mesmo tempo em que afirma a matéria como única realidade, ele propõe uma espécie de *dieta epistemológica* e uma *sobriedade hermenêutica*,[26] eximindo-se de tratar de questões que ultrapassem os limites de possibilidade da experiência sensível e do conhecimento empírico. Sua estratégia filosófica, desse modo, procura dissipar os erros e os preconceitos teológicos, reduzindo o sentido desses conceitos ao seu valor de verdade empiricamente verificável, com o intuito de liquidar com as concepções antigas da tradição – não apenas as de deus e espírito, mas também as de ordem, finalidade, teleologia, Bem, etc. Além do mais, reduzindo sua gama de conceitos àqueles concernentes à sua teoria do conhecimento, e dispensando-se das questões especulativas de ordem

25 Cf. SALAÜN, 2006, p. 317.

26 "Não afirmar nada que vá além da experiência sensível ou que não seja confirmado por ela, recusar as facilidades consoladoras dos *arrières-mondes* * da finalidade, dos sentidos ou do além, adstringir-se a uma estrita dieta epistemológica e a uma sobriedade hermenêutica" (BOURDIN, 2006, p. 254). * Expressão de Nietzsche (*Hinterwelt*) que indica um mundo por trás do mundo. Ver o 3º discurso de Zaratustra (NIETZSCHE, F.W., *Assim Falou Zaratustra: um livro para todos e para ninguém*, trad., notas e posfácio Paulo César de Souza, São Paulo: Cia das Letras, 2011).

abstrata, como a origem do cosmos ou do homem, por exemplo, seu materialismo escapa das possíveis contradições lógicas que poderiam vir a embaraça-lo.[27] A rigor, como sugere Salaün, o que Holbach põe em xeque é o método através do qual o pensamento teológico-metafísico edifica o conhecimento, pois Holbach impõe-lhe uma "reflexão sobre os limites do conhecimento e a lógica da descoberta científica", pois "a consciência dos limites atuais do saber entra de fato no processo de conhecimento enquanto tal" (SALAÜN, 2006, p. 318). Portanto, conhecer não é apenas raciocinar, mas medir, aferir, experimentar, para finalmente raciocinar – o processo de conhecer, nesse sentido, engloba uma atividade não apenas intelectual, mas também sensível.

*

Podemos ver no início do *Sistema da Natureza* a intenção de Holbach ao escrever a obra:

> Assim, a finalidade desta obra é reconduzir o homem à natureza, tornar a razão preciosa para ele, fazer que adore a virtude, dissipar as sombras que lhe escondem o único caminho apropriado para conduzi-lo seguramente à felicidade que deseja: são tais os objetivos sinceros do autor (HOLBACH, 2010, p. 28).

Em seu materialismo, a reflexão serve como um instrumento de análise, pois ela dissolve as questões especulativas e os alicerces da metafísica – seu discurso das qualidades negativas –, já que tem por objeto não apenas a verdade por si mesma,[28] mas *uma* verdade que sustente uma ciência moral e que seja capaz de organizar a vida em sociedade. Assim sendo, Holbach procura construir os alicerces teó-

---

27 Cf. BOURDIN, 2006, p. 347.

28 É o que afirma Jean-Claude Bourdin: "Enfim, e mais fundamental, o conhecimento não é considerado como tendo seu fim nele mesmo nem a verdade desejável nela mesma" (BOURDIN, 2006, p. 347).

ricos *necessários* e *possíveis* para as condições de um sistema moral e político assentado no conhecimento da Natureza, que tenha por horizonte a felicidade individual e o bem-estar coletivo.[29] Em seu sistema filosófico, a ciência enquanto conhecimento da natureza e a ética enquanto conhecimento do homem conciliam-se e dão forma à vida humana, com o propósito de tornar os cidadãos virtuosos, as sociedades prósperas e os governos justos. Logo, é uma visão radical do espírito humanista presente na filosofia das Luzes, ou melhor, uma filosofia que representa, por excelência, o espírito iluminista de seu século.[30]

Seu pensamento coloca-se contra a especulação abstrata da teologia, fazendo uma inversão de sua metodologia argumentativa, pois na medida em que a metafísica parte da negatividade – inextensão, infinitude, eternidade –, Holbach propõe uma negação do valor ontológico desses preceitos filosóficos. De acordo com Salaün,

> Se a espiritualidade da alma é a pedra angular do edifício metafísico, a noção de qualidade negativa é a pedra

29 Cf. BOURDIN, 2006, p. 253.

30 De acordo com Bourdin, "A filosofia de Holbach é mais complexa do que ela aparenta e, uma vez examinada sua obra em toda sua amplitude, pode-se ver desenhar uma imagem original e paradoxal do pensamento que radicaliza certas posições das Luzes e nos direciona a um questionamento sobre os riscos da filosofia em tempos de confusão e crise" (BOURDIN, 2006, p. 252). Sobre o espírito humanista das luzes, Tzvetan Todorov diz: "Nem todas as vontades e ações são equivalentes. Ora, não se pode mais apelar ao céu para decidir quais são as boas e quais são as más, é preciso ater-se às realidades terrestres. Da finalidade longínqua – Deus – deve-se passar a uma finalidade mais próxima. Esta, proclama o pensamento das Luzes, é a própria humanidade. É bom o que serve para aumentar o bem-estar dos homens [...] Daí o ser humano se tornar o horizonte de nossa atividade. O ponto focal para o qual tudo converge" (TODOROV, 2008, p. 103). Vemos que Holbach, dentro dessa perspectiva de Luzes de Todorov, se enquadra arquetipicamente.

> angular do raciocínio metafísico. A filosofia não metafísica deve então analisar este artifício – ao mesmo tempo paralogismo, ficção e impostura organizada –, e propor um discurso sobre o real isento de qualidades negativas (SALAÜN, 2006, p. 316).

Podemos concluir a partir daí que a filosofia materialista de Holbach restringe-se estritamente ao que pode ser confirmado pela experiência. Alan Charles Kors afirma que

> o corolário materialista do empirismo sensualista para Holbach era que não pode existir, completamente, correspondência entre as unidades da experiência sensível e os discursos e concepções teístas, espiritualistas ou dualistas. Ele insistia sobre a ideia de que a experiência simples e primeira da natureza só poderia ser aquela dos fenômenos corporais, da física e da fisiologia além das quais a metafísica procura em vão lançar-se (KORS, 2006, p. 298).

Por sua vez, Jean-Claude Bourdin sugere que o "método redutivo e suspensivo do materialismo holbachiano busca despedir-se da metafísica e da filosofia especulativa" (BOURDIN, 2006, p. 329), pois seu pensamento direciona-se às questões voltadas para o tema da existência humana, abstraindo elucubrações sobre sua origem, destino, teleologia, predestinação, etc., ignorando essas questões que não podem ser respondidas, pois não estão no âmbito da experiência e da razão, ou seja, estão fora do alcance da ciência.[31] Ele propõe um

---

31 "Os homens teriam sido muito felizes se, limitando-se aos objetos visíveis que os interessam, eles tivessem empregado, para aperfeiçoar as suas ciências reais, as suas leis, a sua moral e a sua educação, a metade dos esforços que eles realizaram nas suas investigações sobre a divindade!" (HOLBACH, 2010, p. 742).

modo específico de filosofar[32] e seu materialismo se coloca, dessa maneira, como o discurso que expõem a verdadeira natureza das coisas. Contudo, sem pretender ser mais um sistema especulativo sobre a verdade. Sua finalidade é bem definida: "reconduzir o pensamento humano à sua experiência simples da natureza das coisas, ao qual o bom senso deveria chegar" (BOURDIN, 2006, p. 253). De certa forma, podemos dizer que o materialismo de Holbach configura-se da seguinte maneira: o primeiro passo é a crítica à metafísica e a recusa de sua metodologia filosófica, e em seguida a observação e experimentação dos fatos, ou seja, a construção da ciência, de modo simples e objetivo. Primeiramente, desconstrói-se a Natureza enquanto conceito metafísico – matéria bruta e inerte animada por um princípio imaterial –, para, em seguida, analisá-la, decompô-la e compreendê-la a partir de seus atributos qualitativos, quais sejam, a matéria, o movimento e suas derivações e implicações.

Com essa configuração estritamente delimitada, a filosofia materialista de Holbach daria margem a uma modéstia, como sugere Alan Charles Kors, pois ela retém nossa pretensão de conhecimento à estrutura corporal e superficial da realidade, pois, como empirista, ele se atém ao que é diretamente sensível, abstendo-se das hipóteses especulativas: "a força da epistemologia de Holbach não se encontra mais no sensualismo, mas em sua pretensão de fazer derivar necessariamente o materialismo do empirismo sensualista" (KORS, 2006, p. 297). Seu empirismo é um elemento instrumental e metodológico, não tendo, a rigor, uma preocupação estritamente epistemológica, isto é, uma preocupação com o conhecimento em si mesmo; ele é fundamental, na medida em que assegura o entendimento do movimento da Natureza e das ações humanas.

32 "É por promover uma filosofia de um tipo particular que, reivindicando a simplicidade de seus princípios, pretende colocar um termo à especulação e lhe fazer suceder um regime de pensamento onde a especulação será inútil" (BOURDIN, 2006, p. 330).

O problema que se apresenta para Holbach, portanto, é da ordem das capacidades humanas, pois uma vez que o homem não é um ser onipotente, sua finitude e os limites de suas faculdades sensitivas e intelectuais impedem-no de penetrar o seio da Natureza mais profundamente e desvendar toda sua estrutura, e Holbach está ciente desses limites. A questão que ele coloca é que a curiosidade humana e seu natural questionamento lançam o homem para além do real, a partir do qual ele produz uma idealização que é a base para todas as suas crenças: "Na falta da experiência, cabe à hipótese fixar uma curiosidade que se lança sempre para além dos limites prescritos ao nosso espírito" (HOLBACH, 2010, p. 116). Não compreendendo o movimento imperceptível dos corpos, e não conseguindo atribuir uma causa material, evidente, a um fenômeno que possui uma grande variedade de movimentos, ele imagina uma causa imaterial agindo e produzindo esses efeitos.

Como observa Bourdin, a partir disso emerge uma dificuldade no interior do sistema filosófico de Holbach, ela ultrapassa o mero confronto com os teólogos e atinge o homem comum: trata-se do pendor à fascinação e da inclinação ao maravilhoso. Se alguns homens desenvolvem uma imaginação ardente, que os impulsiona a se lançar para além do que a experiência dos sentidos lhes confirma, eles preferem "o maravilhoso ao simples, o incompreensível ao compreensível, o suprassensível ao sensível" (BOURDIN, 2006, p. 343).[33] É preciso que esses homens regulem sua imaginação, pois terão uma forte tendência a se afastar daquilo que lhes seja mais próximo, como a matéria, os corpos e a Natureza, estando mais propícios a deixar-se envolver nas amarras da transcendência:

---

33 "É assim que os homens preferem sempre o maravilhoso ao simples, aquilo que eles não entendem àquilo que eles podem entender; eles desprezam os objetos que lhes são familiares e só estimam aqueles que não estão em condições de apreciar" (HOLBACH, 2010, p. 620).

> É também a impossibilidade em que a maioria dos homens se encontra de sair dessa ignorância, de constituir ideias simples da formação das coisas, de descobrir as verdadeiras fontes dos acontecimentos que eles admiram ou que eles temem que lhes faz acreditar que a ideia de um deus é uma ideia necessária para dar conta de todos os fenômenos dos quais não é possível remontar às verdadeiras causas (HOLBACH, 2010, p. 447).

É importante observar que Holbach não vê nesse pendor ou nessa inclinação uma necessidade de metafísica ou uma aspiração a uma natureza supra-humana, ou a um desejo de transcendência – como dirão alguns filósofos um século mais tarde. Eles representam, antes de tudo, a simples manifestação de um estado fisiológico,[34] mais especificamente relativo à organização do cérebro. Ao nascer, ele é uma víscera mole e extremamente suscetível de modificação, sendo facilmente afetado pelos movimentos que os sentidos imprimem nele, estando sempre em constante atividade, formulando ideias irrefletidas sobre todas as sensações que recebe.[35] Mais tarde, conforme o homem cresce e desenvolve suas faculdades intelectuais, torna-se possível a reflexão e o julgamento. Contudo, seu cérebro necessita estar regulado através de exercícios reflexivos, como movimentos repetitivos,

---

34 "Em poucas palavras, o desejo de sentir ou de ser fortemente afetado parece ser o princípio da curiosidade e desta avidez com a qual agarramos o maravilhoso, o sobrenatural, o incompreensível e tudo aquilo que faz nossa imaginação trabalhar muito" (HOLBACH, 2010, p. 364, n.2).

35 Lemos em *Le Bon Sens*: "O cérebro do homem é, sobretudo na infância, uma cera mole, própria a receber todas as impressões que nela se queira fazer: a educação lhe fornece quase todas as opiniões, das quais ele é incapaz de julgar por si mesmo. Nós acreditamos ter recebido da natureza, ou ter carregado desde o nascimento as ideias verdadeiras ou falsas que, numa idade tenra, fizeram entrar em nossa cabeça. E esta persuasão é uma das maiores fontes de nossos erros" (HOLBACH, *Le Bon Sens*, §33, p. 29).

reiterando as mesmas situações e objetos – isto é, a reflexão –, ou seja, é necessário que ele detenha sua atenção nas impressões para, ao relacioná-las e ajuizá-las, tornar as ideias mais conformes à sua origem que são, a rigor, os corpos naturais. Isto quer dizer que, na mesma medida em que o homem precisa se movimentar e sentir sua existência de modo vivaz, o pensamento também precisa ser modificado ativamente, através da reflexão e do julgamento, decorrendo daí o desejo de alimentá-lo através das ideias.[36] Caso o homem não exercite essas faculdades intelectuais, sua mente permanece passiva diante das impressões, e não as relaciona, nem as julga de maneira adequada, de modo que suas ideias e seu pensamento permanecem embaralhados e não se organizam. Com ideias dispersas e sua curiosidade afoita, ele se encontra mais suscetível à heteronomia. E na mesma medida, seu ânimo permanece lânguido, o que afrouxa também seu corpo e sua atividade motriz, sua vontade, seus desejos e suas paixões.[37]

Quanto à mente, essa exigência de movimento ativo – relacionar e ajuizar – das ideias pode, todavia, facilitar a concepção de ideias obscuras e quiméricas, pois os homens, ao preterirem a atividade racional pelas ficções da imaginação, saciam até certo ponto sua curiosidade e essa mesma necessidade de pôr o pensamento em atividade. Esta atividade imaginativa contínua do cérebro pode ainda mergulhar alguns homens na incerteza e causar-lhes aborrecimentos tão incômodos que a única salvação possível estaria na especulação metafísica, pois não podendo ficar por muito tempo incertos, presos à dúvida, eles de-

---

36 “Em poucas palavras, eles precisam do mistério para afetar a sua imaginação, para incitar o seu espírito, para alimentar a sua curiosidade, que nunca trabalha mais do que quando se ocupa com enigmas impossíveis de solucionar, e que ela julga, por isso, muito dignos das suas investigações” (HOLBACH, 2010, p. 621). Conferir também BOURDIN, 2006, p. 254.

37 No capítulo seguinte, veremos a relação entre as ideias e as ações, e como esses dois registros da atividade humana se relacionam intimamente.

cidem então tomar um partido,[38] e "tomar um partido em matéria de especulações filosóficas e religiosas, é crer" (BOURDIN, 2006, p. 345).

Essa curiosidade e o desejo de saber não são paixões naturais, como se constituíssem uma essência e vocação às questões espirituais, como defendem alguns filósofos antigos e contemporâneos, mas caracterizam uma reação à própria condição humana, marcada pela luta pela existência, pelo sofrimento e privação decorrentes da fragilidade natural do homem, que são superados pelas relações sociais e pelo desenvolvimento das técnicas. Inclusive, o aborrecimento que pode decorrer da inatividade da mente também dá existência a essa idealização abstrata, que mergulha os homens em seus próprios devaneios[39] para que ela não permaneça num estado de passividade completa. Esta é uma tentativa de, no registro do universo simbólico da linguagem, isto é, no plano das ideias, os homens superarem sua condição de existência, que é instável e indesejável. Essa idealização, por sua vez, desnaturaliza os objetos e a realidade, e estabelece limites conceituais que lançam a mente humana para longe do tangível. O materialismo de Holbach, reconhecendo essa idiossincrasia humana e esses limites, procura então combater a teologia e a metafísica, que são os instrumentos para esse lançar-se para além do real, e que têm origem nessa reação ao sofrimento e nesse exercício mental que é, apesar de todos os esforços, estéril e nocivo.[40]

---

38 "[...] eles têm necessidade de acreditar em alguma coisa, seu espírito não pode ficar na incerteza, sobretudo quando eles se persuadem de que a coisa lhes interessa muito vivamente. E, então, de preferência a não acreditarem em nada, eles acreditarão em tudo aquilo que se quiser e imaginarão que o mais seguro é tomar um partido" (HOLBACH, 2010, p. 660, n.4).

39 Cf. BOURDIN, 2006, p. 345.

40 "Talvez não se tenha sido suficientemente sensível ao fato que sua crítica antirreligiosa manifesta um profundo conhecimento não somente da literatura apologética e teológica, mas dos mecanismos das diversas formas de crenças, tanto quanto da força da fé. É porque ele pensa neces-

Nessa perspectiva, seu sistema filosófico pode ser considerado como uma luta contra a idealização e a consequente desnaturação do homem, ou mais especificamente, uma luta contra uma forma de alienação e projeção, pois é nessa alienação que se encontram as causas dos seus males e sofrimentos mais profundos:

> Em vez de atribuir à vingança divina as guerras, as fomes, as esterilidades, as epidemias e tantos males que desolam os povos, não teria sido mais útil e mais verdadeiro mostrar a eles que tais males eram devidos às suas próprias loucuras – ou, antes, às paixões, à inércia e à tirania dos seus príncipes, que sacrificam as nações aos seus medonhos delírios? Esses povos insensatos, em vez de perderem tempo expiando os seus pretensos delitos e procurando se tornar favorecidos pelas potências imaginárias, não deveriam ter ido buscar em uma administração mais racional os verdadeiros meios de afastar os flagelos dos quais eles eram vítimas? (HOLBACH, 2010, p. 732).

Vemos, por um lado, que o homem tende naturalmente à felicidade, pois visa sua conservação e bem-estar – como veremos adiante, essa é a lei geral da natureza humana –, porém, por outro lado, alguns homens parecem ir na direção do próprio sofrimento. Isso ocorre porque elegeram um objeto indigno ou insuficiente para ser a causa de sua felicidade, para o qual inclinam o seu desejo e suas ações sem, contudo, serem capazes de realizá-lo. Afinal, uma felicidade real se deve a seres reais, enquanto que seres imaginários só podem proporcionar uma felicidade imaginária. A felicidade seria, assim, o resultado do bem-estar social e não seria possível pela pura contemplação decorrente do iso-

---

sariamente em construir um sistema filosófico endereçado contra o que lhe parecia como uma longa desnaturação da espécie humana" (BOURDIN, 2006, p. 253).

lamento. No entanto, isto não quer dizer que a felicidade seja a regra essencial da Natureza, pois como adverte Bourdin, o materialismo de Holbach não é uma promessa ingênua de felicidade permanente, mas antes uma proposta de uma ética que não nega o sofrimento, mas procura torná-lo suportável, uma vez que estabelece os limites reais para a condição natural da existência. Já Alan Charles Kors defende que seu materialismo é, a princípio, um modo de o homem conservar sua humanidade, oferecendo "uma alternativa a uma história dominada por nossa ignorância, nossa superstição, nossa miséria. O homem pensa, sobretudo, para reduzir os males da vida, e nem o teísmo, nem o espiritualismo conseguiram esse intento" (KORS, 2006, p. 306).

Portanto, a ética proposta na filosofia de Holbach tem por finalidade capacitar o homem a ter uma boa vida social e a bem compartilhar a existência com seus semelhantes. Para isso, é imprescindível que ele ouse pensar por si mesmo, assim como para Kant, e não afirmar nada que não possa ser comprovado pela experiência sensível, além de recusar as explicações consoladoras que fogem à razão e não restringem o conhecimento às suas próprias capacidades, poupando-o de ter de recorrer à imaginação para responder às questões que dizem respeito apenas à sua felicidade.[41] O materialismo permite, assim, uma reconciliação do homem com sua essência material, e o alicerce para isso está na compreensão dos mecanismos da Natureza.[42]

41 Cf. BOURDIN, 2006, p. 253.

42 "A natureza convida o homem a se amar, a se conservar, a aumentar incessantemente a soma da sua felicidade; a religião ordena que ele ame unicamente um deus temível digno de ódio, que ele deteste a si próprio, que sacrifique ao seu ídolo assustador os prazeres mais doces e mais legítimos do seu coração [...] A natureza diz ao homem para se esclarecer, para buscar a verdade, para se instruir sobre as suas relações; a religião ordena que não examine nada, que permaneça na ignorância, que tema a verdade" (HOLBACH, 2010, p. 720).

Em suma, seu materialismo radical permite um modo de conhecimento das causas naturais que possibilita o progresso e o desenvolvimento das aptidões humanas,[43] como as ciências, as técnicas, a moral e a política. Pode-se dizer que o objetivo de sua filosofia é "a felicidade dos homens, o desejo de preparar as bases da organização de uma vida social que assegure a felicidade de cada um dentro de instituições justas, racionais e duráveis, que repousem sobre ou derivem da Natureza sensível dos homens" (BOURDIN, 2006, p. 330). Isto é, através do real e concreto é que homem pode assentar seus desejos e instituir os meios de atingir a felicidade que tanto almeja e para o qual é naturalmente impelido.[44]

A matéria em movimento: o materialismo de Holbach

Representando, seja o Universo ou um Cosmos ordenado, seja um princípio de geração do ser que mantém coesa suas características e tendências, a Natureza, numa perspectiva filosófica, sempre foi o critério primordial para a elaboração de um juízo epistemológico adequado sobre a origem e organização de todas as coisas, mesmo do universo, do homem, ou até da divindade. Ela é um critério que não escapa ao uso da razão e nem das sensações e permite erigir um conhecimento que esteja o mais próximo possível da realidade.[45] Para Holbach, empirista radical e eminente apreciador da razão, recorrer

43 Cf. KORS, 2006, p. 306.

44 "Consultemos, pois, a razão, chamemos a experiência em nosso auxílio, interroguemos a natureza e descobriremos o que é preciso fazer para trabalhar eficazmente pela felicidade do gênero humano. Nós veremos que o erro é a verdadeira fonte das infelicidades da nossa espécie, que é tranquilizando os nossos corações, dissipando os vãos fantasmas dos quais as ideias nos fazem tremer e descendo o machado na raiz da superstição que poderemos pacificamente buscar a verdade e encontrar na natureza o archote que pode nos guiar à felicidade" (HOLBACH, 2010, p. 700).

45 Conferir GOBRY, 2007, verbete *Phýsis*, p. 115.

à imaginação, às revelações de uma divindade sempre suspeita ou às superstições e crenças religiosas não é um modo adequado de fundamentar um conhecimento seguro sobre as coisas. É preciso, portanto, instituir um sistema filosófico e uma ciência ao alcance de tal tarefa.

De acordo com Jean-Claude Bourdin, "a proposição materialista fundamental de Holbach é: o absoluto, a realidade, o Grande Todo, tudo o que é existe realmente e é constituído de matéria animada de movimentos diversos" (BOURDIN, 2006, p. 343). Em *Le Bon Sens*, vemos Holbach apresentar uma questão simples que sintetizaria sua proposta filosófica:

> Não é mais natural e mais inteligível tirar tudo o que existe do seio da matéria, cuja existência é demonstrada por todos os nossos sentidos, cujos efeitos nós experimentamos a cada instante, que nós vemos agir, se mover, comunicar o movimento e gerar sem cessar, do que atribuir a formação das coisas a uma força desconhecida, a um ser espiritual? (HOLBACH, *Le Bon Sens*, §22, p. 23).

Seguindo a mesma linha de raciocínio de Meslier,[46] seu pensamento indica uma atitude de crítica e de refutação da maioria das doutrinas filosóficas, sempre permeadas pela ideia de espírito ou transcendência; "esta atitude polêmica é certamente indissociável de todo empreendimento filosófico, e Holbach, nesse sentido, não cessou de polemizar contra seus adversários" (BOURDIN, 2006, p. 327). Essa

46 Os argumentos de Holbach sobre a matéria e a divindade lembram a crítica de Jean Meslier ao espiritualismo, que, como vimos, diz ser mais difícil postular um ser que não podemos conceber a essência, senão através da negação de suas qualidades, de modo que sua existência seja por isso pelo menos duvidosa, pois é mais plausível conceber um ser simples e palpável tal como a matéria do que um ser incompreensível como o espírito. Ver a citação de Meslier da seção *O problema das substâncias* do capítulo I

atitude crítica procura resguardar um modo de pensamento imanente, abrindo o caminho para se constituir um sistema ético e político fundado na Natureza, que configure um sistema de conduta para os homens.[47] Tal como a filosofia de Epicuro, que possuía uma lógica e uma epistemologia criticadas pela superficialidade e estreiteza de seus fundamentos teóricos, pois o objeto destas era justamente alicerçar uma doutrina ética,[48] o materialismo de Holbach procurou também

47 "Pesando esses princípios, buscados na natureza, evidentes por si mesmos, confirmados por constantes experiências, aprovados pela razão, teremos uma moral certa e um sistema de conduta que jamais será desmentido. Não teremos necessidade de recorrer às quimeras teológicas para regular a nossa conduta no mundo visível" (HOLBACH, 2010, p. 710).

48 De acordo com Miguel Spinelli, a filosofia de Epicuro é voltada para a constituição de princípios que visam o bem viver, ou melhor dizendo, que buscam compreender o homem para estabelecer os critérios necessários para ele viver de acordo com sua natureza e, desse modo, viver melhor. Diz ele: "De um modo bem claro e específico, seria função da canônica de Epicuro investigar como nós humanos, em dependência de nosso modo de ser ou de nossa natureza (em consonância com nossos limites e possibilidades relativas ao conhecer), instituímos *critérios* de verdade, melhor ainda, *ajuizamos* e tomamos tais juízos como expressão do verdadeiro [...] Por isso que, do ponto de vista da canônica de Epicuro, a física (isto na medida em que não se desassocia da ética) diz respeito ao que na realidade ou que por natureza somos; e ela também oferece, em dependência dessa mesma realidade, e, portanto, sem desfigurar a nossa própria natureza, indicativos do que poderíamos vir a ser a título de excelência humana ou em termos de *o melhor possível* tanto nas atividades atinentes ao fazer ciência quanto no agir moral. Daí que a questão fundamental da física de Epicuro, bem como a da ética (isto nos termos de uma *canônica*) consiste fundamentalmente numa coisa: em averiguar o que somos, a fim de, em vista dele (do que por natureza somos ou estamos propensos a ser), buscarmos o que podemos ser, isso sem jugo ou sujeição a um ser ideal imaginativo ou mesmo racionalmente ideado como perfeito" (SPINELLI, 2013, p. 38).

direcionar-se às preocupações concernentes a existência humana, partindo da relação do homem consigo mesmo, com os outros homens e com o mundo. Logo, antes de se acusar o materialismo de Holbach de ser falho, incompleto ou banal (como, aliás, costuma-se fazer com o atomismo de Epicuro),[49] é importante observar que seu materialismo apresenta-se como sendo o desvelamento de uma verdade natural e simples, "ele não pode senão se restringir nos limites de um pensamento que se contenta em lembrar as evidências esquecidas" (BOURDIN, 2006, p. 347). A rigor, seu sistema filosófico procura lembrar aos homens que o principal objetivo de sua existência é realizar sua natureza mais íntima e seu impulso mais imediato, que é trabalhar pela sua felicidade. Bourdin assim aproxima a doutrina de Epicuro ao materialismo de Holbach, assinalando a importância de um objetivo prático para a filosofia:

> A ataraxia epicúrea exige um simples cânon para o pensamento e não a elaboração de um órganon da ciência. [...] Do mesmo modo, para Holbach, tudo o que permite satisfazer as demandas de explicação, à condição de respeitar os princípios evidentes do bom senso natural, deve ser considerado por provavelmente verdadeiro e satisfazer a curiosidade humana (BOURDIN, 2006, p. 348).

O problema da dualidade do mundo, de um plano imanente, constituído de sombras e aparência, devido ao movimento, à geração e à corrupção; e outro, transcendente, próprio da perfeição, da eternidade e da imutabilidade, compreende-se como uma preocupação basilar da filosofia do século XVII, principalmente devido à ruptura de Descartes com a escolástica, e vai, para os materialistas do século

49 Ver, por exemplo, as comparações de Benjamin Farrington entre as filosofias de Epicuro e Platão, em FARRINGTON, 1968, mais especificamente o capitulo 2, p. 34 e segs.

XVIII, ter um desfecho definitivo. Por exemplo, Paul Vernière adverte que, para Holbach, duas soluções para o problema metafísico trazido por Descartes, da correspondência entre o ser e a substância, seriam possíveis, já que a substância, por definição, só pode ser única:[50] o sistema de Berkeley, que seria quimérico e absurdo, pois parte de uma hipótese totalmente especulativa, e o de Espinosa, que é, por sua estrutura imanente e sua lógica interna totalmente racional, plausível e aceito. Contudo, ele ressalta, a única observação de Holbach com relação a Espinosa é o fato dele, como seus contemporâneos Hobbes e Locke, conservar a ideia de Deus em sua filosofia;[51] o que não o desabona de ter elaborado um sistema que, apesar de seu teor metafísico, prima pela imanência e é, por si mesmo, eficiente para erigir um sistema moral e político adequado.

*

Vejamos então, finalmente, como Holbach constitui sua doutrina materialista. Ele define claramente a Natureza enquanto

> o grande todo que resulta da reunião das diferentes matérias, de suas diferentes combinações e dos diferentes movimentos que nós vemos no universo. A natureza, em

---

50 A definição de *substância* apresentada por Espinosa na *Ética* (I, def. 3) exemplifica claramente a posição materialista: "Por substância compreendo aquilo que existe em si mesmo e que por si mesmo é concebido, isto é, aquilo cujo conceito não exige o conceito de outra coisa do qual deva ser formado" (ESPINOSA, 2009, p. 13).

51 "Este Deus espírito e corpo, '*natureza naturante*' e '*natureza naturada*', é propriamente inconcebível para Holbach. Espinosa é, como seus adversários, vítima do antropomorfismo [...] Vê-se porque Holbach recusa o panteísmo tanto quanto o teísmo. Guardemo-nos de dar um valor místico a esta palavra natureza, que não é senão uma abstração cômoda" (VERNIÈRE, 1954, p. 639-640).

> um sentido menos extenso ou considerado em cada ser, é o todo que resulta da essência, ou seja, das propriedades, das combinações ou das maneiras de agir que distinguem um ser de outros (HOLBACH, 2010, p. 40).

Mais precisamente, ele postula a Natureza enquanto resultado do movimento da matéria, na medida em que seu materialismo afirma o princípio de que tudo o que existe seja o resultado das combinações dos elementos físicos que constituem os seres: "O universo, essa vasta reunião de tudo aquilo que existe, não nos oferece em toda parte senão a matéria e o movimento: seu conjunto não nos mostra senão uma cadeia imensa e ininterrupta de causas e efeitos" (HOLBACH, 2010, p. 40). Contudo, dizer que o mundo é o resultado das combinações moleculares não significa dizer que ele não obedeça a determinadas regras e que o acaso governe seus movimentos. O conjunto de causas e efeitos que o constitui não o transforma num fenômeno desprovido de leis,[52] mas antes permite uma regularidade que possibilita o cálculo e a previsão, ferramentas essenciais para o progresso da ciência e o desenvolvimento das potencialidades humanas. Esse movimento contínuo é denominado por Holbach como "marcha da natureza". É importante assim compreender esse conceito, para definir seu materialismo como a matéria em movimento. Passemos, então, à compreensão desses elementos para esclarecer melhor seus princípios filosóficos e sua doutrina materialista.

52 "O todo universal é tomado por uma cadeia de causas e efeitos, que responde a leis fixas. O fato de que as combinações moleculares sejam a origem dos seres não implica que elas não obedeçam a nenhuma regra" (CHARBONNAT, 2007, p. 356).

Sobre a matéria

Observando as discussões já levantadas acerca da definição de substância, podemos dizer que a matéria constitui um dos elementos mais controversos ou incompreendidos na história das ideias. Desde Aristóteles, autor do termo *hýle*, e mesmo em gérmen no pensamento pré-socrático, através dos conceitos de *ápeiron*, *arché* ou mesmo *phýsis*, ela representa a tentativa filosófica de definir o real, o que é existente e perceptível pelas faculdades humanas.[53] Segundo Ivan Gobry,[54] o termo *hýle* refere-se a uma substância indeterminada e comum a todos os corpos, uma realidade sensível de que são feitas todas as coisas. Inicialmente significando madeira, árvore ou floresta, devido à sua indiferenciação e suscetibilidade de formas, *hýle* não possuía um significado específico. Os pré-socráticos e Platão não chegam a utilizá-la, mas Aristóteles a utiliza abundantemente. Para o estagirista, a *hýle* é

53 De acordo com Regina Schöpke, a ciência moderna seria a grande herdeira do pensamento pré-socrático, na medida em que daria continuidade às investigações desses pensadores, partindo de pressupostos passíveis de verificação e observação, não constituindo apenas conceitos teóricos. Os conceitos de *arché*, *apeíron* e *phýsis*, por exemplo (de acordo também com John Burnet; *A aurora da filosofia grega*), antes de serem princípios metafísicos, são, contudo, princípios que procuram compreender a realidade de forma concreta. Enquanto que, por outro lado, a filosofia mesma, segundo ela, seguiu outro rumo, aquele da metafísica (devido principalmente aos sistemas de Platão e Aristóteles), que considerou a matéria numa perspectiva totalmente diferente. "Sim, toda matéria já nos aparece formalizada, tem uma geometria, uma espacialidade, mas daí a entender, como os metafísicos, que existe de um lado a matéria e de outro a forma (a forma homem, a forma pedra etc.), que a forma preexiste à matéria e que sobrevive à dissolução dos seres e das coisas, é cindir o mundo em dois (de fato, trata-se mesmo de um resquício da ideia mística e religiosa de 'corpo e alma', 'matéria e espírito') [...] Matéria em movimento, este é o próprio mundo (porque não existe matéria sem movimento nem movimento sem matéria)" (SCHÖPKE, 2010, verbete *Matéria*, p. 157).

54 Conferir GOBRY,2007, verbete *Hýle*, p. 76.

a natureza, o sujeito do movimento e da mudança, sendo também o princípio da geração e corrupção dos seres, e mesmo uma substância que permanece a mesma apesar das mudanças. Pode também ser considerada como causa e princípio. De todo modo, ela representa tudo o que afeta nossa sensibilidade, todos os corpos existentes e capazes de nos afetar. Contudo, é indeterminada enquanto substância, pois sua essência não pode ser definida senão pelas qualidades com que são percebidos os objetos.

Alan Charles Kors assinala que alguns dos temas fundamentais do pensamento de Holbach não são originais, mas desdobramentos das ideias de pensadores antigos e modernos, além das antíteses hipotéticas das antigas disputas dialéticas escolásticas,[55] de modo que seu pensamento seja matizado por uma série de embates filosóficos que caracterizavam o pensamento medievo ou os séculos XVI e XVII. Como já vimos, havia uma literatura de caráter teológico que se propunha a debater, tal como fez Tomás de Aquino em sua *Suma Teológica*, os argumentos hipotéticos ateus e materialistas que se opunham aos dogmas da religião cristã, contra-argumentando a favor das posições teológicas. Holbach conhecia muito bem essa literatura, pois em sua biblioteca foram encontradas diversas obras sobre teologia e metafísica, principalmente dos seiscentos, livros inclusive obras da mais pura ortodoxia.[56] Além dessa literatura teológica, a literatura científica e

55 "Nenhum dos temas do pensamento holbachiano eram então novos no pensamento ocidental, todos tinham sido defendidos por pensadores diversos, antigos e modernos, ou postos como antíteses hipotéticas das perspectivas teístas e cristãs pelos dialéticos e disputadores ortodoxos deles mesmos, sobretudo sob a forma de objeções *sed contra*" Cf. KORS, 2006, p. 296, e também Alan Charles Kors, *Atheism in France*, 1650-1729, t. I; *The Orthodox Sources of Disbelief*, Princeton, Princeton University Press, 1990.

56 "Temos os catálogos de suas bibliotecas e todos os dois [Holbach e Naigeon] reuniam um número impressionante de obras de teologia e metafísica do século XVII, e a maioria de orientação ortodoxa, em francês e

filosófica do período também tem presença notável em seus estudos, como a influência do mecanicismo de Descartes e do corporalismo de Hobbes, do monismo de Espinosa[57] e mesmo da física newtoniana.

Conforme sugere Miguel Benítez, o panteísmo de John Toland também marcou profundamente o materialismo de Holbach:[58]

> Como Toland, Holbach concebe uma matéria eterna e em si mesma heterogênea, composta de partículas de espécies diferentes, de tal modo que não se saberia encontrar um só ponto na Natureza que esteja em um repou-

---

em latim" (KORS, 2006, p. 297). Em relação à sua biblioteca, Guy Chaussinand-Nogaret diz: "Dos tratados de teologia à filosofia hermética, das mitologias antigas à imortalidade da alma, dos poetas, oradores, moralistas aos autores gregos e latinos, dos poetas ingleses e alemães à história antiga e moderna, da alquimia à história natural de peixes e insetos, todo o *corpus* é metodicamente composto para sustentar as teses de Holbach sobre a materialidade da alma, a inexistência de Deus, a necessidade de uma moral laica e cívica, a exclusão de toda referência à transcendência" (CHAUSSINAND-NOGARET, 2009, p. 211).

57 "Nós vemos imediatamente o que o materialismo radical deve aos cadernos da *Ética*. É inicialmente um retorno à unidade da substância: [...] como na *Ética*, um determinismo absoluto o conduz: [...] Holbach comenta abundantemente o tema espinosista do ser perseverando no ser: [...] Mesmo rigor na exclusão de toda criação: [...] Mesmo prolongamento do determinismo físico na vida psicológica: [...] Mesma denunciação de antropomorfismo da teologia tradicional, seja na teoria das causas finais, seja na atribuição à Deus das qualidades humanas de inteligência e bondade" (VERNIÈRE, 1954, p. 639). Vernière ainda observa que "o mundo sem Deus do *Sistema da Natureza* não se constrói sobre as demonstrações geométricas, mas se desvela lentamente ao ritmo alternado da experiência e da hipótese" (VERNIÈRE, 1954, p. 641).

58 O próprio Holbach faz uma clara referência à obra de Toland *Letters to Serena*, no início do capítulo II da primeira parte do *Sistema da Natureza*, ao falar do movimento.

> so absoluto; como Toland sempre, Holbach ensina que nada nasce e nada perece a propriamente falar da Natureza, mas que sua economia se conserva pela vicissitude contínua de geração e corrupção, cada parte da matéria agindo em virtude de suas propriedades específicas... (BENÍTEZ, 2006, p. 283).

Os pressupostos do materialismo do barão, segundo Benítez, poderiam ser deduzidos do panteísmo de Toland. Pois Holbach afirma que a Natureza não tem inteligência nem objetivos, pois ela age necessariamente, de modo que suas leis são imutáveis e fundadas sobre a essência mesma dos seres:

> Todo ser, ao se dissolver, faz eclodir novos seres. Estes são destruídos, por sua vez, para executar eternamente as leis imutáveis de uma natureza que não existe senão pelas modificações contínuas que sofrem todas as suas partes. Essa natureza não pode ser considerada nem como boa nem como perversa; tudo aquilo que nela se faz é necessário (HOLBACH, 2010, p. 451).

Enquanto que Toland, por sua vez, fala de uma inteligência que arranja e ordena a Natureza, atribuindo-lhe o nome de Providência, que é na verdade a sucessão imutável de uma ordem regular e eterna, através de um movimento contínuo e perpétuo de geração e destruição dos seres: "O Deus de Toland e a Natureza de Holbach obedecem então a uma mesma necessidade" (BENÍTEZ, 2006, p. 284). Numa perspectiva cosmológica, o materialismo de Holbach configura-se conforme alguns preceitos do panteísmo, como o de um princípio que anima a natureza e torna viventes todos os seres: "encaremos a natureza como uma *imensa oficina* que contém tudo aquilo que é necessário para agir e para produzir todas as obras que vemos" (HOLBACH, 2010, p. 628, grifo nosso).

Apesar das distinções – que veremos logo mais –, neste momento é importante ressaltarmos o estatuto que o panteísmo adquire na formulação do seu sistema filosófico. Segundo o próprio Holbach, todo panteísmo, mesmo não tendo consciência de sê-lo, é um ateísmo – mesmo os sistemas de Descartes e Malebranche, segundo ele, o seriam –, já que forçadamente conduzem a um espinosismo,[59] isto é, a um monismo determinista. No panteísmo, a necessidade inerente a Deus (entendido também como Natureza) opõe-se aos pressupostos teológicos, já que torna o milagre impossível e as ideias de predestinação e vida eterna sem significado, enquanto que a ideia de um ser onipotente, que sugere que ele seja a causa de sua própria determinação, ou seja, que ele necessariamente seja livre, não ocorre com um deus que siga leis mecânicas e seja destituído de vontade. O que ele afirma, portanto, é que um deus que age necessariamente não pode ser uma divindade onipotente, sendo confundido vulgarmente com o Destino ou a Fatalidade; como ele mesmo diz:

> Com efeito, se queremos vincular algum sentido à palavra deus, sobre a qual os mortais têm ideias tão obscuras

59 "Vê-se, portanto, que Descartes, longe de estabelecer solidamente a existência de um deus, a destrói totalmente. A mesma coisa ocorrerá necessariamente com todos aqueles que raciocinarem sobre isso. Eles acabarão sempre por se contradizer e por desmentir a si próprios. Nós encontramos as mesmas inconsequências e contradições nos princípios do célebre padre Malebranche, que – considerados com a mais superficial atenção – parecem conduzir diretamente ao espinosismo. Com efeito, o que está em maior conformidade com a linguagem de Espinosa do que dizer que 'o universo não passa de uma emanação de deus; que nós vemos tudo em deus; que tudo aquilo que vemos é somente deus; que deus sozinho faz tudo aquilo que é feito; que ele próprio é toda ação e toda a operação que existe em toda a natureza: em poucas palavras, que deus é todo o ser e o único ser'" (HOLBACH, 2010, p. 576). Conferir também BENÍTEZ, 2006, p. 287-289.

> e tão falsas, descobriremos que ela não pode designar senão a natureza agente ou a soma das forças desconhecidas que animam o universo, que forçam os seres a agir em razão da sua própria energia e, por conseguinte, de acordo com leis necessárias e imutáveis. Porém, nesse caso, a palavra deus será apenas um sinônimo de *destino*, de *fatalidade*, de *necessidade* (HOLBACH, 2010, p. 626).

Ao separar a divindade do movimento do mundo, ou seja, ao distinguir a divindade da Natureza, os filósofos espiritualistas e os teólogos dividem o cosmos em dois planos, um transcendente e outro imanente. Holbach resume a dinâmica que levou os homens a pensarem um Deus espiritual, um ser criador e motor da matéria, no capítulo que ele consagra justamente ao panteísmo. Nesse capítulo, ele defende que os homens originariamente concebiam uma força material, mas de uma matéria sutil, imperceptível pela sensibilidade, que animava os corpos e não era exterior à Natureza, pois constituía uma energia inerente a ela e imanente aos elementos que compunham os seres.[60] Porém, ao meditarem sobre sua imensa variedade de movimentos e transformações, eles não foram capazes de atribuir esse poder à matéria, e supuseram então uma substância que a ultrapassava, concebendo assim a ideia de espírito:[61]

---

60 Holbach, por conseguinte, faz uma analogia entre o que os antigos chamavam de *Júpiter* com o calor que anima os corpos. Vê-se no *Sistema da Natureza*: "A matéria ígnea é evidentemente a causa da fermentação, da geração, da vida: é o Júpiter dos antigos" (HOLBACH, 2010, p. 67, nota 1) e também "Tal foi, como vimos, esse Júpiter destinado, na origem, a representar na teologia dos antigos a matéria etérea que penetra, agita e vivifica todos os corpos dos quais a natureza é a reunião" (HOLBACH, 2010, p. 604).

61 "Não concebendo, com efeito, que a natureza pudesse engendrar-se, eles teriam imaginado 'uma força distinta dela mesma', 'um agente invisível', 'um espírito', enfim, que eles chamaram Deus; contudo, este espírito não era originariamente nada senão a matéria, uma matéria sutil, e esta di-

> Com efeito, seria enganar-se acreditar que a ideia da espiritualidade de deus, tal como a encontramos admitida atualmente, tenha se apresentado cedo ao espírito humano. Essa imaterialidade, que exclui toda analogia e toda semelhança com tudo àquilo que estamos ao alcance de conhecer, foi, como já fizemos observar, o fruto lento e tardio da imaginação dos homens que, forçados a meditar – sem nenhum auxílio por parte da experiência – sobre o motor oculto da natureza, pouco a pouco, chegaram a fazer dele esse fantasma ideal, esse ser tão fugidio que nos fazem adorar, sem poderem designar a sua natureza senão por uma palavra à qual nos é impossível vincular qualquer ideia verdadeira (HOLBACH, 2010, p. 605).

Ou seja, impossibilitados de conhecer melhor os mecanismos naturais, e não concebendo mais a autonomia da Natureza, eles imaginaram uma força distinta, um motor invisível. Segundo Benítez,[62] Holbach considera o panteísmo uma teologia primitiva, pois é uma doutrina que identifica Deus com a Natureza, cujas ideias naturais sobre a divindade configuram na verdade uma noção de *divindade natural*, um deus totalmente identificado com a Natureza: "Por conseguinte, dizer que deus é o mundo ou a alma material do mundo é substancialmente uma só e mesma coisa" (BENÍTEZ, 2006, p. 275).

---

vindade material não era um ser fora da natureza, mas dela fazia parte, sendo um princípio agindo na natureza mesma" (BENÍTEZ, 2006, p. 274).

62 Já Charbonnat defende que a crítica de Holbach não poupa também os panteístas, já que ele considera que a ideia de deus deva ser banida da língua. "O preconceito toma uma forma refinada nas diferentes filosofias que defendem uma religião natural. Estas cometem igualmente o erro de atribuir uma causa sobrenatural aos fenômenos. Elas buscam na natureza uma entidade não menos contraditória que a divindade do vulgar" (CHARBONNAT, 2007, p. 351). Cf. mais adiante neste capítulo a seção *Crítica ao espiritualismo e ao deísmo.*

Além do mais, Holbach também considera que mesmo o deus dos teólogos está enraizado na Natureza, por mais que eles queiram separá-lo dela, pois só é possível pensar sua existência devido ao movimento que é perceptível no mundo, sendo necessário, por uma abstração e um processo intelectual ou afetivo incompreensível, personificá-lo em sua divindade:[63]

> Um teólogo pode, de boa-fé, se acreditar mais esclarecido por ter substituído palavras inteligíveis como matéria, natureza, mobilidade e necessidade por palavras vagas como *espírito, substância incorporal, divindade* etc.? Seja como for, uma vez imaginadas essas palavras obscuras, é necessário vincular ideias a elas. Não se pode ir buscá-las senão nos seres dessa natureza desdenhada, que são sempre os únicos que podemos conhecer. Os homens vão buscá-las, portanto, em si mesmos; sua alma serviu de modelo para a alma universal. Seu espírito foi o modelo do espírito que regula a natureza. Suas paixões e seus desejos foram o protótipo dos dele; sua inteligência foi o molde da dele. Aquilo que convinha a eles próprios foi chamado de ordem da natureza (HOLBACH, 2010, p. 469).

De todo modo, a semelhança entre os pressupostos do panteísmo e a formulação do materialismo de Holbach é notável.[64] Há nele uma transformação constante dos elementos que assegura a econo-

63 "Holbach assinala que o Deus das religiões está enraizado profundamente na natureza" (BENÍTEZ, 2006, p. 276).

64 "A natureza inteira só subsiste e só se conserva pela circulação, pela transmigração, pela troca e pelo deslocamento perpétuos das moléculas e dos átomos insensíveis ou das partes sensíveis da matéria. É por meio dessa *palingenesia* que subsiste o grande todo que, semelhante ao Saturno dos antigos, está perpetuamente ocupado em devorar os seus próprios filhos" (HOLBACH, 2010, p. 611).

mia na Natureza,[65] ou seja, a alteração ou transmutação contínua dos seres particulares que garante o movimento do todo e a produção sucessiva de seres heterogêneos:[66]

---

65 "Por mais esforços que façamos para penetrar nos segredos da natureza, jamais encontraremos nela – como temos tantas vezes repetido – senão a matéria diversa por si mesma e diversamente modificada com a ajuda do movimento. Seu conjunto, assim como todas as suas partes, não nos mostra senão causas e efeitos necessários, que decorrem uns dos outros e dos quais, com o auxílio da experiência, nosso espírito é mais ou menos capaz de descobrir o encadeamento. Em virtude das suas propriedades específicas, todos os seres que vemos gravitam, se atraem e se repelem, nascem ou se dissolvem, recebem e transmitem movimentos, qualidades, modificações, que por algum tempo os mantém em uma dada existência ou que os fazem passar a uma nova maneira de existir. É a essas vicissitudes contínuas que se devem todos os fenômenos, pequenos ou grandes, ordinários ou extraordinários, conhecidos ou desconhecidos, simples ou complicados, que vemos serem operados no mundo" (HOBACH, 2010, p. 607).

66 Este é um dos pontos em que é possível atribuir ao materialismo de Holbach uma herança cosmológica não apenas estoica ou panteísta, mas também e, principalmente, epicurista ou atomista, mais especificamente a concepção de Natureza dada por Lucrécio, que a toma como uma transformação constante dos elementos primordiais que compõem o cosmos: "Acresce a isto que a natureza dissolve novamente cada coisa nos seus átomos, mas não reduz as coisas ao nada. Na verdade, se existisse alguma coisa que fosse mortal em todas as suas partes, as coisas pereceriam repentinamente, desaparecendo de súbito diante dos nossos olhos. Não haveria, com efeito, necessidade de nenhuma força que pudesse causar a separação das suas partes e dissolver as suas junturas. A verdade, contudo, é que, porque todas as coisas são formadas de uma semente eterna, a natureza não permite que assistamos à destruição de nenhuma delas até que choque contra elas uma força que as desfaça com o seu golpe ou penetre no seu interior através dos vazios e a desagregue [...] Portanto não perece completamente tudo aquilo que parece morrer, porque a natureza forma de novo uma coisa a partir da outra, e não

> Esta palingenesia não significa certamente que todos os seres sejam igualmente animados, viventes; Holbach entende antes que o conjunto de partículas da matéria passa regularmente da vida à morte, e inversamente, num ciclo eterno de geração e corrupção que afeta igualmente todos os seres, todas as partes da matéria, sensíveis ou não, viventes ou não, a vida e a morte sendo uma só e mesma coisa em relação ao ser (BENÍTEZ, 2006, p. 285).

Portanto, a partir dessa aproximação com o panteísmo, pode-se entender que a Natureza constitui a vida, a ação, o movimento e a mudança contínua de seus elementos. Contudo, vale lembrar que Holbach toma o cuidado para que seu sistema não seja confundido com um sistema filosófico-teológico, e alerta, no final do primeiro capítulo,[67] que o conceito Natureza que ele se utiliza representa apenas uma abstração pela qual toda realidade é compreendida como o con-

---

permite que nada seja gerado senão com a ajuda da morte de outra coisa [...] Os átomos, por conseguinte, são sólidos e simples, formando um todo coerente de partes mínimas, estreitamente ligadas, não resultando da combinação destas partes, mas antes fortes devido à sua eterna simplicidade, de onde a natureza não permite que nada seja arrancado ou diminuído, preservando-os como sementes das coisas [...] Ora, porque a evidência mostra que nada disto acontece podemos ter a certeza de que não há coisas assim misturadas nas coisas, mas que nelas antes se devem esconder sementes comuns a muitas coisas, misturadas de muitos modos" (LUCRÉCIO, 2015, Livro I, respectivamente v. 215, v.262, v.610 e v.894, p. 29, 33, 49 e 63).

67 "Depois de ter fixado o sentido que deve ser dado à palavra natureza, creio dever advertir o leitor, de uma vez por todas que, quando no decorrer desta obra, digo que a natureza produz um efeito, não pretendo de modo algum personificar essa natureza, que é um ser abstrato. Entendo que o efeito do qual eu falo é o resultado necessário das propriedades de algum dos seres que compõem o grande conjunto que nós vemos" (HOLBACH, 2010, p. 41).

junto dos seres existentes; isto é, ela não é um *ser* dotado de existência personificada, agindo por força de sua vontade e interesse, mas apenas uma ideia, mais especificamente uma palavra, que serve para designar esse conjunto, o Todo que engloba tudo o que é existente. Nesse ponto está marcada a distinção entre o materialismo holbachiano e o panteísmo, visto que este entende a Natureza como um ser orgânico, vivo e uno, distancia-se consideravelmente daquele, que está bem mais próximo de uma formulação atomista, pois entende a realidade como um jogo de elementos primordiais em ação uns sobre os outros.

*

Voltando, nesse momento, à questão da matéria em seu sistema, vemos que Holbach, seguindo os princípios do empirismo de Locke, considera não ser possível definir concretamente o que ela seja, pois não é possível ao homem, que possui uma faculdade sensível limitada, atingir os elementos constituintes da Natureza: "Nós não conhecemos os elementos dos corpos, mas conhecemos algumas de suas propriedades ou qualidades e distinguimos as diferentes matérias pelos efeitos ou mudanças que elas produzem sobre os nossos sentidos" (HOLBACH, 2010, p. 63). Ele afirma a possibilidade de conhecer as propriedades existentes nos corpos, e através da razão e da experiência, compreender seus movimentos e suas combinações. Ele procura delinear de maneira clara o conceito de matéria apresentando-a como "tudo aquilo que afeta os nossos sentidos de uma maneira qualquer" (HOLBACH, 2010, p. 63). Ele nos previne sobre a definição equivocada que até então se apresentava, uma definição, segundo ele, errônea e insatisfatória: "Os homens, enganados pelos seus preconceitos, não tiveram sobre ela senão noções imperfeitas, vagas e superficiais. Consideraram-na como um ser único, grosseiro, passivo, incapaz de se mover, de se combinar, de produzir qualquer coisa por si mesmo" (HOLBACH, 2010, p. 64). Todos os corpos possuem algumas propriedades específicas, das quais podemos definir que sejam as propriedades da matéria, são elas "a extensão, a divisibilidade, a impenetrabilidade, a figurabilidade e a mobilidade[68]" (HOLBACH, 2010, p. 64). Essas propriedades caracterizam os elementos através dos quais são constituídos todos os corpos existentes na Natureza, pois um corpo nada mais é do que um aglomerado de matéria que é capaz de ser percebido pela nossa faculdade sensível. Reconhecemos essas propriedades pela mudança que percebemos nos corpos, ou seja, no conjunto de elementos materiais que se modificam e que nossa sensibilidade percebe. É justamente devido ao movimento desses elementos materiais – moléculas – que percebemos as modificações que ocorrem nos corpos. Como afirma Holbach:

> a matéria age porque existe e ela existe porque age (...). Se a supusermos produzida ou criada por um ser distinto dela própria e mais desconhecido do que ela, será sempre forçoso dizer que esse ser, seja ele qual for, é necessário ou contém a causa suficiente de sua própria existência. Ao substituirmos a matéria ou a natureza por esse ser, nada mais fazemos do que substituir um agente conhecido ou possível de conhecer – ao menos em certos aspectos – por um agente desconhecido, totalmente

---

68 Estas são as qualidades que Locke, também, define como primárias, pois são pertencentes aos corpos: "Estas qualidades são de tal natureza que os nossos sentidos as encontram constantemente em cada partícula de matéria com grandeza suficiente para ser percebida e a mente considera-as inseparáveis de cada partícula de matéria, mesmo que seja demasiado pequena para que os nossos sentidos a possam perceber individualmente. Por exemplo: tomai um grão de trigo e dividi-o em duas partes; cada parte possui ainda solidez, extensão, figura e mobilidade; dividi-o uma vez mais e as partes ainda conservam as mesmas qualidades; e se continuas a dividi-lo até que as partes se tornem insensíveis, nenhuma delas perderá jamais qualquer dessas qualidades". (LOCKE, 1999, p. 156).

> impossível de conhecer e cuja existência é impossível demonstrar (HOLBACH, 2010, p. 87).

Em seu materialismo, "a matéria age por si mesma, não necessitando de um motor ou causa primeira, que é uma abstração. Há uma energia inerente à matéria e o movimento é uma propriedade essencial" (CHARBONNAT, 2007, p. 355); isto é, todos os seres na Natureza estão sujeitos a essa mudança constante e perpétua de seu ser, de modo que suas propriedades ora perdem elementos, ora os recebem de outros corpos, formando assim uma cadeia ininterrupta de

> circulação contínua das moléculas de matéria. A natureza tem necessidade, em um lugar, daquelas que ela tinha colocado por um tempo em um outro: essas moléculas, depois de terem, por algumas combinações particulares, constituído seres dotados de essências, de propriedades, de maneiras de agir determinadas, dissolvem-se ou se separam com maior ou menor facilidade e, combinando-se de uma nova maneira, formam seres novos (HOLBACH, 2010, p. 65).

As moléculas movem-se e formam combinações que dão origem a seres determinados pelas suas qualidades, que se agregam, para após um movimento contínuo de troca de elementos, desagregarem-se e formarem novos seres, e assim continuamente. Podemos ainda sugerir uma influência heraclitiana na construção de seu pensamento, na medida em que esse perpétuo transformar-se dos seres condiz com o perpétuo devir que caracteriza o pensador jônico:[69] "Já

---

69 Regina Schöpke afirma, sobre a filosofia de Heráclito, o seguinte: "Voltando à questão do devir incessante, que não se reduz apenas ao nascer e ao perecer, mas à mudança contínua e ininterrupta que faz com que nada seja idêntico a si mesmo, pois sempre é novo a cada instante (ou seria

que o movimento produz infalivelmente, a cada instante, alterações mais ou menos marcantes em todos os corpos, estes não podem ser rigorosamente os mesmos em dois instantes sucessivos de sua duração" (HOLBACH, 2010, p. 66). Para ilustrar seu sistema, Holbach dá como exemplo a necessidade dos seres vivos de se nutrirem. Os animais, devido ao alto grau de mobilidade de suas máquinas, constantemente têm um gasto de energia que precisa ser reposto através da alimentação. Cada corpo animal é constituído, ou organizado, de determinada maneira, de modo que cada ser necessite de elementos específicos análogos à sua máquina para a reposição dessa energia gasta. Os elementos que são assimilados são transformados em energia, que propicia a continuidade da existência do animal, ou, em termos espinosanos, a perseverança na existência ou a conservação de seu ser.[70] Contudo, essa transformação dos elementos constitutivos do ser não se restringe apenas à alimentação dos animais ou à nutrição de vegetais, ela está presente em todos os seres, tanto daqueles do reino vegetal e animal quanto do mineral. As modificações variam apenas de acordo com o grau de organização de cada

melhor dizer a cada movimento?), podemos afirmar que essa ideia está bem explícita no fragmento 91, em que Heráclito sustenta que 'em um rio não se pode entrar duas vezes' e 'nem substância mortal tocar duas vezes a mesma condição'. E ele completa: 'pela intensidade e rapidez da mudança dispersa e de novo reúne... compõe-se e desiste, aproxima-se e afasta-se'. É surpreendente tal noção para quem está há séculos de distância da física quântica e da nossa atual percepção da matéria e de seus movimentos mais profundos. Digamos que a afirmação de que 'tudo está em movimento' já não parece hoje causar tanto espanto, mas na época de Heráclito rendeu-lhe o título de 'o Obscuro'". (SCHÖPKE, 2009, p. 59). Holbach, por sua vez, não deixa de estar tão próximo dessa mesma concepção moderna de matéria, como veremos ao longo deste capítulo.

70 Vejamos a proposição 6 da terceira parte da *Ética*: "Cada coisa esforça-se, tanto quanto está em si, por perseverar em seu ser" (ESPINOSA, 2009, p. 105). Conferir também VERNIÈRE, 1954, p. 638-639.

reino especificamente: "Os animais, as plantas e os minerais, ao fim de um certo tempo, devolvem à natureza - ou seja, à massa geral das coisas, ao armazém universal - os elementos ou os princípios que eles tinham tomado por empréstimo" (HOLBACH, 2010, p. 70).

Essa variação, por sua vez, é heterogênea, ao ponto de determinados elementos que contribuem para alguns seres se conservarem poderem ser destrutivos para outros. Isto é, enquanto alguns elementos são responsáveis pelo fortalecimento da agregação de um conjunto de moléculas, outros podem contribuir para que esse conjunto se desagregue.[71] Não apenas a diversidade de elementos, mas mesmo a sua proporcionalidade pode imprimir uma modificação na organização, como a quantidade de água num vegetal, que por falta ou por excesso, pode ser nociva para sua conservação, caso não seja dosada segundo sua necessidade; ou do mesmo modo, a ausência de calor ou seu excesso que pode resultar na morte de um animal:

> Os mesmos elementos que servem para nutrir, para fortificar, para conservar o animal se tornam em certas circunstâncias os princípios e os instrumentos da sua dissolução, do seu enfraquecimento, da sua morte. Eles operam a sua destruição, desde que não estejam na justa proporção que os torna apropriados para manter o seu ser (HOLBACH, 2010, p. 68).

Assim, vemos que nos reinos vegetal e animal, há uma variabilidade imensa de propriedades, de elementos e de movimentos que resulta na variedade de seres existentes. A complexidade da organização

---

71 Aliás, Holbach inclusive utiliza o exemplo da união entre o óleo e a água através de uma substância alcalina: "Alguns corpos, incapazes por si próprios de se unirem, se tornam suscetíveis disso com a ajuda de novos corpos que lhes servem de intermediários ou de laços comuns. É assim que o óleo e a água se combinam e formam o sabão com a ajuda de um [sal] alcalino" (HOLBACH, 2010, p. 79).

animal, tendo em vista suas faculdades próprias, como a locomoção e seu aparelho digestivo, é maior que a do vegetal, destituído delas. Contudo, a complexidade de um vegetal é ainda maior do que a de um ser do reino mineral – esse, sem dúvida, o mais simples de todos, pela notável ausência de faculdades sensitivas. Variedade de elementos, variedade de combinações, variedade de seres produzidos, tudo isso indica a potência da Natureza em produzir em abundância tudo o que é existente. Inclusive, tudo o que *é*, é devido a uma série de movimentos, ligações, combinações específicas que dão origem a essa diversidade incomensurável de produções. Quanto a isso, Charbonnat defende que os criacionistas precisam reduzir a matéria a um substrato homogêneo e inerte porque precisam justificar o recurso a um ser transcendente. Eles necessitam desqualificar a matéria enquanto gênese dos seres a fim de garantir a soberania de sua divindade,[72] já que a constatação de seu movimento independente a dispensaria dessa justificação.

Portanto, cada um dos seres naturais possui especificidades em sua essência que os caracteriza enquanto pertencentes ao conjunto total da Natureza. Essas especificidades enquadram-se no modo como as moléculas que os constituem organizam-se e agem em função da manutenção do ser enquanto totalidade. Por exemplo, Holbach observa que os minerais, mesmo sendo corpos imóveis e aparentemente imutáveis, estão sujeitos à variação de suas formas a partir da influência de outros corpos sobre eles:[73] "esses corpos tão sólidos, essas pedras, esses metais são destruídos e se dissolvem com a ajuda do ar,

72 "Como as moléculas feitas da mesma substância poderiam engendrar a ordem diversa e, no entanto, harmoniosa do mundo? Os criacionistas têm sempre necessidade de degradar a natureza da matéria, diminuindo suas qualidades, a fim de salvaguardar a soberania de sua divindade" (CHARBONNAT, 2007, p. 355).

73 A contribuição de Holbach na *Enciclopédia* teve artigos principalmente no campo da análise dos corpos duros, como a mineralogia, a geologia e

da água e do fogo, como prova a análise mais ordinária, assim como uma multidão de experiências das quais nossos olhos são testemunhas todos os dias" (HOLBACH, 2010, p. 70). É assim que o fogo, por exemplo, pode derreter o aço, ou o ar pode corroer o ferro; isto é, devido à ação de alguns elementos, mesmo os minérios, apesar de sua rigidez, estão sujeitos à transmutação, não sendo, portanto, matéria totalmente inerte, como defendem os críticos do materialismo. Além do mais, essas constantes agregações e desagregações dos elementos que constituem os corpos organizados são observáveis num âmbito muito mais amplo, como o do ciclo biológico dos seres vivos. Os animais se alimentam das plantas, que por sua vez extraem seus nutrientes dos restos mortais de animais mortos que se decompuseram e estão dispersos na terra que as nutre. Corpos agregados se desagregam, formam outros seres, que por sua vez se decompõem e dão origem a novos seres, ciclo perpétuo através do qual a Natureza mantém-se em equilíbrio.[74] Como demonstra Charbonnat, as produções da Natureza são uma combinação efêmera, pois "como Diderot, Holbach observa o caráter efêmero das produções naturais. Todos os seres são tomados 'numa vicissitude contínua', alternando geração e destruição" (CHARBONNAT, 2007, p. 355). Logo, na perspectiva do barão, não há privilégios ou hierarquias entre os seres naturais, todos estão submetidos à mesma causalidade, às mesmas leis naturais.

*

até a meteorologia, entre outros, ou seja, ele conhecia bem a composição da matéria bruta.

74 "As partes elementares do animal, assim desunidas, dissolvidas, elaboradas, dispersas, vão formar novas combinações. Elas servem para nutrir, para conservar ou para destruir novos seres e, entre outros, as plantas que, chegadas à sua maturidade, alimentam e conservam novos animais. Estes últimos, por sua vez, têm o mesmo destino dos primeiros" (HOLBACH, 2010, p. 70).

Todo esse conjunto de movimentos é denominado por Holbach como marcha da Natureza. Contrapondo-se às doutrinas teleológicas e finalistas, que defendem que o universo foi criado por Deus[75] para uma finalidade divina,[76] e que ele teve um começo e terá um fim, o barão propõe, tal como Espinosa, a ausência de teleologia na Natureza, de

---

75 Vejamos o que Etiénne Gilson diz a respeito do ato de criação divina, representando o espírito teológico acerca do tema: "A criação é, portanto, a ação causal própria de Deus, ela lhe é possível e só é possível para ele" (GILSON, 2006, p. 122), e completa: "Em resumo, Deus é causa porque ele é o Ser e, como ele é o Ser que não pressupõe nenhum outro ser, ele é a causa que não pressupõe nenhuma outra causa. Ora, a causa primeira produz o primeiro efeito; o primeiro efeito, aquele que todos os outros supõem, é a existência; cabe, pois com exclusividade ao Ser causar a existência, e isso é criar. É por isso que a criação é o ato próprio de Deus" (GILSON, 2006, p. 122, n.6). Sendo seu Criador, a Natureza é também sua posse: "estamos em presença de um Deus que, tendo criado o universo, o possui. E ele o possui ciumentamente. Jeová não para de proclamar e de lembrar ao mundo seu direito autoral, e é nesse direito que sempre se funda, na Bíblia, o poder de conduzir de acordo com a sua vontade os assuntos humanos, que Deus reivindica. Se ele pode eleger o povo de Israel dentre todos os outros, é que a Terra lhe pertence, e, se ela lhe pertence, é que ele a fez. Esse direito de propriedade incessantemente afirmado não se limita ao conjunto do universo, nem ao povo eleito, nem aos outros povos que poderiam ter sido eleitos e não foram; ele se estende à totalidade dos seres, como se estende à ação criadora que o funda: homens, animais, plantas, solo, tudo é de Deus, porque tudo vem de Deus" (GILSON, 2006, p. 205).

76 No *Compêndio de Teologia*, São Tomás afirma que Deus faz tudo em vista de um fim (Capítulo Cem): "191. Uma vez demonstrado que Deus criou as coisas não por necessidade natural, mas em virtude de uma meta, conclui-se necessariamente que tudo quanto Deus criou, existe por causa de uma finalidade. 192. A criação das coisas por parte de Deus é a melhor, pois é próprio de quem é o Melhor fazer tudo da melhor maneira. Ora, é melhor fazer uma coisa em vista de um fim do que fazê-la sem visar a uma finalidade. Por conseguinte, Deus fez as coisas com vistas a uma meta" (AQUINO, 1973, p. 105).

modo que ela exista, tal como se apresenta, por seus próprios atributos e por uma necessidade inerente a si mesma, não havendo nenhuma determinação anterior ou nenhuma ordem pré-estabelecida que culmine num desenlace divino.[77] Não havendo nada fora da Natureza, não há nenhuma finalidade para o qual ela convirja; ela possui apenas a necessidade de existir por seus próprios atributos. O que haveria, na verdade, é a tendência dos seres naturais em agir para conservar-se, e essa ação dos seres em particular é o que constitui o movimento que mantém o equilíbrio necessário para a Natureza como um todo ser tal como é.[78] Marcha da natureza seria, portanto, o movimento de ciclos sucessivos de construção e desconstrução, de agregação e desagrega-

---

77 Como afirmado logo acima, de acordo com a tradição teológico-metafísica, Deus é a causa final para a qual toda a Criação está tencionada e se dirige de alguma maneira. Por exemplo, a respeito de Deus enquanto causa de toda Criação, São Tomás diz que "Deus é a causa exemplar primeira de todas as coisas. Para se ter clareza nisso é preciso considerar que um exemplar é necessário à produção de uma coisa para que o efeito assuma determinada forma. [...] Ora, é manifesto que as coisas produzidas pela natureza seguem uma forma determinada. Essa determinação das formas deve ser atribuída, como a seu primeiro princípio, à sabedoria divina, que pensou a ordem do universo consistente na disposição diferenciada das coisas. Portanto, é preciso dizer que na sabedoria divina estão as razões de todas as coisas, que acima chamamos de ideias, isto é, formas exemplares existentes na mente divina", já quanto à tendência de toda a criatura, "deve-se dizer que todas as coisas tendem para Deus como a um fim quando tendem para não importa qual bem, seja por um apetite inteligível, seja por um apetite sensível, ou por um apetite natural despido de conhecimento. Nada pode ser bom ou apetecível senão pela participação da semelhança com Deus" (AQUINO, 2002, p. 42-45).

78 "É possível, portanto, conjecturar com bastante fundamento que, se por algum acidente nosso globo viesse a se deslocar, todas as suas produções seriam forçadas a se modificar, já que, como as causas não seriam mais as mesmas ou não agiriam mais da mesma maneira, os efeitos deveriam necessariamente mudar. Todas as produções, para poderem se conservar ou se

ção de todos os seres que ela contém: "É assim que o movimento faz nascer, conserva durante algum tempo e destrói sucessivamente as partes do universo, umas pelas outras, enquanto a soma da existência permanece sempre a mesma" (HOLBACH, 2010, p. 70).

Em suma, a matéria só pode ser definida pelo movimento, que a rigor, só pode ser tomado como uma propriedade inerente a ela, pois, como diz Holbach, e mesmo os filósofos antigos já o propuseram, na Natureza nada nasce ou morre de forma estrita, os seres existem e deixam de existir a partir da transformação de outros seres,[79]

> desde a ostra entorpecida até o homem ativo e pensante, nós vemos uma progressão ininterrupta, uma cadeia perpétua de combinações e de movimentos (...). Na geração, na nutrição e na conservação nunca veremos nada além de matérias diversamente combinadas (HOLBACH, 2010, p. 71).

Logo, o movimento, sempre considerado pela metafísica tradicional como algo exterior à matéria, como o impulso externo de um agente desconhecido,[80] por ser ela inerte e passiva, apresenta-se

---

manter na existência, tem necessidade de se coordenar com o todo do qual emanaram; sem isso elas não podem subsistir" (HOLBACH, 2010, p. 118).

79 "Quase todos os antigos filósofos estavam de acordo em considerar o universo como eterno. Ocellus Lucanus diz formalmente, falando do universo: *Ei de gar ên kai estai*, 'ele sempre foi e sempre será'. Todos aqueles que renunciaram ao preconceito sentiram a força do princípio de que nada se faz de nada, verdade que nada pode abalar" (HOLBACH, 2010, p. 56, n.6). Esse princípio está presente nos versos de Lucrécio que abrem esse capítulo: "O princípio a partir do qual partiremos é que nada nasce do nada, por obra divina" (LUCRÉCIO, 2015, I, v.149, p. 27).

80 É importante observarmos a construção dessa noção de movimento que é dada pela tradição até a modernidade. Na tradição teológico-metafísica, influenciada pelos filósofos antigos, principalmente Aristóteles, ele

em Holbach como a qualidade essencial da matéria, que possibilita a transmutação e existência de todos os seres. Sendo assim, passemos a analisar essa qualidade.

Sobre o movimento

Como vimos, Rousseau apresenta um modo distinto de se conceber o movimento. Ele é ou a ação de um corpo sobre outro (movimento comunicado), ou o efeito de uma vontade exterior à matéria, neste caso sendo o efeito de uma causa não-material (movimento espontâneo). Assim, o movimento não seria uma propriedade ou qualidade da matéria, mas antes uma percepção psicológica ou um modo de se conceber a mudança dos corpos. Já Holbach apresenta essa qualidade como sendo própria da matéria. Ele inicia o segundo capítulo do primeiro tomo do *Sistema da Natureza*, antes mesmo de falar da matéria, tratando justamente dessa sua propriedade:

> É apenas o movimento que estabelece relações entre nossos órgãos e os seres que estão dentro ou fora de nós. Não é senão pelos movimentos que esses seres nos impressionam, que conhecemos sua existência, que julgamos as suas propriedades, que os distinguimos uns dos

---

é o efeito de uma causa que se direciona a um fim; é o apetite daquele que carece ou deseja e do qual é impelido em direção a satisfazê-la, para atingir a perfeição, que seria seu fim (*tò téleion*), ou em última instância – no caso do Primeiro Motor, que é imóvel e que de nada carece – o movimento de retorno a ele. Já para os modernos, como Hobbes, Descartes e Espinosa, e, por conseguinte, Holbach e os materialistas em geral, o movimento será visto como um atributo da matéria, não mais como efeito de uma causa final, mas ele próprio como causa eficiente – ou seja, daquilo do qual o próprio ser é constituído. Para uma análise mais profunda dessa questão envolvendo o movimento como causa final e eficiente, remetemos o leitor ao ensaio de Marilena Chauí, *Laços do desejo*, In CHAUÍ, 2011, p. 11 a 66, mais especificamente, as páginas 24-7.

> outros e que os distribuímos em diferentes classes (HOLBACH, 2010, p. 43).

Para o filósofo francês, o movimento é compreendido como uma qualidade pertencente à matéria. "Tudo está em movimento no Universo, de modo ininterrupto. A Natureza é um grande todo em movimento contínuo, constituído de uma cadeia de causas e efeitos que nada pode romper" (CHARBONNAT, 2007, p. 355). O conhecimento das causas e efeitos demonstra a ação e reação sucessiva dos corpos uns sobre os outros, de modo que essa atividade corresponda ao movimento próprio da matéria. Essa atividade permite ainda um conhecimento verificável, pois se os agentes e as circunstâncias de determinadas causas são idênticos, os efeitos decorrentes dessas causas serão correspondentes a elas,[81] pois o movimento das partículas de matéria seguem leis constantes e invariáveis; ou seja, "todos os fenômenos devem ser entendidos como efeitos estritamente determinados por causas físicas, e *compreendidos* na vida mental" (KORS, 2006, p. 302, grifo nosso). Retomando os princípios da física mecânica e do panteísmo, ele considera o movimento como "essencial a todos os fenômenos, porque ele é a condição *sine qua non* de toda atividade, qual ela seja" (KORS, 2006, p. 304).

Aqueles que concebiam a matéria como inerte deviam sua concepção a um equívoco, o de considerar o movimento apenas enquanto movimento local, isto é, consideravam-no enquanto transferência de forças entre seres particulares, ou deslocamento de um ponto no espaço a outro – como o fez Rousseau, por exemplo. Mas para Holbach, a matéria possui uma atividade própria, e devido à sua variedade de elementos e de qualidades, ela é capaz de uma heterogeneidade infinita de produções. O movimento, nessa perspectiva, é uma das suas propriedades fundamentais. Mas quanto ao movimento local (que é

81 Cf. KORS, 2006, p. 302.

conhecido pela ciência mecânica e muito mal compreendido pelos críticos do materialismo em sua época), este seria apenas um efeito cuja causa é essa força motriz da matéria. Por conseguinte, o repouso, que é geralmente atribuído como propriedade dos corpos inanimados, que são desprovidos de uma atividade vital anímica, é visto pelo nosso autor como uma resistência entre dois movimentos iguais e opostos.[82] Em suma, toda ciência em torno do movimento até então fora eivada de erros conceituais ou preconceitos epistemológicos, devendo, apenas no século XVII, ser estruturada de uma maneira mais adequada à realidade constitutiva da matéria. Vejamos o que diz Holbach:

> Se por natureza, nós entendemos um amontoado de matérias mortas, desprovidas de todas as propriedades, puramente passivas, seremos, sem dúvida, forçados a buscar fora dessa natureza o princípio dos seus movimentos. Porém, se entendermos por natureza aquilo que ela realmente é: um todo do qual as diversas partes têm propriedades diversas, que a partir daí agem segundo essas mesmas propriedades, que estão em ação e reação perpétuas umas sobre as outras, que pesam, que gravitam em direção a um centro comum, enquanto outras se afastam e vão para a periferia, que se atraem e se repelem, que se unem e se separam e que, por suas colisões e suas aproximações contínuas, produzem e decompõem todos os corpos que vemos, então nada nos obrigará a recorrer a forças sobrenaturais para nos dar conta da formação das coisas e dos fenômenos que vemos (HOLBACH, 2010, p. 55).

82 "O movimento local é um efeito cuja causa é a força motriz da matéria, o repouso ele mesmo devendo ser entendido como uma atividade: 'uma ação real de resistência entre dois movimentos iguais" (KORS, 2006, p. 304).

A partir do pressuposto panteísta em que Deus e Natureza são identificados, ou seja, em que o princípio animador da matéria se encontra nela mesma, atribuir o movimento a um Deus transcendente seria ignorar sua causa verdadeira e restringir o conhecimento da Natureza, emperrando o avanço da ciência. Mas ao conceber o movimento como essencial à matéria, possibilita-se um entendimento da essência dos seres,[83] logo, penetra-se ainda mais o seio da Natureza, pois se concebe de modo mais completo o conhecimento das causas e dos efeitos, o que possibilita uma maior capacidade de ação do homem diante da eventualidade dos fenômenos naturais: "designar esta atividade como uma substância a parte seria acreditar num mundo imaginário para além da experiência, um mundo incoerente, sem conhecimentos novos e não apropriado para pesquisas ulteriores" (KORS, 2006, p. 305). Kors chega a afirmar que Holbach "abraçou de todo o coração os pensamentos contidos na *Letters to Serena* e estava inclinado a acreditar que suas teorias tinham sido confirmadas pelas descobertas newtonianas da gravidade como uma força que afetava toda massa" (KORS, 2006, p. 305). Apesar das ressalvas em se associar o panteísmo ao materialismo do barão, é importante frisar que sua afirmação de que tudo está encadeado fortemente pelas leis do movimento da matéria assegura uma concepção de ciência que se alicerça na observação, cálculo e previsão dessas leis. Essa concepção de ciência é fundamental, nesse sentido, pois constitui uma liberdade para operar com os dados e hipóteses que possibilitam uma compreensão mais rigorosa da matéria e de seus mecanismos. Aliás, Holbach sugere que foram os preconceitos e a incon-

83 "Segundo Toland, esta atribuição [das causas naturais] a Deus fecha os caminhos da pesquisa. Pelo contrário, se concebermos o movimento como sendo essencial à matéria, pode-se empreender investigações aprofundadas, tanto em evitando a separação ontológica das causas e de seus efeitos, assim como todos os inconvenientes de uma tal separação" (KORS, 2006, p. 305).

sequência – ou pusilanimidade – de espírito que impediram Newton de considerar a gravidade como um atributo essencial à matéria, e devido a isso, conservar uma noção de divindade, apesar de ser evidente que seu sistema dispensaria essa noção sem maiores dificuldades ou contradições.[84] O recurso à divindade, assim como vimos em Hobbes e Locke, permaneceu para ele apenas como uma consequência dos preconceitos enraizados, não constituindo uma noção conceitual necessariamente filosófica ou científica.

Assim, para o barão, toda a Natureza exprime-se como um movimento ininterrupto e necessário da matéria:

> Da ação e da reação contínuas de todos os seres que a natureza contém, resulta uma sequência de causas e efeitos ou de movimentos guiados por leis constantes e invariáveis, apropriados a cada ser, necessários ou inerentes à sua natureza particular, que fazem que ele aja ou se mova de uma maneira sempre determinada (HOLBACH, 2010, p. 44).

---

84 Ele dedica uma parte do capítulo 5 do segundo tomo do *Sistema da Natureza*, intitulado *"Exame das provas da existência de Deus apresentadas por Descartes, Malebranche, Newton e etc."*, no qual ele procura refutar as teses deístas de uma divindade transcendente dadas por esses filósofos, alegando que a presença de um ser imaterial é discordante com os próprios sistemas deles. Após uma longa citação de Newton sobre a existência necessária de Deus, ele argumenta: "A existência necessária da divindade é precisamente a coisa em questão. É essa existência que ele deveria ter constatado por meio de provas tão claras e demonstrações tão fortes quanto a gravitação e a atração. Se a coisa tivesse sido possível, o gênio de Newton (sem dúvida) teria conseguido. Porém, ó homem! Tão grande e tão forte quanto vós sois geômetra, tão pequeno e tão frágil quando vos tornais teólogo [...] Porém, o grande Newton não tem mais coragem, ou se cega voluntariamente, a partir do momento que se trata de um preconceito que o hábito lhe faz considerar como sagrado" (HOLBACH, 2010, p. 583).

Quando se refere ao movimento, Holbach insiste que a matéria não é um ser passivo e inerte, mas, pelo contrário, é dotada de movimento e energia que a faz agir conforme seus atributos. O erro que os críticos do materialismo cometem é considerá-la uma substância homogênea com qualidades sensíveis diversas, enquanto que ela demonstra uma heterogeneidade de qualidades sensíveis que representa a diversidade dos elementos que a constituem, já que não podemos atribuir à matéria uma uniformidade. Ela não é algo único, mas uma variedade inumerável de moléculas que se combinam e se repelem de acordo com suas qualidades específicas. Diz Holbach que "é pelo movimento que tudo aquilo que existe se produz, se altera, cresce e se destrói. É ele que modifica o aspecto dos seres, que lhes acrescenta ou lhes retira algumas propriedades" (HOLBACH, 2010, p. 65). Portanto, o movimento não é o efeito de uma causa desconhecida, transcendente, como sugerira Rousseau e outros, tampouco um fenômeno psicológico, como queria Berkeley,[85] mas antes uma qualidade da matéria, que

85 O bispo irlandês escreveu uma obra, *De Motu* (1721) que busca refutar a física newtoniana, que concebe as noções de espaço e tempo tanto de forma absoluta, existentes por si mesmos, quanto de forma relativa, com relação aos corpos entre si. Para Berkeley, não se pode falar em noções absolutas sem cair num problema conceitual de ordem ontológica, já que seu sistema imaterialista defende que existem apenas espíritos que concebem ideias, de modo que, a rigor, toda a realidade objetiva seja uma consequência das ideias do espírito. Por isso, não existe um espaço absoluto onde os corpos estejam alocados, pois os próprios corpos, em si mesmos, não existem, pois são apenas ideias. Mesma coisa em relação ao tempo, que é apenas a percepção da passagem do corpo de um lugar para outro. Ele é a percepção psicológica do movimento dos corpos, e não uma linha cronológica independente. Logo, as únicas noções reais para Berkeley são a de um espaço e tempo relativos, de um corpo com relação a outro, que representa na verdade a percepção por um espírito do deslocamento da ideia de corpo de um lugar para outro: "nenhum movimento pode ser compreendido sem alguma determinação ou dire-

resulta de seus atributos particulares. Logo, ele não é efeito decorrente de uma causa exterior, mas é ele próprio causa eficiente, decorrente das partículas elementares da Natureza.

*

Comumente considera-se o movimento como o deslocamento de um corpo no espaço e no tempo – como sugerira o próprio Newton. Mas Holbach lhe atribui um caráter essencial, pois é devido a esse deslocamento que os corpos nos afetam e que somos então capazes de reconhecer suas propriedades e sua existência:

> É, portanto, o movimento contínuo, inerente à matéria, que altera e destrói todos os seres, que lhes arrebata a cada instante algumas das suas propriedades para substituí-las por outras: é ele que, cambiando assim suas essências atuais, modifica também suas ordens, suas direções, suas tendências, as leis que regulam as maneiras deles serem e agirem (HOLBACH, 2010, p. 71).

A Natureza é um conjunto de seres agindo uns sobre os outros e o movimento que percebemos é o resultado das relações de causa e efeito entre eles. Holbach define como *causa* aquilo que faz com que um corpo se mova, e o *efeito* como sendo a mudança nesse corpo. Como dito, conhecemos os corpos e suas propriedades pelas impressões que eles causam em nossa sensibilidade, pois nossas percepções são o resultado do efeito da mudança das propriedades dos corpos. Caso não houvesse movimento, não perceberíamos os corpos, tampouco suas propriedades, pois não seríamos afetados por eles. Na me-

---

ção, a qual, por sua vez, não pode ser compreendida a menos que, além do próprio corpo em movimento, nosso próprio corpo, ou algum outro corpo, também seja compreendido como existindo ao mesmo tempo" (BERKELEY, 2006, p. 131).

dida em que todos os corpos afetam os sentidos, infere-se que todos os corpos estão em movimento: "Conhecer um objeto é tê-lo sentido, senti-lo é ser afetado por ele. Ver é ser impressionado pelo órgão da visão; ouvir é ser afetado pelo órgão da audição etc. Enfim, de qualquer maneira que um corpo aja sobre nós, só temos conhecimento disso por alguma modificação produzida por ele" (HOLBACH, 2010, p. 44). Disso surge a contradição na existência de um mundo eterno e não sujeito à corrupção. Nele não haveria movimento, sendo impossível concebê-lo em analogia ao mundo físico, de modo que ele seja análogo apenas ao nada, ou ao não-ser.

Devido à limitação da faculdade sensível, não é possível identificar todos os movimentos existentes, pois apenas se percebe os corpos e consequentemente seus movimentos em bloco. Assim como o faz Diderot, Holbach distingue o movimento em dois tipos, sendo um o movimento em bloco e outro o movimento interno ou oculto:[86] este que ele denomina em bloco, é a mudança de um corpo no espaço, movimento externo e perceptível pelos sentidos; e o outro que ele denomina interno ou oculto, é a reação das moléculas, resultante do deslocamento da energia interna, sendo assim um movimento imperceptível pelos sentidos. Esses movimentos internos só são percebidos ao causarem uma alteração e um movimento em bloco, ou seja, só percebemos o movimento interno pelo efeito decorrente no corpo. Contrapondo-se a Rousseau, Holbach diz não haver distinção entre movimento comunicado e movimento espontâneo. Para ele, todo mo-

86 Cf. CHARBONNAT, 2007, p. 355. "Tudo está em repouso relativo em navio batido pela tempestade. Nada está aí em repouso absoluto, nem mesmo as moléculas agregativas. Nem do navio nem dos corpos que ele encerra" (DIDEROT, 2000a, p. 248). É possível ver uma definição precisa da concepção de movimento na filosofia de Diderot ao conferir o texto *Princípios filosóficos sobre a matéria e o movimento* (Cf. DIDEROT, 2000a, p. 247-255).

vimento é *adquirido*, na medida em que os corpos agem uns sobre os outros, não havendo de nenhum modo um corpo que seja causa do próprio movimento.[87] O barão ainda sugere diversos modos de movimento, como a distinção entre movimento *simples* – aquele que possui uma causa única; e movimento *composto* – decorrente de diversas causas distintas, sem, porém, considerá-los em separado. Essa distinção tem apenas uma função pedagógica, que ele procura usar para facilitar a exposição de seu sistema.

> Nossos sentidos nos mostram geralmente dois tipos de movimentos nos seres que nos cercam. Um é um movimento em bloco, pelo qual um corpo inteiro é transferido de um lugar para outro. O movimento desse gênero é perceptível para nós. É assim que vemos uma pedra cair, uma bola rolar, um braço se mover ou mudar de posição. O outro é um movimento interno ou oculto, que depende da energia própria de um corpo, ou seja, da essência, da combinação, da ação e da reação das moléculas imperceptíveis de matéria pelas quais esse corpo é composto. Tal movimento nunca se mostra para nós; só o conhecemos pelas modificações que observamos ao fim de algum tempo sobre os corpos ou sobre as misturas. Desse gênero são os movimentos ocultos que a fermentação provoca nas moléculas da farinha que, de esparsas e separadas que eram, se tornam ligadas e formam uma massa total a que chamamos de pão. Tais são também os movimentos imperceptíveis pelos quais vemos uma planta ou um animal crescer, se fortalecer, se alterar, adquirir qualidades novas, sem que nossos olhos tenham sido capazes de seguir os movimentos progressivos das causas que produziram esses efeitos (HOLBACH, 2010, p. 45).

---

87 Trataremos no capítulo III a respeito da vontade e da liberdade, compreendendo melhor esta perspectiva do materialismo de Holbach.

O movimento está relacionado diretamente à essência do corpo e dos seus atributos particulares. Alguns movimentos internos dos seres são invariáveis e só se alteram na medida em que a organização do ser também se altere. Quanto à transmissão do movimento, ela também está estritamente relacionada diretamente à organização dos corpos, pois o movimento sempre se dá pelas relações de semelhança, conformidade e analogia entre eles. Vemos a oposição contundente a Rousseau quando ele diz que não há corpo que esteja em repouso absoluto na Natureza, pois todo corpo, mesmo o inanimado, está em movimento devido a forças como a gravidade e a resistência (força de inércia).[88] Conforme a física newtoniana, Holbach observa que uns corpos aparentemente em repouso, ou em inércia, estão em movimento na medida em que agem sobre outros corpos, como uma pedra em relação ao planeta:

> Não pode existir nos corpos ação sem reação. Um corpo que é submetido a um impulso, uma atração ou uma pressão qualquer, aos quais ele resiste, nos mostra que ele reage por meio dessa própria resistência, de onde se deduz que existe, nesse caso, uma força oculta (*vis inertiae*) que se manifesta contra uma outra força – o que prova claramente que essa força de inércia é capaz de agir e reage efetivamente (HOLBACH, 2010, p. 49).

88 "Tudo está em movimento no universo. A essência da natureza é agir e, se nós considerarmos atentamente as suas partes, veremos que não existe nela uma única que desfrute de um repouso absoluto. Aquelas que nos parecem privadas de movimento estão, de fato, apenas em um repouso relativo ou aparente; elas experimentam um movimento tão imperceptível e tão pouco marcado que não podemos perceber suas mudanças" (HOLBACH, 2010, p. 48).

Mesmo a força interna de um corpo, ao resistir a uma pressão ou impulso externo, demonstra que esse corpo possui uma energia interna que age contra aquele que se opõe a ele. A conclusão dessas observações é que existe uma ação e reação contínuas nos corpos, tanto interna quanto externamente, de modo que todo corpo receba impulsos de outros corpos, seja em sua superfície, seja internamente. A ação e a reação podem acontecer, portanto, externamente, como no caso de um corpo empurrando outro, ou internamente, como é o caso do calor que dilata um metal. O que acontece é que percebemos apenas as modificações que ocorrem externamente, e em corpos que nos afetam diretamente. Quanto aos movimentos imperceptíveis, por eles ocorrerem sem o nosso conhecimento imediato, acreditamos que eles não ocorram ou que eles possuam uma causa desconhecida, imaterial ou sobrenatural. Eis aí, segundo Holbach, a fonte dos preconceitos em relação à matéria, para conceberem-na inerte e passiva, ou seja, destituída de suas características genuínas.

Assim sendo, não existe movimento isolado, pois qualquer movimento de um corpo está relacionado diretamente ao movimento geral da Natureza, não havendo movimento independente de nenhuma espécie. Qualquer movimento de um ser depende da ação dos corpos que o circundam ou do movimento interno que o impele a agir. Caso a matéria fosse realmente homogênea, não seria possível haver movimento, pois toda a matéria seria um único composto, sem modificações e variações. Pela observação e pela experiência, vê-se "que tudo na natureza está em movimento contínuo; que não existe nenhuma de suas partes que esteja em um verdadeiro repouso. Enfim, que a natureza é um todo atuante, que deixaria de ser natureza se não atuasse e na qual, sem movimento, nada poderia se produzir, nada poderia se conservar, nada poderia agir" (HOLBACH, 2010, p. 51). Não podemos conceber a Natureza sem concebermos juntamente a ideia de matéria e de movimento, pois este é o resultado da energia própria daquela ao combinar seus diversos elementos e formar a variedade dos seres que existem: "a ideia de natureza contém necessariamente a ideia de movimento" (HOLBACH, 2010, p. 51). O filósofo iluminista critica severamente aqueles que atribuíram aos corpos a incapacidade de se mover de forma autônoma, acreditando ser a matéria destituída de forças e qualidades próprias. Para eles, sendo a matéria inerte, seu movimento teria por causa um agente externo e imaterial; isto quer dizer que "eles não pararam de supor causas quiméricas (...). Se tivessem observado a natureza sem preconceito, teriam há muito tempo se convencido de que a matéria age pelas suas próprias forças e não tem necessidade de nenhum impulso externo para ser posta em movimento" (HOLBACH, 2010, p. 52).

Para exemplificar a capacidade da matéria em agir espontaneamente, sem precisar da ação de um ser sobrenatural e transcendente, ele cita a combustão dos corpos.[89] Separados, os elementos inflamáveis permanecem eles mesmos, porém, ao juntá-los, é possível observar que eles entram em intensa atividade, inflamam-se e transformam-se, atingindo inclusive outros corpos. Ele também usa como exemplo os experimentos de Needham com relação à geração espontânea:[90] "Umedecendo a farinha com água e guardando essa

89 "Misturando limalha de ferro, enxofre e água, essas matérias, postas assim em condições de agirem umas sobre as outras, se aquecem pouco a pouco e terminam por produzir um incêndio" (HOLBACH, 2010, p. 54).

90 A respeito da teoria de Needham, Maria das Graças de Souza esclarece "Para destruir os germes que porventura estivessem presentes nos líquidos, [ele] conta que aqueceu os tubos e deixou as infusões seladas por vários dias. Ao abri-las, viu que 'pululavam de vida', com animais de diversos tamanhos e espontâneos em seus movimentos. A partir daí, formulou a hipótese da existência de uma 'força vegetativa' da matéria, capaz de animá-la sob certas condições, ou de uma vitalidade da matéria que pode estar inativa e ser reativada. Julgou assim poder estabelecer duas verdades gerais: a primeira, 'que existe uma força produtora na natureza', e a segunda, 'que todo corpo organizado, desde o mais simples até o mais complexo, é formado por vegetação'" (SOUZA, 2002, p. 70). A teoria de Needham demonstrou-se equivocada posteriormente.

mistura, descobre-se depois de algum tempo, com a ajuda do microscópio, que ela produziu alguns seres organizados que desfrutam de uma vida da qual se acreditaria que a farinha e a água eram incapazes" (HOLBACH, 2010, p. 54). É notável também como os filósofos físicos da Antiguidade estão presentes no desenvolvimento do seu materialismo. Além de Heráclito, como já aludimos, ele também se refere a Empédocles, pois sugere que os quatro elementos – fogo, ar, água, terra, só que em escala molecular –, eram os elementos mais voláteis e essenciais da Natureza. Eles seriam os responsáveis pelos fenômenos naturais mais intensos e extraordinários, desde um trovão até uma explosão de pólvora.[91] Para o materialista, esses elementos seriam os princípios básicos da combinação da matéria. O fogo funcionaria como um princípio de atividade, a terra como de solidez, a água como de combinação, e o ar como um fluido de movimentação. Os sentidos não são capazes de atingir as propriedades essenciais desses elementos, mas os percebem em ação com outros corpos; pois "seus movimentos nascem sem interrupção uns dos outros; eles são alternadamente causas e efeitos" (HOLBACH, 2010, p. 61).

---

91 "É possível, sobretudo, observar a geração do movimento ou seu desenvolvimento, assim como a energia da matéria, em todas as combinações onde o fogo, o ar e a água se encontram juntos. Esses elementos, ou, antes, *esses mistos*, que são os *mais voláteis* e os mais fugidios dos seres, são, todavia, nas mãos da natureza, os *principais agentes* dos quais ela se serve para operar seus fenômenos mais impressionantes. É a eles que se devem os efeitos do trovão, as erupções dos vulcões e os tremores de terra" (HOLBACH, 2010, p. 54, grifo nosso). Há de se considerar que em sua época a química era então uma ciência nova, recém desvinculada da alquimia, e em desenvolvimento. Como vimos, algumas de suas contribuições à *Enciclopédia* foram justamente artigos sobre química. Suas observações, assim, são bem fundamentadas, apesar dos erros que a ciência, mais bem desenvolvida posteriormente, irá corrigir.

*

É preciso notar, também, que os seres vivos possuem uma tendência em comum, que é a conservação de sua existência. Por um impulso natural ao nascer, eles tendem a desenvolver-se, fortalecendo sua máquina através da assimilação de elementos condizentes ao seu ser, e repelindo aqueles que possam vir a destruí-lo, pois "conservar-se é dar e receber movimentos dos quais resulta a manutenção da existência, é atrair as matérias apropriadas para corroborar o seu ser e afastar aquelas que podem enfraquecê-lo ou danificá-lo" (HOLBACH, 2010, p. 81). Essa tendência a se conservar também está presente nos seres inanimados, que tendem a agir sobre si mesmos devido à força de inércia. Todo corpo que não age diretamente pelas suas faculdades tende a permanecer em inércia.[92] Por outro lado, na medida em que os seres animados são impelidos pela Natureza a agir pela sua conservação, Holbach afirma um determinismo e a necessidade inerente à organização dos seres, e consequentemente, ao movimento de toda a Natureza. Isso se deve à relação de causa e efeito que constitui os fenômenos. Uma vez que toda causa produz um efeito, e que todo movimento é decorrente da organização de um corpo ou de um ser, esse movimento deve estar necessariamente de acordo com as qualidades da organização deste corpo/ser. Necessidade é a ligação *apodítica* das causas com seus respectivos efeitos, ou seja, é por necessidade que todos os seres devem agir de acordo com sua fisiologia. Já observamos que a Natureza se constitui de uma grande cadeia de causas e efeitos, não havendo nenhum ser que esteja desvinculado dessa relação cau-

92 Cabe observar, como já fizemos, que mesmo um corpo em estado de inércia está em movimento em relação ao planeta e a outros corpos que por ventura possam estar agindo sobre ele. Para Holbach, não existe repouso absoluto, mas uma pedra, ou um minério, não possuem uma organização que os torne capaz de mover-se por deslocamento através de seu próprio impulso.

sal. Essas ligações de causalidade, por sua vez, geram as mudanças, agregações e dissoluções necessárias à manutenção de todo o conjunto de seres, e todos eles estão submetidos às essas mesmas leis:

> tudo age sem descanso de acordo com leis constantes e imutáveis (...). A natureza é um todo agente ou vivente do qual todas as partes colaboram necessária e inconscientemente para manter a ação, a existência e a vida: a natureza existe e age necessariamente, e tudo aquilo que ela contém conspira necessariamente para a perpetuação de seu ser agente (HOLBACH, 2010, p. 87).

A necessidade, que caracteriza seu materialismo como determinismo ou fatalismo, decorre do encadeamento inexorável da ação das partículas de matéria que constituem os corpos naturais, e é o resultado da atividade de cada corpo de acordo com as causas que agem sobre ele e dos efeitos que delas provêm. Esses fenômenos demonstram como a matéria é diversificada, consequência das propriedades de seus elementos e das inúmeras combinações possíveis entre eles. A exigência de um ser sobrenatural só se faz quando se considera a matéria sem vida, inerte, homogênea, passiva. Contudo, na medida em que se confere a ela o movimento, tomando-a por um composto ativo, dotado de energia própria, não é preciso recorrer ao imaginário e ao sobrenatural para entender o seu movimento como constante e necessário.

A ordem e a necessidade na Natureza

É evidente como Holbach assegura uma relação entre o movimento de um corpo e sua essência. Como os elementos que o constituem são variados, seus movimentos consequentemente são também variados. Porém, ele elenca alguns deles que são comuns a todos os corpos, como os movimentos de atração e de repulsão. Na medida em que todos os corpos na Natureza relacionam-se uns aos outros, as relações de causa e efeito entre eles são prodigiosas, sendo impossível ao espírito humano captá-las todas e apreender o mecanismo da Natureza em sua totalidade. Embora, com o desenvolvimento das ciências, o conhecimento desses mecanismos torne-se mais profundo, aperfeiçoando-se, e suas causas mais ocultas se desvelem, tornando a compreensão de suas leis de movimento mais claras, isso possibilita aos homens uma ciência cada vez maior sobre esses mecanismos, apesar de suas malhas de complexidade serem infinitas. Todavia, não se pode deixar de ter em vista que, uma vez que Holbach afirma que a Natureza não visa a felicidade do homem, sendo-lhe indiferente, seu movimento segue ininterruptamente, independentemente das implicações que possa ocasionar. Essa observação merece uma análise especial no que concerne às consequências éticas e morais, o que veremos mais detalhadamente a seguir.

Primeiramente, esclareçamos algumas ideias presentes no pensamento de Holbach. Ele versa sobre a necessidade de a razão humana investigar e conhecer os mecanismos das leis naturais: "Os homens nunca ficam surpresos com os efeitos dos quais eles conhecem as causas. Acreditam conhecer essas causas a partir do momento em que as veem agir de uma maneira uniforme e imediata, ou desde que os movimentos que elas produzem sejam mais simples" (HOLBACH, 2010, p. 73). Para ele, o alimento da religião, a superstição, decorre justamente da ignorância dos fenômenos naturais. Ele cita como exemplo o trovão, que para o físico é o efeito da eletricidade presente na atmosfera, enquanto que para o supersticioso, ele seja o efeito da cólera de um deus.[93] Logo mais adiante, trataremos dessa questão da superstição no

93 "O trovão, do qual o vulgo ignora a verdadeira causa, é considerado por ele como o instrumento da vingança celeste. O físico o considera como um efeito natural da matéria elétrica que, no entanto, é ela própria uma causa que o homem está bem distante de conhecer perfeitamente" (HOLBACH, 2010, p. 74).

que se refere à felicidade do homem, quando ela interfere no seu conhecimento da Natureza. Por ora, cumpre investigarmos essa relação entre o movimento da Natureza e sua regularidade, ou seja, a compreensão da organização da matéria de acordo com leis e mecanismos constantes, para compreendermos melhor como Holbach elabora as ideias de ordem e necessidade que estão abrangidas em sua ideia de Natureza. Em seguida, veremos porque esses mecanismos precisam ser investigados e conhecidos da melhor maneira possível, tendo em vista as implicações que a superstição acarreta para essa ciência da Natureza e, por conseguinte, para a felicidade do homem.

Como vimos, Rousseau elaborou uma crítica à tese da organização *necessária* da matéria que compõe a Natureza. Ele ainda provocou os autores materialistas com o seguinte questionamento:

> Se me viessem dizer que alguns caracteres de imprensa lançados ao acaso formaram a Eneida pronta, não me dignaria a dar um passo para ir verificar a mentira. Esqueceis, dirão, a quantidade de lances. Mas quantos desses lances é preciso que eu suponha para tornar verossímil a combinação? (ROUSSEAU, 2009, p. 388).

Ora, pergunta-se Rousseau, se a Natureza se constitui de um conjunto de corpos aglomerados fortuitamente, como explicar sua regularidade? Em outras palavras, como pode o acaso ser o provedor de uma Natureza organizada, regida por leis constantes e invariáveis? Com essa questão, o filósofo genebrino afirma ironicamente a necessidade de um ser transcendente, dotado de vontade e inteligência, que imprime movimento e ordem no universo. Entretanto, poderíamos nos perguntar se o materialismo de Holbach não nos apresenta os pressupostos necessários para desfazer críticas dessa natureza, quando ele recusa a ideia de aleatoriedade dos movimentos da matéria e afirma uma causalidade *necessária*. Ele próprio, poderíamos supor, dá sua resposta a Rousseau:

> Há, portanto, puerilidade ou má-fé em propor que se faça à força lances de dados, ou que se misture letras ao acaso, o que não pode ser feito senão com a ajuda de um cérebro organizado e modificado de uma certa maneira. O embrião humano não se desenvolve ao acaso: ele só pode ser concebido ou formado no ventre de uma mulher. Um amontoado confuso de caracteres ou de figuras não passa de um conjunto de signos destinados a representar ideias. Porém, para que essas ideias possam ser representadas, é preciso previamente que elas tenham sido recebidas, combinadas, nutridas, desenvolvidas e ligadas na cabeça de um poeta, onde as circunstâncias as fazem frutificar e amadurecer, em razão da fecundidade, do calor e da energia do solo no qual esses embriões intelectuais terão sido lançados (HOLBACH, 2010, p. 598).

No materialismo de Holbach, como afirma Charbonnat, não há aleatoriedade no movimento das partículas elementares da matéria: "mesmo em escala atômica, os movimentos das partículas são regidos por leis. Os átomos não se encontram fortuitamente, mas em razão de necessidades próprias às combinações que eles formam" (CHARBONNAT, 2007, p. 356). Já Paul Vernière diz que "todas as leis da natureza derivam e exprimem uma ordem necessária onde não tem parte nem uma inteligência nem o acaso. Mas esta matéria, em certas condições de organização, pode se revelar sensível e ascender ao que nós chamamos a vida e o pensamento" (VERNIÈRE, 1954, p. 638). Holbach nega contundentemente a noção de movimento aleatório, ou mesmo de acaso, afirmando categoricamente a regularidade e a constância nas leis de movimento da matéria.

Vejamos como ele trata da questão da ordem natural, para em seguida vermos como ele nega a noção de acaso e aleatoriedade do movimento atômico. Mas antes, é importante observar, tendo em vista a crítica de Rousseau, que ele sugere ser a crença no sobrenatural um desvio da razão, que recorre à imaginação para suprir um conhecimento que ela não pôde conceber:

> Se os homens tivessem a coragem de remontar à fonte das opiniões mais profundamente gravadas em seu cérebro e se dessem uma conta exata das razões que os fazem respeitá-las como sagradas; se eles examinassem, com sangue-frio, os motivos das suas esperanças e dos seus temores, descobririam que muitas vezes os objetos ou as ideias com o poder de afetá-los mais fortemente não têm nenhuma realidade, não passando de palavras vazias de sentido, de fantasmas criados pela ignorância e modificados por uma imaginação doente (HOLBACH, 2010, p. 429).

Quando se conhece uma causa, considera-se seu efeito natural; contudo, ao não compreender um fenômeno, a inquietação e a curiosidade perturbam o espírito, que pode dispensar-se da razão e da experiência e aceitar os devaneios da imaginação. Isso acontece mais facilmente quando esse fenômeno pode afetar a existência humana de alguma maneira. Por exemplo, por muito tempo, fenômenos como trovões, estiagens e enchentes foram considerados efeitos da ação colérica ou punitiva dos deuses:

> Na falta de nossos sentidos, que muitas vezes nada podem nos ensinar sobre as causas e os efeitos que pesquisamos com mais ardor ou que mais nos interessam, temos de recorrer à nossa imaginação, que, perturbada pelo temor, se torna um guia suspeito e cria para nós quimeras ou causas fictícias às quais ela atribui os fenômenos que nos alarmam (HOLBACH, 2010, p. 75).

No entanto, conforme a ciência desenvolveu-se, esses fenômenos passaram a ser compreendidos pelo entendimento humano, e não foram mais causa de temores e angústias. Inclusive, o conhecimento das causas desses fenômenos servira antes para prevenir eventuais danos à sociedade, permitindo aos homens prepararem-se para suportá-los, ou até mesmo evitá-los o quanto fosse possível. De todo modo, já que na Natureza só podem existir fenômenos naturais, recorrer a um ser sobrenatural para explicar aqueles que se desconhece a causa seria persistir na ignorância e estagnar no erro:

> No entanto, na natureza só podem existir causas e efeitos naturais. Todos os movimentos que nela são provocados seguem leis constantes e necessárias. As leis das operações naturais que estamos com condições de julgar ou de conhecer são suficientes para nos fazer descobrir aquelas que se furtam a nossa visão (HOLBACH, 2010, p. 75).

O recurso à divindade possui assim duas causas inerentes. A ignorância da causalidade natural e o medo do devir. O medo é visto como fruto da ignorância, uma vez que os poderes invisíveis são inventados para tornar suportável a insensatez dos homens que estão aprisionados pela lógica de sua própria imaginação. "A devoção deve colocá-los ao abrigo dos males da vida, cujas causas reais lhes escapam", diz Charbonnat, de modo que "a ignorância e o medo não são senão um mesmo sentimento, na medida em que o homem está submetido às violências da Natureza. O recurso aos poderes invisíveis, que ele acredita poder irritar ou satisfazer, é somente uma consolação para evitar soçobrar-se na loucura" (CHARBONNAT, 2007, p. 349).

Contudo, encontra-se neste ponto uma dificuldade, como observa Jean-Claude Bourdin. Ao se constatar que o homem é um ser dotado de razão, ou de bom senso, podemos nos perguntar como ele pôde ter se deixado seduzir por ideias irracionais ou ilógicas que são contrárias aos seus impulsos mais naturais, ou seja, como ele pôde deixar-se enganar por princípios falsos e se deixar envolver nas malhas do pensamento teológico, que lhe oprime e contraria sua natureza, seu bem-estar e amor de si? Nesse ponto, acreditamos que Holbach siga a mesma linha de raciocínio de Lucrécio,[94] que considera que o medo e a ignorância dos homens primitivos, alimentados pela impostura de sacerdotes e tiranos,[95] mergulharam a sociedade no erro

---

94 Paul Nizan diz que a filosofia de Lucrécio, antes de ser uma atualização do pensamento epicurista, caracteriza-se pela sua visão política, ausente no pensador grego: "Lucrécio é nisto diferente de Epicuro. O filósofo do Jardim considerava-se 'um homem a mais' e a sua separação social era absoluta. Mas Lucrécio é um pensador cuja doutrina está ligada a uma política positiva. Tudo se passa como se a sua relação com Epicuro fosse dupla, como se Lucrécio, o homem ansioso, encontrasse na sabedoria epicurista uma ajuda pessoal contra a angústia, e como se, ao mesmo tempo, Lucrécio, o cavaleiro, encontrasse na teoria epicurista da natureza uma arma contra os valores 'nobres' e sobretudo contra a religião. Varrão, contemporâneo de Lucrécio, nota que a religião romana é uma empresa de Estado: assim, o ataque de Lucrécio contra os deuses é um ataque político, e não há nenhuma razão para considerá-lo um escritor indiferente às energias da cidade" (NIZAN, 1977, p. 46). Vemos a seguinte passagem em *Da Natureza das Coisas*, no livro VI: "aplacado o seu furor, e tudo o mais que os mortais veem acontecer na terra e no céu, quando frequentemente ficam em suspenso, com mentes temerosas, e perdem o ânimo por medo aos deuses, e são prostrados em terra, porque a ignorância das causas força a atribuir aos deuses o império sobre a Natureza e a conceder-lhes grande poder [Não são de modo algum capazes de perceber as causas destes fenômenos e pensam que ocorram por vontade divina]" (LUCRÉCIO, 2015, VI, v.50, p. 50). Em outro momento, ele diz: "A este propósito, pelo contrário, aquela religião deu mais vezes origem a actos criminosos e ímpios" (LUCRÉCIO, 2015, I, v.82, p. 23).

95 "Sabe-se, o fantástico reside, para Holbach, na retomada do tema da impostura sacerdotal, na mentira dos padres, aliados aos tiranos" (BOURDIN, 2006, p. 346).

que se cristalizou em verdade, como ele próprio diz em *La Contagion Sacrée* e em *Le Bon Sens*:

> A ignorância e a crença são as duas fontes fecundas dos desvarios do gênero humano. Não é então surpreendente que as divindades infantis no seio das inquietudes e dos infortúnios, tornem-se mais hediondas ainda pela impostura e a política, tendo levado os homens pouco a pouco aos mais horríveis delírios (HOLBACH, 2006, p. 21);
> A ignorância e o medo, estes são os dois pivôs de toda religião. A incerteza na qual o homem se encontra em relação a seu Deus é precisamente o motivo que o liga à sua religião. O homem tem medo das trevas tanto no físico quanto no moral. Seu medo torna-se habitual nele e se transforma em necessidade; ele acreditaria que lhe falta alguma coisa, se ele não tivesse nada para temer (HOLBACH, *Le Bon Sens*, §10, p. 18).

Charbonnat diz que, na perspectiva de Holbach, o supersticioso considera qualidades fictícias para explicar o mundo, e acaba criando um descompasso entre o ser e o pensamento,[96] isto é, ele pauta a ciência em princípios imaginativos e, a rigor, falsos, que não condizem com o movimento da Natureza e suas leis. A realidade, desse modo, é explicada tendo por suporte a imaginação, de maneira que é preciso combater a superstição para se compreender as causas naturais – leia-se materiais – dos fenômenos e, se possível e necessário, prevenir seus efeitos. Aos olhos do filósofo materialista, uma divindade só pode ser um subterfúgio desnecessário e até mesmo perigoso, pois pode preju-

96 "O supersticioso instaura um completo descompasso entre o ser e o pensamento. Ele convoca qualidades fictícias para explicar o mundo; ele extravia os espíritos através de suas invenções" (CHARBONNAT, 2007, p. 349).

dicar a capacidade de se compreender esses fenômenos através de um conhecimento científico empírico, isto é, real e efetivo.

Assim, entramos na nebulosa questão da condição humana. Como salienta Bourdin, para Holbach o mal faz parte da Natureza, e a condição humana é marcada por uma fraqueza inerente:

> A necessidade é o primeiro dos males que o homem experimenta. No entanto, esse mal é necessário para a manutenção do seu ser, que ele não seria alertado para conservar se a desordem do seu corpo não o obrigasse a dar-lhe um remédio [...] São as nossas necessidades que nos forçam a pensar, a querer, a agir [...] De onde se vê que o mal é necessário ao homem; sem ele, o homem não poderia nem conhecer aquilo que lhe causa dano, nem evitá-lo, nem proporcionar a si mesmo o bem-estar (HOLBACH, 2010, 431).

Nossas faculdades não possibilitam conhecer a fundo a natureza das coisas, não servem para penetrar o seio dela e desvelar sua verdade, tampouco podem contentar nossa curiosidade. Elas possibilitam, antes de tudo, satisfazer nossas necessidades e tornar menos árdua nossa luta pela existência: "O materialismo exposto no *Sistema da Natureza* conduz indubitavelmente a um desencantamento do mundo" (BOURDIN, 2006, p. 254). Dizer a verdade é conformar-se ao que a experiência e a razão demonstram, que é a relação existente entre todos os seres, sem a necessidade de se recorrer a entidades que a razão e a experiência não conhecem e não comprovam. Essa posição materialista radical de Holbach preza "por uma forma de heroísmo ético fundado sobre a visão de um mundo sem significação, sem fim, onde reina uma natureza muda e surda" (BOURDIN, 2006, p. 253). Porém, o sistema do fatalismo não confunde, como é acusado pelos seus adversários, o bom e o mau, o vício e a virtude, a justiça e a injustiça, tampouco é um sistema que justifica a imoralidade ou legitima o caos social, como vimos Diderot defender em sua refutação a Hemsterhuis. Pelo contrário, ao invés de considerar as condutas dos homens como atos de uma vontade livre que desnaturaliza a liberdade e seu grau de responsabilidade, tornando-se causa de intermináveis disputas no campo político, ético ou mesmo jurídico,[97] "a doutrina da necessidade universal cura o espírito das paixões tristes como o ódio e o desprezo pelos homens, ou como a admiração ingênua" (BOURDIN, 2006, p. 336), e permite assim uma moral mais maleável, apesar de firme em seus princípios. Não podemos acusar Holbach de ser um niilista ou alguém que nega qualquer sentido ou significado para as coisas ou para a existência. Sua postura apresenta antes uma visão lúcida, apesar de dura, diante das incertezas reais às quais o homem está sujeito, pois apesar do progresso das ciências, ele jamais estará em condições de prever a totalidade das circunstâncias que o afetam, ou seja, jamais poderá prevenir-se de todo o mal decorrente de sua condição. Nesse sentido, Holbach não deve ser visto como um desencorajador da humanidade, mas, pelo contrário, sua filosofia mostra-se uma afirmação da plenitude humana diante de sua cruel condição:[98]

---

97 "Evitando em relacionar as condutas virtuosas ou viciosas a uma vontade supostamente livre, não somente interrompe-se o desenvolvimento filosófico que queria estabelecer especulativamente a liberdade e a responsabilidade, e desembaraça-se de uma multidão de falsos problemas e de disputas intermináveis, mas também se aplica às práticas jurídicas e políticas (punir, recompensar, etc.) uma interpretação mais justa, porque desprovida de todo pressuposto sobrenatural" (BOURDIN, 2006, p. 336).

98 "Ao tema niilista da maldade dos homens, ele prefere aquele das consequências necessárias. A uma moral da condenação e da culpabilidade, ele substitui uma ética da indulgência, da tolerância, da compaixão. O zelo pela felicidade da humanidade encontra aqui seu complemento ou seu prolongamento em uma disposição que não é dissonante das principais virtudes evangélicas" (BOURDIN, 2006, p. 336).

> Aquele que refletiu maduramente sobre si mesmo, sobre a sua própria natureza e sobre a dos seus associados, sobre as suas próprias necessidades e sobre os meios de satisfazê-las não pode se impedir de conhecer os deveres, de descobrir aquilo que deve a si mesmo e aquilo que deve aos outros: ele tem, portanto, uma moral. Ele tem motivos reais para se adequar a tal moral; ele é forçado a perceber que esses deveres são necessários (HOLBACH, 2010, p. 792).

Essa sabedoria resignada que orienta sua ética materialista esconde ao mesmo tempo uma dimensão trágica, porém não negativa, pois ela serve como remédio contra a desnaturação do homem e para a heteronomia produzidas pelos preconceitos religiosos e metafísicos.[99] Ela possibilita uma liberdade humana mais efetiva, na medida em que seja uma liberdade a favor de seu ser, e não em oposição a ele. Por outro lado, por seu caráter anticlerical e antirreligioso, esse aspecto do materialismo de Holbach - que apresenta um fatalismo que serve como fundamento moral, no qual a Natureza é apresentada como desprovida de uma causa principal e determinante, isto é, sem uma teleologia - pode passar despercebido. Vejamos, então, em maiores detalhes, como é construído seu materialismo a partir desses pressupostos e como ele pode servir de base para um sistema moral.

*

Considerando a Natureza como o resultado dos encontros das moléculas, em última instância, elas produzem os pensamentos, as vontades, as ações individuais e coletivas, e mesmo a História. Esse modo de considerá-la acarreta algumas implicações que Bourdin denominou, como vimos, desencantamento do mundo, quais sejam: 1.

99 Cf. BOURDIN, 2006, p. 349.

Os fenômenos naturais e os eventos humanos possuem a mesma lógica; assim, a conquista de Gêngis Khan e a explosão de uma mina terrestre não são estranhos entre si e decorrem de um mesmo princípio, a saber, a agitação e o choque de elementos diversos; 2. A Natureza é o resultado de um processo incessante de agregação, combinação e fermentação de moléculas; 3. Por essa razão, não é absurdo dizer que, a cada instante, nossa sorte pode influenciar ou ser influenciada, para o bem ou para o mal, pela sorte dos outros seres; 4. Por fim, nós próprios estamos assim sujeitos a uma indeterminação, uma incerteza e/ou uma inconstância.[100]

Sendo a Natureza surda e cega diante das suas produções, o homem não seria um ser privilegiado, como pretende a tradição, pois ela é inexorável e imparcial. Essa verdade, não obstante, acaba por conduzir os homens a uma busca de sentido transcendente ou a uma sublimação da existência, pois é comum vê-los fazerem isso ao procurar conforto num pensamento religioso. Pois a ignorância das causas de seus males, aliada à sua tendência natural de buscar sua felicidade e seu bem-estar, causam de certa forma uma desvalorização da vida, em dois sentidos complementares: de um lado, apresentando seu caráter absurdo, insignificante; e de outro requerendo uma ilusão ou um sentido maior que torne a vida suportável e significativa.[101]

Mas na perspectiva do barão, esta verdade dura deve ser considerada o ponto extremo ao qual o materialismo e o fatalismo conduzem, pois na medida em que o homem é levado a essa verdade, ele é

---

100 Cf. BOURDIN, 2006, p. 350.

101 "O desejo de consolação ocasiona a adoção de sistemas de pensamento absurdos e repletos de quimeras, o que não pode ser possível senão pela submissão da razão aos padres interessados por este vasto sistema de alienação. Desvalorização da vida, renúncia à autonomia da razão e à evidência da experiência traçam o quadro no qual a alienação humana religiosa fortalece a experiência da infelicidade e do medo da morte" (BOURDIN, 2006, p. 334).

obrigado a agir em conformidade com esses princípios. Contudo, não se trata de uma escolha, ou de um livre-arbítrio para aceitar ou não os princípios do materialismo. Os homens agem devido à necessidade de sua natureza, mas as ideias que eles concebem sobre a realidade podem fazer com que eles ajam de uma maneira ou de outra. Ao valer-se do uso da razão, o homem inevitavelmente é levado a conceber a Natureza como indiferente à sua própria existência, pois ele admite sua insignificância frente a tudo o que existe. A ideia elementar é que deve haver uma conformidade entre o mundo natural e as ideias sobre a realidade; quando elas não convergem, a imaginação concebe ideias fantásticas que acabam orientando os homens numa direção contrária à sua própria essência, oposta ao seu *bom senso* natural.

Assim, para Holbach,

> O ateu ou o fatalista fundamenta todo o seu sistema na necessidade. Assim, suas especulações morais, fundamentadas na necessidade das coisas, são ao menos bem mais fixas e mais invariáveis do que aquelas que se apoiam apenas sobre um deus que muda de aspecto segundo as disposições e as paixões de todos aqueles que o consideram. A natureza das coisas e suas leis imutáveis não estão sujeitas a variar (HOLBACH, 2010, p. 792).

Isto significa dizer que cabe ao homem, através das faculdades que possui, encontrar seu lugar na Natureza e equilibrar-se com esse seu movimento ininterrupto e cego. É necessário que ele possua a capacidade de enfrentar e suportar as intempéries e os infortúnios que o destino se lhe apresenta, sem, contudo, deixar-se transformar em um ser insensível ou isento de paixões e desejos – que são seus motores para a sua conservação e felicidade. Ou seja, ele não se transforma num autômato, pelo contrário, ele adquire uma postura diferente diante da existência: "O homem de bem não é de forma alguma um estoico insensível; a virtude não proporciona a impassibilidade" (HOLBACH, 2010, p. 379). Para não tornar sua existência insossa, é preciso que ele conserve sua atividade e se mantenha constantemente trabalhando em seu objetivo, que é seu bem-estar. Ao mesmo tempo em que se aproxima da física estoica, influenciado, como vimos, pelo panteísmo – pois não nega a força cega e indiferente da Natureza e do destino a partir da ideia de uma Natureza compacta e rígida em seu curso –, Holbach procura manter-se devidamente distante dela, procurando permanecer, no terreno da ética, mais próximo da filosofia do Jardim.[102] Isto é, sejam as forças da Natureza, seja o tempo,

102 De acordo com Markus F. da Silva, "as noções de acaso (*týche*) e necessidade (*anánke*) são compatibilizadas por Epicuro em sua visão geral de *phýsis*. Nela alguns axiomas são apresentados como necessários, por exemplo: todos os átomos estão em constante movimento. Esta afirmação é axiomática por revelar o que necessariamente é intuído na análise dos modos de ser de *phýsis*. Em consequência disso, o constante movimento dos átomos supõe a declinação casuística de alguns átomos, pois só assim é possível explicar a diversidade dos corpos e as múltiplas configurações pelas quais eles passam no decorrer de suas existências individuais enquanto corpos. Visto de outro modo, a totalidade dos átomos e o vazio existentes permanecem os mesmos, ainda que ilimitados. Entretanto, quando analisados, os mundos e os demais corpos particularizados no interior do todo se mostram vulneráveis às mudanças e acabam por expressar, enquanto existências dessemelhantes, a atuação do acaso como elemento diferenciador" (SILVA, 2003, p. 35). Quanto a Holbach, ele nega o acaso, conquanto considera que o movimento das moléculas seja determinado por suas propriedades. Contudo, uma vez que, devido às limitações das capacidades humanas, não sejamos capazes de conceber todos os movimentos inerentes à marcha da Natureza, e, desse modo, não podermos desvendar toda a cadeia de causas e efeitos que a constituem, permanecemos em determinado grau de ignorância. Mas, se compararmos a ideia epicurista de acaso, veremos que esta se refere a uma imprevisibilidade do movimento dos átomos, o que não consiste, de forma apodítica, que seus movimentos sejam aleatórios. Ou seja, o que escapa à física de Epicuro, se comparada ao materialismo

o espaço, a matéria ou o movimento, nenhum deles, em si mesmos, devem ser considerados nem bons nem maus, mas antes efeitos da necessidade.[103] Reconduzido por essa verdade, o homem harmoniza-se com a Natureza [104] e não a concebe mais como algo hostil ou como mero instrumento; ele trabalha para aperfeiçoar sua compreensão, criando as condições necessárias e cabíveis que o possibilite tornar sua existência mais agradável e feliz, realizando, assim, seu ímpeto mais natural e sadio.

O materialismo do *Sistema da Natureza* apresenta assim uma ética que preconiza uma reconciliação com a fatalidade, com essa condição humana incerta, e que torna a especulação sobre problemas insolúveis algo inútil, já que o espírito humano não encontra motivos suficientes para edificar quimeras filosóficas e religiosas.[105] A preocupação por excelência da filosofia, nessa perspectiva, deve ne-

---

determinista de Holbach, é não considerar que o movimento dos átomos seja consequência de uma organização que esteja de acordo com leis constantes, derivadas das propriedades dos átomos, que os fazem mover-se determinadamente, e não aleatoriamente. Porém, como podemos notar, de acordo com Benjamin Farrington, Epicuro procura se afastar, por razões éticas, do atomismo de Demócrito, determinista, por ver aí a necessidade de preservar a liberdade e autonomia humanas. Sua recusa do determinismo, portanto, não é casual (Cf. FARRINGTON, 1968, p. 117-123).

103 "Da mesma forma que as forças da natureza, 'o tempo, o espaço, a matéria, o movimento não são nem bons nem maus', e mesmo as paixões, as forças que determinam o ser humano como tal, não são nem boas nem ruins, mas necessárias" (BOULAD-AYOUB, 2006, p. 264).

104 Esse tema da harmonia entre o homem e o movimento da Natureza é uma constante no pensamento do Barão. Notemos, por exemplo, a epígrafe de *A Moral Universal*, que é extraída da obra de Sêneca, *De Vita Beata* (*Da Vida Feliz*): "Porque é a natureza quem deve ser o nosso guia; é ela quem observa, é ela quem consulta a razão. Portanto, é uma mesma coisa viver feliz e viver segundo a natureza".

105 Cf. BOURDIN, 2006, p. 336.

cessariamente ser essa possibilidade de tornar a existência humana suportável, e em última instância, mais feliz. Podemos notar, conforme indica Bourdin, uma espécie de "relativo agnosticismo conduzido por uma moderação epistemológica", cujas descobertas se restringem à compreensão daquilo que engloba os mecanismos naturais.[106] O homem precisa desenvolver a ciência e, consequentemente, conhecer a Natureza, a fim de tornar sua existência mais tranquila, mais harmoniosa, encontrando seu lugar no todo ao qual pertença, e sem se preocupar com questões além ou aquém de sua existência terrena, suas necessidades e possibilidades de viver feliz. Nessa perspectiva, o sistema do fatalismo assegura uma verdade que tranquiliza o espírito humano, pois "o estado desejável da condição humana não é a inquietude do pensamento, mas o que ele chama *apatia feliz*" (BOURDIN, 2006, p. 338). Seu objetivo não é apenas destruir as doutrinas da eternidade da alma, da punição *post-mortem* e do livre-arbítrio, mas antes "afirmar e *assumir* com clareza e sem tristeza o fatalismo" (BOURDIN, 2006, p. 338, grifo nosso).

Isso posto, Holbach também confronta toda forma de fundamento e justificação para a existência humana:

> É a ideia de que o destino humano repousa sobre uma base material que lhe é totalmente inacessível e que se caracteriza por uma instabilidade e uma precariedade redobradas. Tudo nos homens é o efeito de causas insensíveis, em seus corpos, seus humores e, mais longínquo, nas moléculas sensíveis que os constituem, mas também de causas insensíveis constituídas das circunstâncias exteriores, feitas dos encontros improváveis e do que nós chamamos impropriamente de acaso e que não designa senão o emaranhamento das causas imperceptíveis (BOURDIN, 2006, p. 338).

---

106 Cf. BOURDIN, 2006, p. 337.

O barão convida a uma resignação, uma tranquilidade, em que se compreende que é necessário aceitar os "decretos da Natureza". Apesar dessa similitude com a doutrina estoica de aceitação do Destino,[107] em que este configura uma inexorabilidade diante do qual o homem está impotente, a *ataraxia* epicúrea nos parece mais próxima de compor o núcleo central da concepção ética de Holbach.[108] Contudo, se o mundo não possui em si mesmo nenhum sentido, não significa que o homem não tenha nada a fazer nele, ou que deva entregar-se às crenças

---

107 Olivier Bloch aproxima, numa perspectiva cosmológica e metafísica, o materialismo do século XVIII ao panteísmo estoico, e, mais particularmente, o de Holbach, por este assumir, "com orgulho", o caráter *fatalista* de seu sistema: "Do ponto de vista metafísico e cosmológico, insiste-se na unidade do mundo, considerado uma unidade material [...] também aqui o posicionamento é ao lado dos estoicos, e não dos epicuristas" (BLOCH, 1987, p. 74).

108 Vemos na *Carta a Meneceu*, de Epicuro, a seguinte ideia sobre o destino: "Nunca devemos nos esquecer de que o futuro não é nem totalmente nosso, nem totalmente não nosso, para não sermos obrigados a esperá-lo como se estivesse por vir com toda a certeza, nem nos desesperarmos como se não estivesse por vir jamais" (EPICURO, 2002, p. 33). Apesar de Epicuro, de certa maneira, procurar conservar em seu sistema a capacidade do homem de agir deliberadamente, de acordo com uma vontade livre, o que é negado por Holbach, o filósofo grego não nega a influência das paixões, e, consequentemente, a relação entre estas e os objetos, como podemos ver na seguinte passagem da referida carta: "É por essa razão que afirmamos que o prazer é o início e o fim de uma vida feliz. Com efeito, nós o identificamos como o bem primeiro e inerente ao ser humano, em razão dele praticamos toda escolha e toda recusa, e a ele chegamos escolhendo todo bem de acordo com a distinção entre prazer e dor" (EPICURO, 2002, p. 37). A rigor, a escolha não é livre, mas submetida ao princípio de prazer e bem-estar. Cabe à razão elaborar o juízo que determinará a ação. Isso, como veremos adiante, não destoa deveras do materialismo fatalista de Holbach (cf. Capítulo III, seção *O homem físico e o homem moral são uma mesma substância*).

e consolações filosóficas ou religiosas,[109] para desconectar-se do real e suportar a existência a partir de quaisquer princípios imaginativos. O real não é desalentador, mas antes um vórtice infinito de possibilidades. A necessidade do agir humano configura-se, assim, impreterível do ponto de vista materialista, pois ela é a condição de possibilidade de a existência humana ser gratificante. Aceitar os decretos da Natureza não significa não agir, mas compreender que a potência da ação humana é infinitamente limitada diante da potência das causas naturais. Inclusive, alerta Holbach, a superstição surge como uma forma do homem enfrentar justamente essa sua condição, conduzindo-o na direção oposta à que ele deve seguir se quiser agir em conformidade com a Natureza.

*

Voltando à questão proposta por Rousseau e ao modo como Holbach concebe a Natureza, podemos afirmar que ela é regida por regras constantes e invariáveis e essas regras são dedutíveis dos movimentos que observamos nos corpos, formando uma rede de leis simples e gerais que são facilmente perceptíveis, além de uma rede de leis complexas que resultam da concatenação de diversos movimentos – de causas variadas –, que tornam seu entendimento mais difícil, e às vezes, mesmo impossível, devido às limitações das capacidades humanas. Ora, caso os movimentos fossem todos simples, seriam facilmente discerníveis, porém, os seres também deveriam ser simples, e não haveria uma diversidade tão grande de seres e propriedades formando essa cadeia imensa que compõe a Natureza. Inclusive o homem, que possui diversas faculdades, logo, diversas qualidades e movimentos variados, não poderia existir nesse caso.

Para se compreender essas leis do movimento, é preciso primeiramente decompô-las e analisá-las, e apreender suas relações de

---

109 Cf. BOURDIN, 2006, p. 339.

causalidade. Como as matérias são variadas quanto à sua essência, cada uma delas possui uma maneira determinada de agir, ou seja, um movimento próprio. Como já visto, ele exemplifica isso através das qualidades de atração e repulsão,[110] de modo que aquelas que se unem possuem qualidades equivalentes, enquanto nas que se repelem as qualidades são opostas. Esses movimentos de atração e repulsão não são apenas físicos, mas são perceptíveis também no campo moral,[111] o que será analisado no próximo capítulo. Por ora, é observável que certos corpos se unem com maior ou menor facilidade, enquanto outros não podem se combinar, havendo ainda aqueles que se combinam através de um elemento intermediador. Os corpos que resultam dessas combinações possuem qualidades diversas, e suas proprieda-

110 Holbach reconhece em Empédocles, em uma nota do capítulo IV da primeira parte, a intuição dos conceitos newtonianos de atração e repulsão: "Empédocles dizia, segundo Diógenes Laércio, que 'havia uma espécie de amizade pela qual os elementos se uniam e uma espécie de discórdia pela qual eles se afastam'. De onde se vê que o sistema da atração é muito antigo. Porém, seria necessário um Newton para desenvolvê-lo. O amor, a quem os antigos atribuíram a ordenação do *caos*, parece ser apenas a atração personificada. Todas as alegorias e as fábulas dos antigos sobre o *caos* não indicam visivelmente senão o acordo e a união que são encontrados entre as substâncias análogas ou homogêneas dos quais resulta a existência do universo. Enquanto que a repulsa ou a discórdia, que os antigos chamavam de Éris, era a causa da dissolução, da confusão, da desordem. Eis aí, sem dúvida, a origem do dogma dos *dois princípios*" (HOLBACH, 2010, p. 78, nota 2).

111 Essa analogia entre os movimentos da matéria e as relações entre os homens também é perceptível na filosofia de Empédocles. De modo que é notável como o materialismo das Luzes deve, tanto aos filósofos pré-socráticos quanto às escolas helenísticas, muitos elementos conceituais que relacionam o universo físico ao universo moral, como podemos ver, com ênfase, na construção do materialismo de Holbach.

des variam de acordo com sua composição. Inclusive, é através dessas combinações que os corpos insensíveis adquirem sensibilidade.

Contudo, permanece a questão proposta por Rousseau. Como justificar essas leis constantes e essa regularidade notável no movimento dos corpos, se não há a ação de uma inteligência regulando esse conjunto? Holbach responde a esta questão defendendo que a ordem encontrada na Natureza decorre da percepção de uma regularidade de movimentos que o homem, pela imaginação, personifica. No entanto, essa ordem não é uma qualidade inerente à Natureza, mas um modo de identificar um propósito no seu movimento. Para ele, as ideias de ordem e desordem existem apenas como abstrações elaboradas pelo entendimento humano, de acordo com a apreensão dos fenômenos naturais convenientes à sua conservação. "A visão dos movimentos necessários, periódicos e regulares que ocorrem no universo fez nascer no espírito dos homens a ideia de *ordem*" (HOLBACH, 2010, p. 89). Charbonnat sugere que "as noções de ordem e de desordem não são verdadeiramente significativas. Elas decorrem da fraqueza da inteligência humana, que não percebe a necessidade reinante em todas as coisas" (CHARBONNAT, 2007, p. 356). A ordem é para o homem tudo aquilo que contribui para sua existência e o favorece, enquanto que desordem é tudo o que a ameaça e o prejudica: "Ele supôs que existiam realmente na natureza relações e conveniências, tais como aquelas que ele havia designado pelo nome de *ordem* – e, consequentemente, deu o nome de *desordem* a todas as relações que não lhe pareciam em conformidade com essas primeiras" (HOLBACH, 2010, p. 89). Ou seja, a regularidade presente na cadeia de causas e efeitos é decorrente da *necessidade*, que nada mais é do que o movimento incessante da matéria de acordo com as qualidades de seus elementos. Dessa necessidade, que promove a aparência de um movimento contínuo e regular, o homem extrai essa noção de ordem, pois ela é notável em diversos fenômenos naturais em escala macroscópica, como por exemplo, no movimento dos planetas ou nas estações do ano, mas também numa escala menor, através da regular geração e morte de seres como animais e plantas. A visão desses fenômenos faz com que ele atribua um sentido (*tèlos*) a eles, pois permitem que ele se oriente e aja na Natureza com maior facilidade. Porém, a rigor, a finalidade desses fenômenos não é inerente ao todo, mas aos seres em particular, que seguem sua tendência a conservar-se e reproduzir-se:[112]

> Aquilo que chamamos de *ordem na natureza* é uma maneira de ser ou uma disposição de suas partes rigorosamente *necessária*. Em qualquer outra reunião de causas, de efeitos, de forças ou de universos além daquela que nós vemos, em qualquer outro sistema de matérias que fosse possível, se estabeleceria necessariamente uma ordenação qualquer (HOLBACH, 2010, p. 91).

Do mesmo modo, quando essa regularidade que lhe é favorável é quebrada, e um fenômeno que deveria ocorrer, não ocorre, ou um que não deveria ocorrer, ocorre, ele acredita ter-se instalado uma desordem na Natureza, porque se vê prejudicado por ela. Porém, essa desordem é também o efeito da necessidade. Apesar de ela parecer mais incomum, ela é tão necessária e comum quanto os movimentos regulares, pois dá início a um novo ciclo de movimento e origem a uma nova ordem de causas e efeitos. Porém, como eles afetam a vida dos homens de forma nociva, como, por exemplo, um terremoto ou uma estiagem, que destroem suas construções ou afetam sua colheita, esses fenômenos, que são naturais, são tomados como a ação de seres sobrenaturais. Mas isso ocorre apenas porque modificam a regulari-

112 "No entanto, se quisermos aplicar a ideia da ordem à Natureza, essa ordem não será senão uma sequência de ações ou movimentos que julgamos conspirar para uma finalidade comum [...] A ordem, com relação à natureza por inteiro, é a cadeia das causas e dos efeitos necessários à sua existência ativa e à manutenção do seu conjunto eterno" (HOLBACH, 2010, p. 90).

dade que os homens acreditam ser soberana. Portanto, o que Holbach afirma categoricamente é que a Natureza age cegamente, e não busca beneficiar tampouco prejudicar a existência humana.

Nesse sentido, fenômenos sobrenaturais como milagres são considerados como fabulações, fantasias ou perturbações do espírito humano. De acordo com o barão: "a razão nos sugere que não deveríamos recorrer a uma causa sobrenatural ou situada fora da natureza antes de conhecer perfeitamente todas as causas naturais ou as forças que a natureza contém" (HOLBACH, 2010, p. 95, nota 5). Charbonnat diz que, segundo Holbach, milagres são fenômenos impossíveis, e que seu prodígio se deve a uma ignorância das causas reais, podendo ser também uma perturbação das faculdades intelectuais ou o fruto da impostura. Para ele, não seria possível a ocorrência desses fenômenos, pois para que um ínfimo milagre acontecesse, seria necessário interromper todo o concurso de causas e efeitos necessário no que ele denomina marcha da Natureza. Isto é, um milagre não pode ocorrer sem que todo o conjunto da Natureza seja afetado e seu movimento geral interrompido ou modificado. Nessa perspectiva, a ideia de acaso também se configura a partir desse mesmo mecanismo, pois, conquanto o acaso se configure um fenômeno resultante de uma causa desconhecida, ou um efeito do qual não seja possível atribuir nenhuma causa, associa-se a essa ideia uma arbitrariedade dentro da ordem regular da Natureza. Desse modo, tanto os conceitos de acaso como de milagre possuem ambos uma função em comum, que é de mascarar as lacunas do conhecimento empírico das relações de causa e efeito dos fenômenos da Natureza. Da mesma maneira, ambos são também o efeito da ignorância de um ponto em uma determinada cadeia de causalidade:[113]

113 "O filósofo considera então o acaso como uma palavra inventada, que não corresponde ao curso verificável da Natureza" (CHARBONNAT, 2007, p. 356).

> Aquilo que nós chamamos de prodígios, de maravilhas, de efeitos sobrenaturais, são fenômenos da natureza dos quais nossa ignorância não conhece os princípios nem a maneira de agir e que – na falta de conhecer as suas causas verdadeiras – atribuímos loucamente a causas fictícias que, assim como a ideia de ordem, só existem em nós mesmos, à medida que as colocamos fora de uma natureza para além da qual nada pode existir (HOLBACH, 2010, p. 94).

Porém, enquanto Rousseau critica o materialismo pelo seu caráter arbitrário e casual – a Natureza como resultado do encontro fortuito de moléculas –, Holbach defende justamente o oposto, dizendo não haver nela nenhum fenômeno acidental. O que ocorre é que, devido à ideia de ordem que se atribui à Natureza, ao não estabelecer uma conexão segura entre os fenômenos, acredita-se que um evento que é natural esteja desconectado de todo o movimento que se está habituado a observar. Isso é um equívoco, fruto da limitação cognitiva e epistemológica de toda a cadeia de movimentos em concurso na Natureza.

Holbach ainda acrescenta que, ao reconhecer uma ordem e regularidade na Natureza, atribui-se esse aspecto a uma inteligência que venha a governá-la – este é um dos argumentos críticos de Rousseau. No entanto, o filósofo francês adverte que "um ser *inteligente* é um ser que pensa, que quer, que age para alcançar um fim" (HOLBACH, 2010, p. 100). Como a Natureza não possui nenhuma finalidade ou objetivo para o qual ela seja impelida, seu movimento é necessário à sua essência, pois está de acordo com os seres que ela produziu e que agem conforme seus atributos. O que ocorre é que o homem identifica a inteligência que possui em si mesmo como um atributo da própria Natureza. Por não conhecer a totalidade dos atributos e propriedades da matéria, ele imagina haver uma inteligência governando-a, pois a matéria não passaria de elementos inertes. Porém, essa inteligência que ele supõe agir na Natureza tem a si próprio como modelo:

> O homem faz de si o centro do universo. É a si próprio que ele relaciona tudo aquilo que vê. A partir do momento em que acredita entrever uma maneira de agir que tem alguns pontos de conformidade com a sua, ou alguns fenômenos que o interessam, atribui-nos a uma causa que se parece com ele, que age como ele, que tem as suas mesmas faculdades, seus mesmos interesses, seus mesmos projetos, sua mesma tendência – em poucas palavras, ele faz de si o seu modelo (HOLBACH, 2010, p. 100).

Além disso, observando o quanto a Natureza produz obras magníficas e grandiosas, e mesmo aquelas que lhe são hostis, ele tem de considerar que essa inteligência é superior à sua própria. Desse modo, considerando a Natureza constituída de matéria inerte ou ao menos impotente, ele projeta suas próprias faculdades em um ser que é superior a ela, com o intuito de assim poder dominá-la. Esse recurso serve-lhe de segurança para sua existência, um consolo para que não se desespere com a inevitabilidade dos fenômenos hostis. Vê-se aqui, mais uma vez, constituir-se uma ideia embrionária de alienação.[114]

Crítica ao espiritualismo e ao deísmo

Essas noções de inteligência e ordem atribuídas aos fenômenos da Natureza são consequência dos preconceitos enraizados na filosofia, como as ideias de Primeiro Motor e alma/espírito, que são tomadas

114 "É verdade que o homem, sentindo-se incapaz de produzir os efeitos vastos e multiplicados que via se operarem no universo, foi forçado a colocar uma diferença entre ele e essa causa invisível que produzia tão grandes efeitos. Acreditou superar a dificuldade exagerando nela todas as faculdades que ele próprio possuía. Foi assim que, pouco a pouco, ele conseguiu formar uma ideia de causa inteligente que colocou acima da natureza para presidir a todos os seus movimentos, acreditando que ela fosse incapaz de fazer isso por si própria" (HOLBACH, 2010, p. 101).

como princípios imateriais e motores transcendentes do movimento da matéria. No capítulo VII da primeira parte, "Da Alma e do Sistema da Espiritualidade", nosso filósofo iluminista desfere várias críticas ao que seria uma substância plena de contradições e impossível de ser demonstrada senão por subterfúgios retóricos e sofismas metafísicos.[115] Primeiramente, ele a concebe como uma suposição gratuita, com atributos impossíveis de serem verificados pela experiência: simples, indivisível, inextensa, invisível, insensível. A substância espiritual é simplesmente a negação de tudo o que é possível conhecer pela experiência. Para Pascal Charbonnat, na perspectiva de Holbach, "o cristianismo edificou uma mitologia plena de contradições" (CHARBONNAT, 2007, p. 351). Já Franck Salaün defende que, para Holbach, a distinção entre alma e corpo é o fundamento que sustenta o sistema da espiritualidade, e a definição de alma, assim como a de Deus, não passa de uma contradição, pois repousa sobre aquilo que já denominamos como qualidades negativas.[116] Jean-Claude Bourdin, por sua vez, diz que, na perspectiva do barão, o que é incompreensível é incognoscível, e na medida em que as noções metafísicas da filosofia espiritualista preenchem superficialmente a lacuna do conhecimento, nossa curiosidade e nosso desejo de saber não deixam de inclinar-se a elas.[117]

O fato de podermos conceber intelectualmente essas noções abstratas não significa que se possa ter uma experiência inteligível (o que seria um paradoxo) delas, ou que elas sejam reais devido aos homens possui-las. Como nota-se na crítica de Hobbes que Holbach utiliza-se, pensar em infinito, inextenso, eterno é pensar em termos que não podem ser concebidos de maneira clara pela mente – que

115 Conferir a nota 2 do *Sistema da Natureza*, Parte 1, cap. VII: "Da *Suma Teológica* de São Tomás de Aquino: 'Denominaremos ser de razão [...] aquilo que não tem realidade senão no espírito, sem fundamento na realidade [...]'" (HOLBACH, 2010, p. 128).

116 Cf. SALAÜN, 2006, p. 313.

117 Cf. BOURDIN, 2006, p. 343.

só é capaz de conceber ideias através das sensações ou em analogia a elas –, de modo que estas palavras são vazias de significado, pois não há, nelas, um só objeto que possua uma correspondência sensível ao qual a mente pudesse ser capaz de estabelecer relações entre ele e a ideia. Segundo Salaün, "nossas ideias têm sua fonte nas relações entre os corpos e as representações que nós nos fazemos diretamente ou por abstração e combinação" (SALAÜN, 2006, p. 311). Os atributos do espírito, portanto, não se encaixam nesse quadro,[118] uma vez que as propriedades atribuídas à alma são impensáveis sempre que relacionadas à realidade material. Por isso a interação entre corpo e alma não poderia passar de uma contradição.

Para Holbach, o dogma da espiritualidade da alma existe devido aos delírios da imaginação. A palavra espírito, a rigor, não tem nenhuma utilidade, pois ela não explica nada sobre a Natureza, ela apenas obscurece a ciência. Sempre atento à etimologia, ele procura indicar no *Sistema da Natureza*, apesar dos equívocos, o significado da palavra espírito a partir de sua raiz semântica: derivada do hebraico *rovah* e do grego *pneuma*, ela possui o sentido de sopro, respiração; já a palavra latina *anima* (que segundo Lactâncio) viria do grego *anemos*, significaria vento. Já para Aristóteles, *anima* seria um princípio motriz que anima os corpos.[119] De todo modo, sua intenção é demonstrar que a separa-

118 Cabe observar o verbete *Atributos Divinos* do *Teologia Portátil*: "Qualidades inconcebíveis que, à força de tanto pensar nisso, os teólogos decidiram que deveriam necessariamente pertencer a um ser do qual eles não têm nenhuma ideia. Essas qualidades parecem incompatíveis para aqueles que carecem de fé, mas elas são fáceis de conciliar quando não se reflete sobre isso. Os atributos negativos com os quais a teologia gratifica a Divindade nos ensinam que ela não é absolutamente nada daquilo que podemos conhecer, o que é muito apropriado para fixar as nossas ideias" (HOLBACH, 2012, p. 51).

119 Segundo o *Vocabulário Grego da Filosofia*, de Ivan Gobry, a palavra *anima* deriva do grego *psykhé*, e possui uma significação muito mais ampla e complexa do que aponta Holbach: "De fato, a alma humana, para os

ção absoluta entre corpo e alma, entre substância material e imaterial, é uma invenção recente, mais especificamente de Descartes:

> Embora antes dele tivessem considerado a alma como espiritual, ele é o primeiro que estabelece que aquilo que pensa deve ser distinto da matéria, de onde ele conclui que nossa alma, ou aquilo que pensa em nós, é um espírito, ou seja, uma substância simples e indivisível (HOLBACH, 2010, p. 132, nota 7).

O objetivo dessa distinção é separar a experiência da razão, tornando-as estranhas uma à outra, e como visto, elas são os dois instrumentos fundamentais para a ciência. Apesar da importância para o desenvolvimento das ciências no século XVII, a filosofia cartesiana serviu antes como um instrumento que poderia emperrá-la e mantê-la ainda serva da teologia e dos princípios metafísicos. Pois o conceito de espiritualidade não é apenas um modo de se explicar o mundo, a origem e a história do homem, mas é um dogma que é acima de tudo um instrumento de poder, uma impostura com um objetivo muito preciso, o "efeito de uma política muito profunda e muito interesseira

---

principais autores [antigos], é composta de várias partes: uma material e mortal, fonte do conhecimento sensível; outra espiritual e imortal, fonte do conhecimento intelectual" (GOBRY, 2007, verbete *psykhé*, p. 123). É interessante observar também que a palavra grega *noûs* que se refere a espírito ou à latina *spiritus*, geralmente é entendida como uma substância espiritual (como um princípio ativo e ordenador, como vemos em Anaxágoras e Aristóteles), ou uma faculdade intelectual (Cf. GOBRY, 2007, verbete *noûs*, p. 98). Já Jean-Michel Fontanier aponta o sentido de *anima* tratado geralmente como princípio de ação, impulso ou ímpeto, ou o que impele à atividade (Cf. Jean-Michel Fontanier, *Vocabulário Latino da Filosofia: de Cícero a Heidegger*, tradução Álvaro Cabral, revisão da tradução Maria Fernada Alvares, revisão técnica Jacira de Freitas, São Paulo : WMF Martins Fontes, 2007, verbete *anima*, p. 22).

dos teólogos", que serve para sustentar uma doutrina de recompensas e castigos, "útil para intimidar, governar e despojar os ignorantes" (HOLBACH, 2010, p. 133, nota 8). Em suma, um instrumento de poder ideológico e dominação política.

Assim sendo, a razão e a experiência são os instrumentos que o homem deve valer-se para não cair nas armadilhas destes sofismas teológicos;[120] "a verdadeira física não pode senão levar à ruína da teologia" (HOLBACH, 2010, p. 138). O teólogo é visto tal como os homens primitivos, que atribuíam aos seres espirituais os fenômenos da natureza que sua ciência, muito rasa, não era capaz de compreender e explicar:[121] "de onde se vê que, por meio da palavra espírito, nada mais se quer do que indicar a causa ignorada de um fenômeno que não se sabe explicar de uma maneira natural" (HOLBACH, 2010, p. 138). O espírito é tido por um princípio que, além de inútil, é também nocivo, pois impede a ciência de ampliar-se e progredir. Nas palavras de Holbach: "Os conhecimentos humanos deram, com a ajuda da teologia, um passo adiante? Essa ciência tão importante e tão sublime não obscureceu totalmente a moral? Será que ela não tornou duvidosos e problemáticos os deveres mais essenciais da nossa natureza" (HOLBACH, 2010, p. 706).

Ele também aponta como contradição mais evidente o dogma da espiritualidade da alma, que se encontra na já observada relação entre corpo e alma, ou matéria e espírito: a matéria não possui ne-

120 "A teologia não passa de uma ciência de palavras que, à força de repetição, nos acostumamos a considerar como coisas. A partir do momento que queremos analisá-las, descobrimos que elas não apresentam nenhum sentido verdadeiro" (HOLBACH, 2010, p. 846).

121 "[...] todas as causas devem ter sido um mistério para os nossos selvagens ancestrais. A natureza inteira foi um enigma para eles; todos os seus fenômenos devem ter sido maravilhosos e terríveis para seres desprovidos de experiência. Tudo aquilo que eles viam devia lhes parecer inusitado, estranho, contrário à ordem das coisas" (HOLBACH, 2010, p. 434).

nhuma analogia com o espírito, nenhum atributo em comum, logo, ambos não podem comunicar-se. Considerar que eles se comunicam através de mistérios ou milagres divinos são subterfúgios retóricos que não se sustentam diante de uma análise racional. Além do mais, a divindade dos cristãos, por exemplo, também é eivada de contradições, pois é ao mesmo tempo indulgente e cruel: além do mais, ela criou o mundo para o homem, e em seguida o condenou pelo pecado original; ela produz milagres para corrigir as falhas de sua criação, pois apenas desse modo ela anuncia a verdade aos homens; além de se ofender com os erros humanos, apesar de ser diretamente responsável por eles.[122] A maior contradição, no entanto, está no dogma da vida após a morte:

> A vida futura foi inventada para salvaguardar a justiça da divindade e para desculpá-la pelos males aos quais ela muitas vezes submete, neste mundo, os seus maiores favoritos: é lá, nos dizem, que o monarca celeste deve proporcionar aos seus eleitos um bem-estar inalterável, que ele lhes recusara na Terra (HOLBACH, 2010, p. 500).

Charbonnat diz que esse dogma "serve somente para justificar as injustiças e os males que os homens estão submetidos, ao passo que deveria existir uma divindade todo-poderosa. Não seria ela capaz de assegurar a felicidade de suas criaturas?" (CHARBONNAT, 2007, p. 351). Holbach lembra com essa proposição a crítica epicurista à religião

---

122 Cf. CHARBONNAT, 2007, p. 351. O barão inclusive dedica mais de uma obra à análise das contradições cristãs, dentre as quais, podemos destacar, *Le Christianisme Dévoilé ou Examen des Principes & des Effets de La Religion Chrétienne* (O Cristianismo Desvelado ou Exame dos Princípios e dos Efeitos da Religião Cristã) e *Histoire Critique de Jésus-Christ ou Analyse Raisonnée des Évangiles* (História Crítica de Jesus Cristo ou Análise Racional dos Evangelhos).

vulgar,[123] e aponta a incoerência entre a existência de uma divindade todo-poderosa e infinitamente boa, e o mal. Segundo os padres da Igreja, o mal existe para pôr o homem à prova, para testar sua virtude. Sendo assim, ou a divindade é injusta, porque ela é a única responsável pelas circunstâncias, ou ela não é onisciente, pois não deveria ter necessidade de aprovar suas criaturas.[124] Neste sentido, de acordo com o que sugere Salaün, "o físico é então o inimigo natural do teólogo. Assim se explica a perseguição dos sábios e dos filósofos" (SALAÜN, 2006, p. 308), pois, na medida em que os padres e representantes da Igreja são intermediários entre o Criador e os homens,[125] o homem passa assim a ter necessidade não só da divindade, mas também de seus representantes oficiais na Terra. Quanto a este ponto, Holbach ironiza esses representantes em seu *Teologia Portátil*, ao apresentar uma caricatura dos espiritualistas e teólogos. No verbete *Sacerdotes*, ele diz:

> Em todas as religiões do mundo, eles são homens divinos que Deus em pessoa colocou na Terra, para nela exercerem um ofício muito útil. Ele consiste em distribuir gratuitamente alguns temores, a fim de ter o prazer de distribuir em seguida algumas esperanças em troca de

---

123 É famoso o paradoxo de Epicuro, citado pelo próprio Barão em *Le Bon Sens* (§57, p. 52) em que o filósofo grego aponta para a impossibilidade lógica de uma divindade que seja, ao mesmo tempo, boa e onipotente: "Deus ou quer impedir os males e não pode; ou pode e não quer; ou nem quer nem pode; ou quer e pode. Se quer e não pode, é impotente – o que é impossível em Deus. Se pode e não quer, é invejoso – o que, do mesmo modo, é contrário a Deus. Se nem quer nem pode, é invejoso e impotente, portanto nem mesmo é Deus. Se pode e quer, que é o único conveniente a Deus, de onde provém, então, a existência dos males? Porque não os impede?" (USENER, Frag. 374 *apud* ULLMANN, R.A., *Epicuro – O filósofo da alegria*, Porto Alegre : EDIPUCRS, 1996, p. 89).

124 Cf. CHARBONNAT, 2007, p. 351.

125 Cf. SALAÜN, 2006, p. 308.

> dinheiro. *Essa é uma questão fundamental sobre a qual todos os sacerdotes do mundo têm sempre estado perfeitamente em acordo* (HOLBACH, 2012, p. 199, grifo nosso).

Essa última frase em destaque apresenta uma ironia muito perspicaz, pois ela não apenas aponta para a concórdia entre a "classe" de homens divinos, mas aponta implicitamente para a discórdia existente, pois as disputas teológicas a respeito da divindade são de tal modo controversas, que a carência de um conceito rigoroso e uniforme sobre Deus indicaria menos uma incapacidade de atingi-lo do que propriamente um delírio ao tentar defini-lo. Holbach demonstra essa impossibilidade de se sustentar uma divindade de modo uniforme pelo fato de ela corresponder sempre aos anseios humanos,[126] relativos às circunstâncias pelas quais os homens a concebem:

> Ora, como isso não pôde ocorrer, como os homens – essencialmente diferentes pelos seus temperamentos – se en-

126 Esse é o tema do primeiro capítulo do *La Contagion Sacrée*, intitulado "*Origem da Superstição*", onde lemos "Assim seu culto, isto é, o sistema de conduta relativamente a Deus, é necessariamente conforme as noções das quais ele é feito, da mesma forma que este deus foi formado a partir de sua própria maneira de sentir. Quando o homem sofreu grandes males, ele se pintou um deus terrível diante do qual ele tremeu, e seu culto tornou-se servil e pouco sensato. Quando ele acredita ter dele recebido benefícios ou quando se imagina estar no direito de ele atendê-lo, ele vê seu deus sob traços mais brandos, e seu culto torna-se menos abjeto e menos insensato. Em uma palavra, se ele teme seu deus, ele é capaz de todo tipo de extravagâncias para apaziguá-lo porque o supõe vicioso, malvado, mal-intencionado. Ele tem mais confiança nele e lhe rende homenagens menos abjetas conforme as virtudes e as boas qualidades que lhe atribui ou que ele deseja encontrar nele, e segundo os favores que acredita dele ter recebido ou que dele espera consequentemente em troca" (HOLBACH, 2006, p. 10).

> contravam em circunstâncias muito diferentes, foi necessariamente preciso que as suas ideias não fossem de maneira alguma as mesmas sobre uma causa imaginária que eles viram tão diversamente. De acordo sobre alguns pontos gerais, cada um fez um deus à sua maneira, ele o temeu, ele o serviu à sua maneira. Assim, o deus de um homem ou de uma nação quase nunca foi o deus de um outro homem ou de uma outra nação (HOLBACH, 2010, p. 524).

Isso significa que Deus só pode ser de uma natureza absolutamente diferente de tudo o que nós conhecemos, pois nós não podemos concebê-lo senão através de noções incompreensíveis, como infinito, eterno, onisciente, onipotente.[127] A existência de Deus funciona assim como um recurso irracional para a compreensão de determinados aspectos da existência. Seja para responder a alguns anseios inúteis, como a origem do mundo ou do homem, ou outras questões tão embaraçosas quanto despropositadas, como qual é o sentido da vida, às quais as respostas são apresentadas pela razão de modo simples e preciso – quando ela se encontra livre de preconceitos –, o homem recorre à superstição para responder a essas questões, e ao invés de sanar suas dúvidas e abrandar suas angústias, mergulha num universo de ideias imprecisas e confusas que mais obscurecem seu entendimento do que propriamente satisfazem sua curiosidade.[128]

---

127 Cf. BOURDIN, 2006, p. 313. Ver também *Le Bon Sens* "Se Deus é um ser infinito, não pode haver nem no mundo atual nem em outro mundo, nenhuma proporção entre o homem e seu Deus; assim jamais a noção de Deus entrará no espírito humano. Na suposição de uma vida onde o homem será bem mais esclarecido do que nesta aqui, a infinitude de Deus colocará sempre uma tal distância entre sua ideia e o espírito finito do homem, que ele não poderá mais conceber, no céu, aquilo que ele não concebia sobre a terra" (HOLBACH, *Le Bon Sens*, §8, p. 18).

128 "O que é, com efeito, a virtude nas ideias dos nossos teólogos? É – nos dirão eles – aquilo que está em conformidade com a vontade do ser in-

> Todos os homens estão de acordo sobre os objetos que eles têm condições de submeter à experiência. Nós não vemos nenhuma discussão sobre os princípios da geometria. As verdades evidentes e demonstradas não variam no nosso espírito; nós nunca duvidamos de que a parte seja menor que o todo, de que dois e dois sejam quatro, de que a beneficência seja uma qualidade amável e de que a equidade seja necessária aos homens em sociedade. Porém, não encontramos senão discussões, incertezas e variações em todos os sistemas que têm a divindade como objeto (HOLBACH, 2010, p. 631).

Charbonnat diz que, para Holbach, "a origem de todas as coisas se situa exclusivamente na Natureza, tal como a experiência a reflete" (CHARBONNAT, 2007, p. 359), e alerta para a contradição existente em todas as noções de divindade, pois defende que a ideia de divindade é incompatível com a de Natureza, justamente pela oposição entre seus atributos. Ela sempre apresenta uma contradição, seja em seu interior, seja em relação à própria Natureza, de modo que "nenhum sistema religioso pode ser provado pela razão e pela experiência [...] A suposição entre uma entidade sobrenatural, mesmo incognoscível, repousa sempre sobre este descompasso entre a evidência e o mistério" (CHARBONNAT, 2007, p. 351). Este é um preconceito que afeta não apenas a religião, mas também a filosofia, pois a religião natural

---

compreensível que governa a natureza. Mas o que é esse ser do qual vós nos falais incessantemente sem poder compreendê-lo? E como podemos conhecer as suas vontades? Então, eles vos dirão aquilo que esse ser não é, sem jamais poderem vos dizer o que ele é. Se eles tentam vos dar uma ideia dele, amontoarão sobre tal ser hipotético uma multidão de atributos contraditórios e incompatíveis, que o farão uma quimera impossível de conceber; ou então vos remeterão às revelações sobrenaturais através das quais esse fantasma fez que os homens conhecessem as suas divinas intenções" (HOLBACH, 2010, p. 706).

ou mesmo o panteísmo, apesar de serem mais refinados, não deixam de cometer este erro de atribuir aos fenômenos uma causa sobrenatural. Charbonnat lembra que Holbach, junto de Naigeon e Diderot, promoveu uma série de publicações de tratados irreligiosos, inclusive de autores deístas ou panteístas, na empreitada de enfrentamento aos poderes estabelecidos do Antigo Regime. Contudo, sua crítica não os poupou, pois ele considerava que qualquer ideia de espírito ou divindade que direcionasse a uma noção de transcendência era contraditória e precisaria ser combatida. O supersticioso, cristão ou não, não difere do deísta e do teísta, pois ambos acreditam no preconceito dos mais absurdos, que é o da substância espiritual.[129] "A religião natural mistura a ignorância com a lucidez, criticando somente as consequências mais absurdas do dogma" (CHARBONNAT, 2007, p. 352). Holbach ainda diz que

> pouquíssimos homens têm a coragem de examinar o deus que todos são unânimes em reconhecer; não há quase ninguém que ouse duvidar da sua existência, que jamais se constatou. Cada um recebe sem exame, na infância, o nome vago do deus que seus pais lhe transmitem, que consignam em seu cérebro com as ideias obscuras que eles próprios vinculam a esse nome e que tudo conspira para tornar habituais nele (HOLBACH, 2010, p. 629).

---

129 "O deísta não deixará de lhe dizer que deus não é tal como o pinta a superstição. Porém, o ateu lhe responderá que a própria superstição e todas as noções absurdas e nocivas que ela faz nascer não são senão os corolários dos princípios obscuros e falsos que são elaborados sobre a divindade [...]. É preciso aniquilar essa quimera fundamental para assegurar o seu repouso [...]. Se o deus do supersticioso é revoltante e lúgubre, o deus do teísta será sempre um ser contraditório que se tornará funesto quando se quiser meditar sobre ele, ou do qual a impostura não deixará cedo ou tarde de abusar" (HOLBACH, 2010, p. 814).

Assim, a divindade dos não-cristãos não seria menos contraditória que a divindade dos cristãos.[130] Inclusive, apesar da defesa de Benítez sobre a influência do panteísmo de Toland na doutrina de Holbach, Charbonnat diz que mesmo o panteísmo pode ser assimilado à religião natural, porquanto conserve a noção abstrata de Deus no lugar da de Natureza, conservando assim uma terminologia inútil, uma espécie de ambiguidade: "Eles [os panteístas] deixam planar o mistério sobre as qualidades sem resposta da teologia. O panteísmo nos oferece uma concessão inadmissível à teologia, deixando existir uma palavra que carrega a marca da maior impostura [a palavra Deus]" (CHARBONNAT, 2007, p. 352). É, portanto, uma questão de linguagem com cunho político, e há de se observar a proposição curiosa de Holbach, que sugerira a retirada das palavras 'deus' e 'criador' da língua, para que não existisse nada que pudesse ser designado por uma ideia sem correspondência na realidade.[131] De todo modo, "a crítica de Holbach à religião natural permite discernir os caracteres que separam o materialismo de outras filosofias irreligiosas. O deísmo, o teísmo e o panteísmo concedem um lugar injustificado ao preconceito [a ideia de Deus], deixando subsistir

---

130 Cf. CHARBONNAT, 2007, p. 351.

131 "Concluímos, portanto, que a palavra deus, assim como a palavra criar, não apresentando ao espírito nenhuma ideia verdadeira, deveria ser banida da língua de todos aqueles que querem falar para serem entendidos" (HOLBACH, 2010, p. 617). Para Charbonnat, "Holbach vê na ideia de criação uma abstração teológica sem fundamento", como é possível ver no verbete "*Criação*", do *Teologia Portátil*: "Ato incompreensível da onipotência divina que do *nada* fez tudo aquilo que nós vemos [...] De onde se vê que os sacerdotes do Altíssimo partilham com ele o poder de criar" (HOLBACH, 2012, p. 80). Ao que parece, há no tom irônico dessa ousada pretensão a intenção de, no campo filosófico, não deixar que algum pensador que se preze refira-se a esses seres que não possuem realidade material, para que seu pensamento não possa confundir-se com uma doutrina espiritualista. Este erro é cometido pelos autores deístas e panteístas que ele divulga, mas não deixa de criticar.

alguma noção sobrenatural" (CHARBONNAT, 2007, p. 353). Nesse sentido, o materialismo e o ateísmo de Holbach negam qualquer forma de transcendência e concebem a independência da matéria na produção dos seres, a partir dos quais seja possível explicar seu movimento e suas leis, de maneira que tudo que remeta a uma entidade imaterial ou espiritual seja considerado algo insensato e seja descartado não só do campo filosófico, mas também do senso comum: "As abstrações teológicas não conduzem senão para uma inquietação do gênero humano" (CHARBONNAT, 2007, p. 353).

Franck Salaün diz que "a espiritualidade é um dogma, e não uma realidade estabelecida pela experiência" (SALAÜN, 2006, p. 311). Ela sustenta a existência de noções que se opõem ao universo humano, ao extrapolar conceitos abstratos que poderiam servir ao homem, mas acabam por confundi-lo a respeito de sua condição real e suas necessidades efetivas. Salaün aponta como exemplo a noção de justiça divina, sobre a qual Holbach escreve no *Teologia Portátil* o seguinte:

> Ela não se assemelha de maneira alguma à justiça humana: no entanto, os teólogos sabem muito bem aquilo que ela é. É por um efeito da justiça teológica que Deus faz que todos os homens carreguem a culpa por uma falta cometida por um único. É por justiça que ele fez morrer o seu querido filho inocente para apaziguar a sua própria justiça. É por justiça que ele cozinha eternamente todos aqueles a quem ele recusa a sua graça; é por justiça que os padres fazem queimar aqueles que não receberam a graça de pensar tal como eles. De onde se vê que a justiça teológica ou divina não tem nada em comum com aquilo que os homens chamam de justiça (HOLBACH, 2012, p. 139).

A justiça divina não pode ser pensada em analogia à justiça humana, pois, do ponto de vista do mundo físico, das relações de causalidade e das leis naturais, as justificativas para a aplicação das punições que têm em vista salvar a alma são absurdas. De todo modo, os homens também não poderiam conhecê-la, pois assim Deus poderia ser responsabilizado pelo mal, já que essa noção de justiça divina salvaguarda a onisciência e onipotência de Deus, eximindo-o de qualquer ligação entre as ações humanas e as suas consequências, tornando o homem inteiramente responsável pelo que lhe acontece – esse é o substrato do dogma do livre-arbítrio: "O sistema tão pouco fundamentado da liberdade do homem, que destruímos anteriormente [capítulo 11 da primeira parte], foi visivelmente imaginado para livrar o autor da natureza da acusação que deve lhe ser feita de ser ele o autor, a fonte, a causa primitiva dos crimes das suas criaturas" (HOLBACH, 2010, p. 503). Ou mesmo, se o homem conhecesse os critérios dessa justiça divina, poderia ter a mesma capacidade de julgar que Deus, o que também seria absurdo, já que o homem não é onisciente. Por isso, a justiça divina é oculta e necessariamente diferente da justiça dos homens,[132] pois ela repousa sobre o princípio do mistério. Essa dissonância entre o universo humano e o divino é notável em diversos conceitos que deveriam sustentar a moral e a organização social dos homens. As noções divinas de bondade,[133] misericórdia,[134] amor, justiça, sabedoria sempre se mostram discordantes quando confrontadas com essas mesmas noções no âmbito humano, sendo incompreen-

---

132 Cf. SALAÜN, 2006, p. 313.

133 Ver como exemplo o verbete Bondade do *Teologia Portátil*: "Perfeição divina. Deus é perfeitamente bom, sem nenhuma mistura de maldade. É verdade que, apesar da sua bondade, ele nos faz – ou permite que nos façam – o mal, mais isso não prova nada. Ele é sempre bom para os seus padres, e isso deve bastar" (HOLBACH, 2012, p. 58).

134 Também no *Teologia Portátil*: "Atributo distintivo do Deus dos cristãos, mas não dos seus sacerdotes, que queimam sem misericórdia, neste mundo e no outro, aqueles que não tem a vantagem de lhes agradar" (HOLBACH, 2012, p. 153).

síveis para o homem na perspectiva divina.[135] Elas servem, antes de tudo, para ocultar as intenções de Deus, de modo que o conhecimento sobre os fenômenos naturais esteja mais distante da razão humana. De acordo com Holbach, no fundo, elas apenas preservam a necessária obscuridade das noções teológicas e metafísicas, que precisam, *ad hoc*, ser incognoscíveis ou inconcebíveis.

Para sustentar essas contrariedades e obscuridades, os teólogos se valem de argumentações artificiosas que se autoengendram. Salaün observa que a ideia de alma espiritual traz consigo a ideia de Deus, que por sua vez sustenta a relação corpo-alma, formando um círculo vicioso de argumentos que se apoiam uns aos outros. Esses argumentos formam uma sequência absurda que constitui um sistema expli-

135 Ele diz no *Sistema da Natureza* que "se temos ideia dos atributos de deus, é apenas porque nós lhe conferimos os nossos, que nunca fazemos mais do que aumentar ou exagerar a ponto de tornar irreconhecíveis algumas qualidades que inicialmente conhecíamos" (HOLBACH, 2010, p. 584). Ele escreve, ainda, em *La Contagion Sacrée*: "Em uma palavra, cada um em suas ideias segue seu próprio temperamento, seus preconceitos, suas paixões, suas circunstâncias, e tira induções vantajosas ou nocivas para ele mesmo ou para os outros, do sistema que ele produz sobre seu deus" (HOLBACH, 2006, p. 12). Vemos como Holbach, nesse momento, germina a ideia do conceito de alienação que Feuerbach conceberá, quase um século mais tarde, quando considerará a divindade como uma projeção das faculdades do homem em um ser externo, ou melhor, da objetivação de sua essência em um ser que seria, a princípio, superior a ele, seu próprio Criador. Diz Feuerbach: "A religião é o relacionamento do homem com a sua própria essência – aí está a sua verdade e redenção moral – mas com a sua própria essência não como sendo sua, mas de um outro ser diverso dele, até mesmo oposto – aí está a sua inverdade, a sua limitação, a sua contradição com a razão e a moral [...] A concepção da essência humana como uma outra essência, existente por si, é, entretanto, no conceito original da religião, uma concepção espontânea, infantil, ingênua, isto é, uma tal que distingue imediatamente entre Deus e o homem ao identificá-lo novamente com o homem" (FEUERBACH, 2009, p. 203).

cativo. Imaginou-se um espírito universal a partir da alma humana, a inteligência infinita a partir da inteligência finita, a sabedoria divina a partir da sabedoria humana, a potência divina a partir da impotência humana; e a partir desse espírito universal exprimiu-se a ligação entre a alma e o corpo, ou seja, entre as virtudes divinas e as capacidades humanas. Contudo, esses subterfúgios dessa pseudociência escondem um projeto de outra natureza, do qual "a ignorância de uns é sustentada pelo cálculo de outros: a espiritualidade da alma é então o fundamento de uma gigantesca mistificação" (SALAÜN, 2006, p. 315). Para um Deus cognoscível, a fé e todas as suas consequências, como a submissão, a obediência e o temor seriam dispensáveis. Logo, Deus só pode ser incompreensível, pois ele precisa ser crível.[136]

*

Costuma-se, desde Epicuro, considerar os átomos como hipóteses tão arbitrárias quanto os materialistas consideram a noção de substância espiritual, contudo, defende Holbach[137] –, a noção de áto-

136 "O tom misterioso e ininteligível é essencialmente necessário aos sacerdotes de qualquer religião; uma religião clara, inteligível, sem mistérios, pareceria pouco divina ao comum dos homens e seria pouco útil ao sacerdócio, cujo interesse é que o povo não compreenda nada daquilo que ele acredita lhe ser mais importante. Eis aí, sem dúvida, o segredo do clero. Ele tinha necessidade de um deus ininteligível, que fez agir e falar de uma maneira ininteligível, reservando-se o direito de explicar aos mortais as suas ordens à sua maneira" (HOLBACH, 2010, p. 621, n.4).

137 "Aqueles que sustentam que a alma é um ser simples não deixarão de nos dizer que os próprios materialistas e físicos admitem alguns elementos, os átomos, seres simples e indivisíveis pelos quais todos os corpos são compostos. Porém, esses seres simples ou átomos dos físicos não são a mesma coisa que as almas dos metafísicos modernos. Quando dizemos que os átomos são seres simples, indicamos por isso que eles são puros, homogêneos, sem misturas, mas que no entanto eles tem extensão e, por conseguinte, partes, separáveis pelo pensamento, embora nenhum agen-

mo é contrária à noção de alma. Ela é fundada sobre a experiência e sobre a abstração que ela autoriza, enquanto a noção de alma não tem qualquer ligação com a realidade observável. Essa diferenciação demonstra a superioridade do materialismo sobre a metafísica. As ideias abstratas, por sua vez, apesar de sustentarem de certo modo o edifício espiritualista, não são dispensáveis para o materialismo. Pelo contrário, quando fundadas na experiência, elas podem servir como um instrumento poderoso para a ciência, basta ver a importância da matemática na elaboração da física mecânica.[138]

De qualquer modo, algumas objeções podem ser feitas à Holbach, como o fato de ele não evitar absolutamente afirmações indemonstráveis como, por exemplo, as definições de Natureza, matéria e movimento, que são hipóteses derivadas pela analogia da observação dos corpos. Mesmo recurso quanto à afirmação da eternidade da matéria, que é atestada, como vimos, pelo raciocínio de que ela não pode ser destruída, tampouco "brotar" a partir do nada. Ele chega a recorrer ao senso comum para comprová-la, obviamente como recurso retórico:[139] "todo mundo admite que a matéria não pode ser totalmente aniquilada ou deixar de existir. Ora, como se compreenderá que aquilo que não pode deixar de ser possa um dia ter começado? Assim, quando perguntarem de onde veio a matéria, diremos

---

te natural possa separá-las: seres simples dessa espécie são suscetíveis de movimento, ao passo que é impossível conceber como os seres simples inventados pelos teólogos poderiam se mover por si próprios ou mover outros corpos" (HOLBACH, 2010, p. 126, nota 1).

138 Cf. SALAÜN, 2006, p. 314-6.

139 Lucrécio, por sua vez, utiliza-se também desse mesmo recurso: "Que os corpos existem por si mesmos, mostram-no, de facto, os sentidos, comuns a todos. Se a fé fundamentada nestes não valer como critério, não haverá, nas questões menos claras, nada que possamos tomar como ponto de partida para confirmarmos através do raciocínio da inteligência" (LUCRÉCIO, 2015, I, v. 422, p. 41).

que ela sempre existiu" (HOLBACH, 2010, p. 57). Ou seja, o sistema de Holbach apresenta-se como um conjunto de dados e hipóteses, de maneira que seu materialismo apresenta um duplo caráter: como pensamento crítico e como projeto filosófico.[140] Àquelas questões inacessíveis pela experiência, cabe o recurso à maior razoabilidade possível, isto é, recorre-se ao bom senso, que busca uma hipótese mais coerente com a realidade da Natureza, sempre evitando cair nas possíveis contradições inerentes ao pensamento teológico-metafísico, como recorrer a seres puramente abstratos. Salaün diz que "a partir de uma crítica da linguagem como instrumento ideológico e de uma análise da dominação, a filosofia materialista de Holbach considera as condições de uma ação progressiva sobre a vida social", de maneira que "o homem das Letras, o sábio e o filósofo se veem conciliar numa lista essencial na qualidade de autores engajados no progresso das ciências, na reforma da educação e na invenção da sociedade esclarecida" (SALAÜN, 2006, p. 323). Para Bourdin, a verdade do materialismo se sustenta a partir da crítica e da denúncia dos erros, das ilusões e dos preconceitos que são a base da filosofia dominante. As polêmicas trazidas pelo materialismo têm em vista principalmente as religiões, o cristianismo em particular, e suas instituições religiosas e suportes políticos,[141] pois, seja a superstição, seja a religião institucionalizada, ou mesmo a filosofia espiritualista como o deísmo de um Voltaire, a metafísica é o suporte de tais construções ideológicas e, confrontadas com o materialismo, não se sustentam sem o recurso arbitrário da substância espiritual: "O ultrapassamento da metafísica não é, por consequência, concebido como o desaparecimento da filosofia, mas como aproveitamento de uma filosofia prática que é por sua vez uma política do conhecimento e uma física social" (SALAÜN, 2006, p. 323).

---

140 Cf. SALAÜN, 2006, p. 321.

141 Cf. BOURDIN, 2006, p. 327.

Para a instituição dessa filosofia prática, é preciso fundamentá-la em conceitos rigorosos, daí a necessidade de postular alguns princípios como os de matéria e movimento, ou da eternidade da matéria, além também da limpeza conceitual no campo da linguagem. Charbonnat, por exemplo, apresenta uma definição de verdade, do ponto de vista de Holbach: "Ela é o acordo entre os juízos e as qualidades dos seres, isto é, o conhecimento da relação exata entre o ser pensante e os fenômenos que o cercam" (CHARBONNAT, 2007, p. 349). A verdade, portanto, só pode ser concebida de acordo com uma doutrina isenta de contradição: o materialismo ateu, pois

> aquilo que é falso não pode ser útil aos homens; aquilo que lhes causa dano constantemente não pode estar fundamentado na verdade e deve ser proscrito para sempre. É, pois, servir ao espírito humano e trabalhar para ele apresentar-lhe o fio condutor com a ajuda do qual ele pode sair do labirinto no qual a imaginação o leva para passear e o faz errar sem achar nenhuma saída para as suas incertezas (HOLBACH, 2010, p. 853).

As palavras das quais o materialista ateu se serve não possuem ambiguidades relativas às qualidades dos seres, pois "cada objeto da linguagem corresponde exclusivamente a alguma experiência" (CHARBONNAT, 2007, p. 353). Conforme Salaün, "o materialismo tem então uma virtude terapêutica, ele permite curar de uma forma de cegueira" (SALAÜN, 2006, p. 317), pois procura responder às questões relacionadas à existência humana e seu bem-estar, dispensando-se das especulações inúteis.[142] Nessa perspectiva, é possível analisar o homem, sem,

142 "Apenas a natureza, conhecida pela experiência, lhe dará esse fio e lhe fornecerá os meios de combater os *minotauros*, os fantasmas e os monstros que há tantos séculos exigem um tributo cruel dos mortais apavora-

contudo, responder as questões relativas à sua origem ou futuro,[143] como se pode ver nas palavras do próprio barão:

> Se perguntam de onde proveio o homem, responderemos que a experiência não nos coloca em condições de resolver essa questão, e que ela não pode verdadeiramente nos interessar. Basta-nos saber que o homem existe, e que ele é constituído de maneira a produzir os efeitos dos quais o vemos suscetível (HOLBACH, 2010, p. 115).

Nesse aspecto, "esta reflexão sobre os limites do saber convida, além disso, a matizar e a interrogar a reputação de dogmatismo feita à Holbach" (SALAÜN, 2006, p. 320). Bourdin, por sua vez, defende que o filósofo materialista propõe essa redução, também, para confrontar a retórica do sentimento do maravilhoso (que é muito presente nos argumentos deístas), que apresentava provas para a existência de Deus através da contemplação da Natureza.[144] Esse movimento crítico de Holbach atinge, desse modo, a quase totalidade da filosofia, ao ponto de desqualificá-la em bloco, pois considera essa filosofia qualificada de espiritualista como submissa à autoridade dos dogmas teológicos e metafísicos, e encontra-se, assim, compromissada com os preconceitos religiosos.[145] De modo que combater a teologia e o espiritualismo seria também purificar a filosofia natural, torná-la mais coerente com a realidade imanente da Natureza:

> Ela [a teologia] transformou [a filosofia] num jargão ininteligível, próprio a tornar incertas as ideias mais cla-

---

dos. Segurando esse fio em suas mãos, eles jamais se perderão" (HOLBACH, 2010, p. 853).

143 Cf. SALAÜN, 2006, p. 318.

144 Cf. BOURDIN, 2006, p. 343.

145 Cf. BOURDIN, 2006, p. 327.

> ras; ela converteu a arte de raciocinar em uma ciência de palavras [...] Com quais precauções os maiores filósofos não se veem envolvidos, ao risco mesmo de serem absurdos, inconsequentes, ininteligíveis, toda vez que suas ideias não estão de acordo com os princípios da teologia (HOLBACH, *Le Bon Sens*, §201, p. 233 e §203, p. 236).

Conforme defende Alan Charles Kors, "Holbach admite que não se conhece a natureza verdadeira dos agentes ontológicos que são a base dos nossos sofrimentos e que o materialismo ateu é mais uma escolha moral do que uma escolha filosófica" (KORS, 2006, p. 306). Já para Bourdin, a crítica de Holbach não é em si mesma gratuita, ela tem um compromisso histórico, uma vez que "a história do pensamento filosófico-religioso se apresenta como a desoladora crônica dos erros e absurdos do espírito humano" (BOURDIN, 2006, p. 328). Nesse sentido, corrigir essa história do pensamento é, acima de tudo, também corrigir o curso dos acontecimentos humanos.

Capítulo III

O homem no Sistema da Natureza

> Que obra-prima é o homem, tão nobre na razão, infinito em faculdades, em forma e movimento tão expressivo e admirável, na ação é semelhante a um anjo, na inteligência semelhante a um deus – a beleza do mundo, paradigma dos animais! E, contudo, para mim, o que é esta quintessência do pó?
>
> Shakespeare, *Hamlet*, Ato II, Cena II.

> Chegou-se a dizer que os deuses estavam ébrios de néctar quando criaram os homens e, ao verem sua obra de cabeça sóbria, não puderam evitar o riso.
>
> Fontenelle, *Diálogos sobre a pluralidade dos mundos*, II.

A essência natural do homem

Até aqui, vimos como Holbach concebe a Natureza e a existência dos seres nela contidos. Sua principal preocupação, como se pôde ver, não é uma verdade metafísica ou a aquisição de um conhecimento abstrato da realidade, mas a instituição de princípios normativos que sirvam como critérios valorativos de uma doutrina moral e política. Compreender a Natureza é necessário para se compreender o universo humano, sendo imprescindível compreendê-lo para que esses princípios e critérios sejam eficazes, fundamentem a moral e organizem uma vida social que contribua para tornar a existência humana melhor e mais agradável. Em suma, sua preocupação é tornar o homem e a sociedade felizes.

Contudo, um problema se apresenta nessa concepção materialista, conforme aponta Maria das Graças de Souza.[1] Como é possível pensar a História, entendida como o campo da ação e da vontade humana – logo, como o lugar da indeterminação, da criação e da liberdade –, a partir da determinação materialista, que reduz tudo ao jogo das relações moleculares, ao universo das leis mecânicas da matéria, inclusive essas idiossincrasias humanas? Seria a História também determinada pelas leis da Natureza? Para responder a essa questão, será analisada a natureza do homem, isto é, sua essência material, suas faculdades, seus motores e as relações que fundamentam a vida em sociedade. Ao analisar o pensamento de Holbach, e ver como ele concebe os fenômenos e os seres, nota-se que o homem não se apresenta como determinado *a priori* em sua atividade, mas que suas vontades, desejos e paixões correspondem a estímulos internos e externos que o excitam e o impelem para a ação, de maneira que sua determinação consista "num modo de ser que o torna suscetível de diversos modos de agir ou de movimentos", a partir do qual "todas estas causas, internas ou externas, operam nele mudanças contínuas" (SOUZA, 2011, p. 25).

O homem é um corpo, como qualquer outro encontrado na Natureza, e seus movimentos estão sujeitos às mesmas leis que determinam as ações e relações dos outros corpos. Ele é determinado por sua essência e pelo movimento em conjunto de todos os seres na Natureza, e não pode agir separadamente deles, de forma que suas ações decorram necessariamente do modo como ele é afetado por eles, e pela maneira como seu corpo reage a essas afecções. Assim, faz-se necessário compreender esse mecanismo que constitui a forma do homem lidar com sua realidade, isto é, suas afecções, paixões, desejos

1 Cf. SOUZA, 2011.

e mesmo seu pensamento e suas ideias. Ou seja, é preciso compreender o que é essa essência do homem dentro dessa perspectiva materialista. A partir disso, pode-se inclusive perguntar se seu materialismo corresponde mesmo a um mecanicismo. Outra questão pertinente é que se o homem não possui uma alma imaterial capaz de mover seu corpo e fazê-lo pensar e sentir, o pensamento seria então o resultado de lances moleculares, ou simplesmente um atributo da matéria? Seria a matéria, em sua totalidade, capaz de pensar, enquanto o homem representa a organização através da qual a matéria exprime essa sua propriedade? Vemos o quanto essa questão da natureza humana apresenta complexidades, e para desembaraçá-las, investiguemos primeiramente o que seja o homem, analisando com precisão seus atributos, suas propriedades e, consequentemente, as causas de suas ações, para verificar em que medida ele é determinado ou livre para agir e dar forma à História que o caracteriza.

*

É importante observar que nos cinco primeiros capítulos do *Sistema da Natureza*, Holbach apresenta uma estrutura metafísica materialista da realidade, situando o homem como um ser estritamente natural, sujeito às mesmas leis que todos os outros seres naturais. Como visto, no primeiro tomo ele dedica onze capítulos a fim de analisar a natureza do homem e da sociedade. Por essa razão, é notável como seus esforços em apresentar uma concepção materialista do homem são cuidadosos, pois desses onze capítulos, cinco deles dedicam-se principalmente à questão da alma, da liberdade da vontade e dos processos intelectuais. Os demais tratam de seus interesses, da moral e da política, de suas ideias de felicidade, de seus medos e suas inquietações. Passemos então a examinar o homem de acordo com o *Sistema da Natureza*.

Da alma natural e das faculdades intelectuais

A tradição teológico-metafísica de raiz platônica e aristotélica sempre considerou o homem um ser superior aos outros seres devido à sua faculdade racional. A divisão das partes da alma em vegetativa, sensitiva e racional estabeleceu uma hierarquia ontológica, na qual o homem fora coroado como o ser mais perfeito abaixo dos deuses, por ser dotado de racionalidade e da capacidade de deliberar, das quais os outros seres animados, como plantas e animais, estariam destituídos. Contudo, para Holbach,

> o homem não tem nenhuma razão para se acreditar um ser privilegiado na natureza (...) do mesmo modo como cada árvore produz frutos em razão de sua espécie, cada homem age em razão de sua energia particular e produz frutos, ações, obras igualmente necessárias. [Se investigar a si mesmo] perceberá que a ilusão que o predispõe em favor de si próprio provém do fato de que ele é espectador e, ao mesmo tempo, parte do universo (HOLBACH, 2010, p. 123).

Primeiramente, antes de analisar o aspecto físico e as faculdades motoras do homem, vejamos como se constituem suas ideias, analisando suas faculdades intelectuais. Pascal Charbonnat observa que na obra de Holbach o homem é concebido numa perspectiva inteiramente monista, de modo que sua inteligência não deva ser vista como um atributo divino, mas como o resultado de um processo fisiológico, um modo de operar de sua organização: "É necessário estabelecer que esta faculdade não escapa aos processos materiais" (CHARBONNAT, 2007, p. 355). A essência do homem é definida a partir de seu corpo, e das relações que ele estabelece com os outros corpos na Natureza. Ela se constitui do movimento contínuo e incessante da matéria, "sua essência, ou seja, a maneira de ser que o distingue, torna-o suscetível de diferentes maneiras de agir ou de movimentos, dos quais uns são simples e visíveis enquanto outros são complicados e ocultos. Sua vida nada mais é que uma longa sequência de movimentos necessários e ligados" (HOLBACH, 2010, p. 105). Os dois modos de movimento que constituem o movimento geral dos corpos, os internos e externos, também são os movimentos que constituem os motores da ação dos homens. Por um lado, ele é modificado internamente pelos processos vitais de seus órgãos, que "têm como princípios causas contidas dentro dele mesmo, tais como o seu sangue, seus nervos, suas fibras, sua carne, seus ossos (em poucas palavras, as matérias tantos sólidas como fluidas das quais o seu conjunto ou o seu corpo é composto) " (HOLBACH, 2010, p. 105). Por outro lado, ao mesmo tempo ele recebe as modificações de causas exteriores, "tais como o ar pelo qual ele está cercado, os alimentos com os quais se nutre e todos os objetos pelos quais seus sentidos são continuamente afetados e que, por conseguinte, operam nele mudanças contínuas" (HOLBACH, 2010, p. 106). Sua constituição fisiológica, como sua saúde e seu temperamento, assim como o meio que o cerca, como o clima, os alimentos que o nutrem e os objetos que afetam seus sentidos, constituem um fluxo contínuo de movimentos variados que transformam constantemente seu ser, de forma que sua essência não possa ser definida como uma substância imutável.

No início do capítulo 6, Holbach faz a descrição do desenvolvimento uterino do feto humano:

> O homem, na sua origem, não passa de um ponto imperceptível, cujas partes são informes, cuja mobilidade e vida escapam aos nossos olhos – em poucas palavras, no qual não percebemos nenhum sinal das qualidades que chamamos de sensibilidade, inteligência, pensamento, força, razão etc. Colocado na matriz que lhe convém, esse ponto se desenvolve, se estende, cresce pela adição contínua de matérias análogas ao seu ser que ele atrai,

> que nele se combinam e que são por ele assimiladas. Saído desse lugar apropriado para conservar, desenvolver e fortificar, durante algum tempo os frágeis rudimentos de sua máquina, ele se torna adulto (HOLBACH, 2010, 106).

Ao ser concebido, o homem é um conjunto de moléculas que não apresenta faculdades sensitivas ou intelectuais. Através de sua nutrição e desenvolvimento uterino, ele assimila elementos necessários ao seu ser, desenvolve-se e apresenta essas faculdades, que lhe são latentes. Todo esse processo de desenvolvimento é próprio de todos os corpos, pois são movimentos de atração, combinação ou rejeição de elementos diversos e variados: "Essa massa só se tornou suscetível disso porque foi pouco a pouco acrescida, nutrida, reparada, com a ajuda da atração e da combinação contínua que nela se fez de matérias do gênero daquelas que julgamos inertes, insensíveis, inanimadas" (HOLBACH, 2010, p. 107). A essência do homem é sua constante transformação, e a matriz dessa essência encontra-se num órgão específico, que é seu cérebro:

> Quanto mais refletirmos, mais ficaremos convencidos de que a alma, bem longe de dever ser distinta do corpo, nada mais é que esse próprio corpo considerado relativamente a algumas das suas funções ou a algumas das suas maneiras de ser e de agir das quais ele é suscetível enquanto desfruta da vida. (...) Com efeito, o cérebro é o centro comum aonde vem dar e se confundir todos os nervos espalhados por todas as partes do corpo humano. É com a ajuda desse órgão interno que se realizam todas as operações que são atribuídas à alma (HOLBACH, 2010, p. 136).

Toda a essência do homem é redutível à combinação dos elementos materiais que o constituem, de modo que "as diversas combinações da matéria descrevem todas as modalidades do ser" (CHARBONNAT, 2007, p. 356). Ou seja, não há a necessidade de se recorrer a uma substância distinta para se explicar as ações humanas, tampouco o pensamento,[2] pois o cérebro é o órgão fundamental da máquina humana, pois nele concentram-se todas as suas funções fisiológicas e intelectuais, das quais derivam as capacidades de desejar, de agir, de pensar, sua vontade, sua inteligência e seu julgamento. As faculdades intelectuais, que são derivadas da faculdade de sentir, também têm uma natureza fisiológica, pois se localizam no cérebro e no sistema nervoso.[3] De acordo com Charbonnat, "as faculdades humanas resul-

2 Quanto ao pensamento, Markus Figueira da Silva afirma que Epicuro também o considera de uma perspectiva física, e não enquanto fenômeno transcendente, o que demonstra a filiação atomista do materialismo de Holbach com relação ao universo psíquico: "Epicuro considera o pensamento um fenômeno inerente à natureza humana, que deve ser explicado enquanto fenômeno físico, sem recorrer a quaisquer causas imaginárias que extrapolem o nível fenomênico da realidade estudada e compreendida pela *physiología*, que estuda a alma como corpo físico e, portanto, como fenômeno. Assim, as sensações dão origem ao pensamento que por sua vez é o princípio do agir; isto faz pensar que as deliberações promovidas pelo pensamento objetivam, mais que tudo, a realização do bem-estar experimentado pelos sentidos" (SILVA, 2003, p. 100).

3 O médico e filósofo Cabanis, apesar de não se referir diretamente a La Mettrie e a Holbach, possivelmente fora influenciado por eles. Ele estabelece uma ligação fisiológica às ideias como produtos do sistema nervoso, e faz uma analogia um tanto curiosa entre o aparelho mental e o aparelho digestório: "Afirmam que nos são desconhecidos os movimentos orgânicos que executam as funções do cérebro? Mas também se furta à vossa pesquisa, a ação pela qual os nervos do estômago determinam as diferentes operações que constituem a digestão, a forma como impregnam o suco gástrico do mais ativo poder dissolvente. Vemos os alimentos cair nesta víscera com qualidades que lhes são próprias; vemo-las sair com novas qualidades; e concluímos que, na verdade, foi o estômago que lhes provocou essa alteração. Vemos igualmente as impressões chegarem ao cérebro por intermédio

tam do jogo de relações estabelecido entre o cérebro e os sentidos. O órgão cerebral coloca em ação cada parte do corpo, e age sobre si mesmo quando ele pensa. Ele não é uma substância diferente daquela do resto do corpo" (CHARBONNAT, 2007, p. 356). A sensibilidade é a faculdade que torna possível à alma pensar, e o espírito, considerado sempre a sede das faculdades intelectuais, encontra-se esvaziado de seu sentido tradicional, uma vez que o pensamento passa a ser considerado como decorrente das relações internas do corpo. Segundo Holbach, o homem supôs um princípio imaterial para suas ações por não compreender os mecanismos ocultos delas:

> Ele viu bem que o seu corpo e suas diferentes partes agiam, mas quase sempre não pôde ver aquilo que os levava à ação: acreditou, portanto, conter dentro de si mesmo um princípio motor, distinto de sua máquina, que dava secretamente o impulso às engrenagens, movia-se pela sua própria energia e agia seguindo leis totalmente diferentes daquelas que regulam os movimentos de todos os outros seres (HOLBACH, 2010, p. 111).

Ele apresenta as faculdades intelectuais como modificações do corpo humano, elas "nada mais são do que modos ou maneiras de ser e de agir, resultantes da organização do nosso corpo" (HOLBACH, 2010, p. 139). "A primeira faculdade que vemos no homem vivo, e aquela de onde decorrem todas as outras, é a sensibilidade" (HOLBA-

dos nervos: nesse momento ainda isoladas e sem coerência. A víscera entra em ação, atua sobre elas: e logo as reenvia metamorfoseadas em ideias que a linguagem da fisionomia e do gesto ou as representações da palavra e da escrita, manifestam para o exterior. Concluímos com a mesma certeza, que o cérebro digere de certa maneira as impressões; que, organicamente, realiza a secreção do pensamento" (CABANIS, Pierre J.G., *Relações do Físico e do Moral*, 2ª memória, In DESNÉ, 1969, p. 213).

CH, 2010, p. 139), uma "maneira particular de ser afetado, própria de alguns órgãos dos seres animados, ocasionada pela presença de um objeto material que age sobre tais órgãos, cujos movimentos ou abalos são transmitidos ao cérebro" (HOLBACH, 2010, p. 140). É importante salientarmos o papel fundamental atribuído ao órgão cerebral: "essa víscera é a verdadeira sede da sensibilidade; ele, do mesmo modo que a aranha que vemos suspensa no centro de sua teia,[4] é prontamente advertido de todas as modificações marcantes que ocorrem no corpo, até as extremidades, ao qual ele envia seus filamentos ou ramificações" (HOLBACH, 2010, p. 140). O cérebro é o centro de funcionamento das faculdades humanas, tanto intelectuais quanto físicas. É nele que se concentram todos os movimentos do corpo através das suas ramificações nervosas; estas, por sua vez, recebendo informações dos órgãos e tecidos sensíveis, transmitem-nos de volta ao cérebro, que processa essas informações e constitui o que chamamos de percepções, imagens, ideias, memória, ou seja, os produtos das faculdades intelectuais, ou o conteúdo do pensamento: "Identificando a alma ao cérebro, Holbach reintegra a alma no domínio das ciências naturais"

4 Essa metáfora da aranha é também usada por Diderot. Maria das Graças de Souza a descreve da seguinte maneira: "Imaginemos uma aranha no centro de sua teia; se tocarmos num dos fios, o animal será imediatamente advertido. Suponhamos que os fios que formam a teia façam parte do corpo da aranha e sejam, portanto, sensíveis. O sistema constituído pela aranha e os fios são o modelo do animal, ou do homem. A aranha é o cérebro, os fios são os nervos. Eles se estendem por todas as partes do corpo. 'Se um átomo faz oscilar um dos fios da teia de aranha, então ela se alarma, se inquieta, foge, ou corre. No centro, ela é instruída do que se passa em algum lugar qualquer deste imenso apartamento que ela atapetou'. A partir da metáfora, o organismo animal é descrito como um 'feixe' (*faisceau*), rede (*reseau*), um sistema de fibras que circunscreve toda a extensão do corpo. A relação que se estabelece entre as extremidades e o centro do feixe explica a produção das sensações" (SOUZA, 2002, p. 85).

(MISSA, 1997, p. 139). Ele tem, desse modo, uma visão mecanicista pré-científica da fisiologia do sistema nervoso. Os processos intelectuais como raciocínios, juízos de valor, e mesmo o gosto[5] (juízo estético), são também decorrentes das relações que o órgão cerebral estabelece entre as informações concebidas a partir das sensações, de modo que estas sensações, as ideias e a memória constituam todo o material que o entendimento acionará para formar os seus raciocínios e julgamentos.

De acordo com Jean-Nöel Missa, "as concepções de Holbach revelam-se assim espantosamente próximas daquelas dos defensores atuais da teoria da identidade espírito-cérebro ou da teoria do duplo aspecto". (MISSA, 1997, 139). Já Franck Salaün enfatiza que a função do cérebro é executar as operações geralmente atribuídas à alma, quais sejam, pôr o corpo em movimento e conceber as ideias a partir da faculdade sensível. Uma vez que a matéria produz o pensamento, o pensamento pode também agir sobre a matéria, de forma que os sentimentos, a consciência, a imaginação e a vontade sejam todos processos sujeitos a uma modificação decorrente do movimento interno do cérebro; isto é, uma atividade estritamente fisiológica.[6]

Já quanto à faculdade sensível, Holbach não chega a defini-la de maneira precisa, mas diz em certo momento sobre "moléculas primitivas e insensíveis de onde todos os corpos são formados" (HOLBACH, 2010, p. 79), explicando mais a frente como a matéria inanimada vem a adquirir vida e sensibilidade através dos seres vivos:

---

5 "Aquilo que é chamado de gosto nas belas-artes é devido apenas, do mesmo modo, ao refinamento de nossos órgãos exercitados pelo hábito de ver, de comparar e de julgar certos objetos. De onde resulta, em alguns homens, a faculdade de julgá-los muito prontamente ou de captar em um piscar de olhos as suas relações e o seu conjunto" (HOLBACH, 2010, p. 216).

6 Cf. SALAÜN, 2006, p. 317.

> Se nos perguntam de onde vem essa propriedade, diremos que ela é o resultado de um arranjo, de uma combinação própria do animal, de modo que uma matéria bruta e insensível deixa de ser bruta para tornar-se sensível se animalizando. É assim que o leite, o pão e o vinho se transformam na substância do homem, que é um ser sensível: essas matérias brutas se tornam sensíveis ao se combinarem com um todo sensível (HOLBACH, 2010, p. 141).

Nesse momento, ele parece se referir a uma sensibilidade própria aos seres organizados, de maneira que a matéria seja, em seus elementos primordiais, insensível, adquirindo sensibilidade a partir de uma combinação específica, tal como aquela dos seres do reino vegetal e do animal. Diderot, por exemplo, admite necessariamente a sensibilidade universal da matéria, uma propriedade pertencente a todos os elementos moleculares, ou seja, a todos os corpos existentes na Natureza. Para ele, essa sensibilidade manifesta-se em diferentes graus, de acordo com a organização específica de cada ser.[7] Pois, uma vez sendo a Natureza constituída de uma única substância, torna-se necessário atribuir a essa substância todas as propriedades que encontramos na Natureza, logo, se não se atribuir a sensibilidade à matéria, será necessário recorrer a um dualismo.[8] Contudo, Holbach, logo em seguida à afirmação da insensibilidade da matéria, diz:

7 "Mas que relação há entre o movimento e a sensibilidade? Por acaso reconheceríeis uma sensibilidade ativa e uma sensibilidade inerte, assim como há uma força viva e uma força morta? Uma força viva que se manifesta pela translação e uma força morta que se manifesta pela pressão; uma sensibilidade ativa que se caracteriza por certas ações notáveis no animal e talvez na planta; e uma sensibilidade inerte cuja existência nos seria assegurada pela passagem ao estado de sensibilidade ativa" (DIDEROT, 2000a, p. 152).

8 Segundo Maria das Graças de Souza, essa é a questão que abre o *Diálogo entre d'Alembert e Diderot*; "Se admitirmos que as propriedades dos or-

> Alguns filósofos pensam que a sensibilidade é uma qualidade universal da matéria. Nesse caso, seria inútil investigar de onde lhe vem essa propriedade que nós conhecemos pelos seus efeitos. Se admitirmos tal hipótese, do mesmo modo como distinguimos na natureza duas espécies de movimentos - um conhecido pelo nome de força viva e o outro pelo nome de força morta –, distinguiremos duas espécies de sensibilidade. E então, animalizar uma substância não será mais do que destruir os obstáculos que a impedem de ser ativa e sensível (HOLBACH, 2010, p. 142).

Aqui, Holbach apresenta a tese de que a matéria é, nos seus elementos primordiais, sensível, de modo que, ao organizar-se em seres animados, ela manifeste essa sua propriedade. Dessa maneira, ele não especifica claramente se a sensibilidade é uma propriedade inerente a todo elemento primordial, ou se ela é antes a consequência de combinações de elementos específicos, que resultam na capacidade de alguns corpos serem afetados por outros corpos, reagindo de uma maneira peculiar a essa afecção. Ou seja, para o barão, a sensibilidade pode ser ou uma qualidade inerente à matéria ou o resultado da combinação de certos elementos. Aparentemente, ele prefere manter a coerência com sua teoria do conhecimento, e não afirmar de modo peremptório nada que a experiência não possa comprovar, por isso, ele mantém uma aporia nessa questão da origem da sensibilidade. Contudo, ele conclui, sendo a sensibilidade o resultado de uma orga-

---

ganismos, sobretudo no caso do homem, têm uma causa distinta deles, por exemplo, a alma, nós nos defrontaremos com as contradições irredutíveis do dualismo substancial. [...] Em contrapartida, ao recusarmos o dualismo, seremos obrigados a atribuir à matéria, concebida como realidade única, todas as propriedades dos corpos em geral" (SOUZA, 2002, p. 49), inclusive a sensibilidade e o pensamento encontrados no homem.

nização particular, ou sendo pertencente a toda molécula, o importante é pensar que conceber um ser espiritual nesse caso seria inútil:

> Seja como for, a sensibilidade do cérebro e de todas as suas partes é um fato (...). Em poucas palavras, ou a sensibilidade é uma qualidade que se transmite como o movimento e que se adquire pela combinação, ou é uma qualidade inerente a toda matéria. E, em ambos os casos, um ser inextenso, tal como supõem que é a alma humana, não pode estar sujeito a ela (HOLBACH, 2010, p. 141-2).

Assim, a partir de uma origem nas sensações, as faculdades intelectuais são definidas como processos fisiológicos e estritamente físicos, relativos às operações que ocorrem internamente no cérebro, e o pensamento é tido como o movimento de assimilação e processamento das sensações, que resulta em todos os processos intelectuais:

> Vê-se que essas diferentes modificações não passam de consequências dos impulsos sucessivos que nossos órgãos externos transmitem ao nosso órgão interno, que desfruta daquilo que nós chamamos de faculdade de pensar, ou seja, de perceber em si próprio e de sentir as diferentes modificações ou ideias que ele recebeu, de combiná-las e de separá-las, de estendê-las e de restringi-las, de compará-las, de renová-las etc. (HOLBACH, 2010, p. 150).

Analisando todos os processos intelectuais, percebe-se que a reflexão determina as modificações decorrentes das relações entre as percepções e as ideias, sendo um movimento autônomo do cérebro, que "tem o poder de modificar a si próprio e de considerar as modificações ou os movimentos que se passam nele ou suas próprias operações – o que lhe dá novas percepções e novas ideias" (HOLBACH, 2010, p. 150). Isto é, ela constitui uma atividade de combinação, seleção e distinção das percepções e ideias, que originam ideias abstratas, que não são diretamente derivadas da sensibilidade. Contudo, é importante observar, elas não são puramente abstratas, pois tem sua raiz mais longínqua na sensibilidade, por isso não devem ser confundidas com aquelas ideias puramente abstratas características do pensamento teológico-metafísico. A memória, por sua vez, é vista como a capacidade de renovação das percepções sem a necessidade das sensações:

> Nosso órgão interno percebe que essas modificações são as mesmas que aquelas que ele antigamente havia experimentado na presença dos objetos com os quais ele as relaciona ou aos quais ele as atribui. A memória é fiel quando essas modificações são as mesmas, infiel quando elas diferem daquelas que o órgão anteriormente experimentou (HOLBACH, 2010, p. 151).

Já a imaginação é concebida como o processo de reordenar as ideias, combinando-as e justapondo-as umas às outras, de acordo com a suscetibilidade das sensações e da criatividade relativas à organização do indivíduo. É o movimento do cérebro responsável por "combinar as ideias que recebeu e que evoca, para com isso formar um conjunto ou um amontoado de modificações que ele não viu, embora conheça as ideias particulares ou as partes com as quais compõe esse conjunto ideal que não existe senão nele mesmo"[9] (HOLBACH, 2010,

9 Não se pode deixar de notar a importância da imaginação no processo de concepção das entidades metafísicas, e, consequentemente, da superstição: "Foi assim que ele produziu as ideias dos centauros, dos hipógrifos, dos deuses e dos demônios etc. [...] Foi assim que os homens, combinando um grande número de ideias tiradas deles mesmos – tais como as de justiça, de sabedoria, de bondade, de inteligência etc. –, conseguiram, com a ajuda da imaginação, formar um todo ideal que eles chamaram de divindade" (HOLBACH, 2010, p. 151).

p. 151). O juízo, por sua vez, configura-se pela capacidade do pensamento em comparar as ideias e suas modificações de acordo com suas relações e a partir do princípio de utilidade, que as considera boas ou más, úteis ou inúteis para a conservação e bem-estar do indivíduo. Esse conjunto de faculdades intelectuais constitui a estrutura mental através da qual o homem interage consigo mesmo e com o mundo, denominada costumeiramente de entendimento ou inteligência. Há ainda outras faculdades, ativas e motrizes, como a vontade, a deliberação, as paixões e os sentimentos, que serão analisadas mais precisamente na seção seguinte deste capítulo, ao tratar da crítica à ideia de espiritualidade.

Em suma, a alma humana é seu cérebro, segundo o filósofo francês. Todas as faculdades intelectuais são consideradas como modos de agir e de modificar as percepções e ideias que o cérebro recebe através da sensibilidade. Essas percepções e ideias derivam diretamente dos órgãos sensíveis, de modo que seja possível notar como a alma está sujeita às mesmas leis físicas dos corpos:

> Em tudo isso não vemos senão uma mesma substância que age diversamente em suas diferentes partes (...). Que nos seja suficiente, portanto, saber que a alma se move e que se modifica pelas causas materiais que agem sobre ela. De onde estamos autorizados a concluir que todas as suas operações e suas faculdades comprovam que ela é material (HOLBACH, 2010, p. 154).

Concebendo a alma como material, podemos ver como seu empirismo estritamente materialista serve para fundamentar uma ciência segura, através de um conhecimento que procura ser o mais claro e preciso possível, para que seja capaz de sustentar os princípios normativos apropriados para erigir um sistema moral e político, que esteja de acordo com a natureza do homem, pois este é o ponto crítico de seu pensamento. Como ele demonstra, o homem é um ser material, e seu pensamento, suas ideias, seus afetos, seus sentimentos, ou seja, os motores de sua ação, não são senão processos naturais decorrentes de seu corpo, do movimento de seus órgãos, e principalmente, do modo como seu cérebro interage com o mundo e consigo mesmo.

Voltando ao cérebro e ao modo como Holbach o define como a alma natural do homem, vê-se, portanto, que ele é um órgão extremamente delicado, capaz de captar as menores modificações ocorridas em sua máquina. Contudo, alguns de seus movimentos são imperceptíveis, de modo que, enquanto o corpo humano permanece saudável, o cérebro goza de certa tranquilidade, exercendo suas funções habituais: "apesar dos movimentos contínuos que se realizam na máquina humana, o homem parece não sentir nada quando todos esses movimentos se realizam em uma ordem adequada" (HOLBACH, 2010, p. 144). Contudo, uma modificação inesperada ou violenta no corpo – seja de um corpo externo que o atinja, seja uma variação interna, como um alimento mal digerido, o excesso de uma bebida, ou mesmo a desregulagem de um órgão ou tecido –, perturba o cérebro e o tira de seu movimento comum, de modo que ele se esforce em tentar reordenar-se novamente para reestabelecer seu equilíbrio: "Em geral, a sensação só acontece quando o cérebro pode distinguir as impressões produzidas sobre os órgãos" (HOLBACH, 2010, p. 144). Já os movimentos internos violentos e inesperados que ocorrem no corpo causam as dores que o desarranjam, obrigando-o a se concentrar na causa de sua perturbação, constituindo assim o processo das enfermidades que afetam o corpo. Do mesmo modo, algumas modificações muito violentas sequer são sentidas pelo cérebro no momento do choque, como um soldado quando é ferido em batalha, ou podem ser tão fortes que levam ao desfalecimento do corpo e sua consequente apatia, como o desmaio provocado pelo calor excessivo: "é a sacudidela distinta ou a modificação marcante a que ele é submetido que constitui a consciência" (HOLBACH, 2010, p. 144). Ou seja, o cérebro é um órgão em constante modificação, ele é diretamente responsável por cada movimento do corpo, no entanto, sua consciência[10] é limitada a alguns de seus movimentos, o que faz termos a percepção de apenas alguns processos, dos quais estejamos habituados a compreender as causas: "Quando um homem sente as dores da gota, ele tem a consciência, ou seja, sente internamente que nele se realizam algumas modificações muito marcantes, sem que nenhuma causa exterior atue imediatamente" (HOLBACH, 2010, p. 145). Contudo, ao se investigar a causa original da gota, "remontando à verdadeira fonte dessas modificações, descobriremos que são causas exteriores que as produzem – tais como a organização e o temperamento recebidos de nossos antepassados, certos alimentos e mil causas inavaliáveis e leves que, pouco a pouco, produzem o humor da gota, cujo efeito é se fazer sentir muito vivamente" (HOLBACH, 2010, p. 145). Desse modo as enfermidades são consideradas modificações no corpo que são decorrentes dos movimentos internos ou das ações dos outros corpos, não havendo nenhuma causa que ultrapasse os limites da Natureza. A medicina é a ciência que opera para conhecer essas causas, buscando abrandar seus efeitos, ou mesmo evitar sua ocorrência. Já no caso de fenômenos como delírios e convulsões, que em sua época a medicina ainda rude não conhecia exatamente as causas, Holbach diz que a eles se atribuía uma causa sobrenatural, como a ação de seres imateriais como anjos ou demônios, justamente porque não se conhecia o conjunto de causas verdadeiras que os desencadeavam,[11] e que o correto

10 "Com efeito, sem que nenhum objeto exterior venha afetar os órgãos do homem, ele sente a si mesmo, tem a consciência das modificações que nele se operam; seu cérebro é então modificado, ou se renova das modificações anteriores" (HOLBACH, 2010, p. 145).

11 "O homem acreditou que devia atribuir a alguma divindade todos os efeitos dos quais ele não podia se dar conta. Eis aí, sem dúvida, por que consideraram os sonhos, os vapores histéricos e as vertigens como efeitos divinos. Os maometanos têm ainda um grande respeito pelos loucos.

seria a investigação da causa desses fenômenos, não sua atribuição a um ser imaterial, desconhecido ou oculto.

De qualquer modo, toda sensação que perturba a máquina humana e tira o cérebro de seu estado habitual, causando-lhe dores e incômodos, caracteriza as sensações que devem ser afastadas tendo em vista a conservação e preservação do ser. Pois a dor nada mais é que um mecanismo de defesa do corpo, um modo de o cérebro interpretar o que pode ameaçar a própria existência de sua máquina:

> Ele não se apercebe do estado de saúde, mas se apercebe do estado de dor ou de doença, porque em um o seu cérebro não é muito fortemente afetado, enquanto que no outro os seus nervos são submetidos a contrações, sacudidelas, movimentos violentos e desordenados que o advertem de que alguma causa age fortemente sobre eles, e de uma maneira pouco análoga à sua natureza habitual. Eis aquilo que constitui a maneira de ser que nós chamamos de dor (HOLBACH, 2010, 144).

Por outro lado, uma modificação que proporcione ao cérebro uma sensação agradável, e que ponha a máquina em funcionamento tendo em vista aumentar ou prolongar essa sensação, e do qual conserve sua tranquilidade em exercer suas funções, é considerada como necessária para o prolongamento do bem-estar, situação do qual o homem está impelido a buscar para conservar-se e ser feliz.[12] Ou seja, é

Os cristãos consideram os êxtases como favores do céu; eles chamam de *visões* aquilo que outros chamariam de loucura, vertigem, desarranjo do cérebro" (HOLBACH, 2010, p. 445, nota 3).

12 Podemos estabelecer nesse ponto uma aproximação com o termo *eustatheía*, no qual Markus Figueira da Silva aponta em sua análise da filosofia de Epicuro. Segundo ele, esse termo "se tomado literalmente, encontraremos imediatamente a ideia de um estado equilibrado, no sentido físico

a partir das relações de dor e de prazer que o homem age, procurando afastar-se daquilo que lhe seja nocivo, e buscando aquilo que lhe seja agradável e útil. Holbach atribui ao cérebro uma importância capital nesse processo de interação entre o homem e o mundo. Pensamos o mundo na medida em que o sentimos, e as sensações, decorrentes no corpo das afecções da sensibilidade, constituem parte do processo cognitivo que temos, dos quais se elaboram as ideias, os valores e as relações com os outros seres e com nós mesmos. É, pois, através da sensação que se conhece o mundo. Seu empirismo, nesse sentido, é categórico e afirma que a única fonte das ideias é a Natureza, que se conhece através do corpo e da experiência sensível. De forma que podemos afirmar: o conhecimento assim como a felicidade e o bem-estar são frutos da interação entre o homem e a Natureza.

*

do posicionamento deste corpo em relação ao meio em que se encontra. Queremos com isso chamar a atenção para as constantes relações estabelecidas entre o corpo que age e sofre e as coisas sobre as quais age e das quais sofre afecções. [...] Este termo, entretanto, é pensado pela física – particularmente pela mecânica – como o estado de um corpo em repouso, em que as forças que o solicitam se contrabalançam exatamente. Podemos então pensar tais forças como expressões da natureza que podem ou não afetar o corpo, e, neste sentido, é igualmente possível pensarmos que este equilíbrio não é absoluto, mas oscilatório, uma vez que afetos e desafetos ocorrem casualmente na natureza" (SILVA, 2003, p. 53). Ou seja, para Holbach, assim como para Epicuro, as afecções da alma impelem o corpo em diferentes direções, e o estado de bem-estar, ou a boa disposição, constitui um equilíbrio das afecções da alma que a mantém num estado de tranquilidade, ou, como diz Bourdin, *apatia feliz* (Cf. Capítulo II, seção *A ordem e a necessidade na Natureza*).

Sua teoria do conhecimento, como já visto, é configurada pelos princípios do empirismo de Hobbes e Locke.[13] Ele define três etapas no processo do conhecimento, que partem das sensações, que são derivadas das impressões que os objetos causam nos sentidos, e ao chegarem ao cérebro, modificam-no, constituindo as percepções pelas quais ele processa e relaciona aos objetos, concebendo assim as ideias.[14] Cada indivíduo, devido à singularidade de sua organização,

---

13 No capítulo 8, intitulado "Das faculdades intelectuais; todas são derivadas da faculdade de sentir", ele afirma seu empirismo de forma contundente: "Para que eu tenha uma noção precisa do pensamento, é necessário examinar passo a passo aquilo que ocorre em mim com a presença de um objeto qualquer. Suponhamos por um momento que esse objeto seja um pêssego; esse fruto produz primeiramente sobre meus olhos duas impressões diferentes, ou seja, produz neles duas modificações que são transmitidas até o cérebro. Nessa ocasião, este experimenta duas novas maneiras de ser ou percepções que eu designo pelos nomes de cor e de redondez; como consequência, eu tenho a ideia de um corpo redondo e colorido. Pondo a mão nesse fruto, aplico a ele o órgão do tato; logo minha mão experimenta três novas impressões que eu designo pelos nomes de maciez, de frescor e de peso, de onde resultam três novas percepções no cérebro e três novas ideias. Se eu aproximo esse fruto do órgão do olfato, este experimenta uma nova modificação, que transmite ao cérebro uma nova percepção e uma nova ideia, que é chamada de odor. Por fim, se eu levo esse fruto à minha boca, o órgão do paladar é afetado de uma nova maneira, seguida de uma percepção que faz nascer em mim a ideia de sabor. Reunindo todas essas diferentes impressões ou modificações dos meus órgãos, transmitidas ao meu cérebro, quer dizer, combinando nele todas as sensações, as percepções e as ideias que recebi, tenho a ideia de um todo que designo pelo nome de pêssego, do qual meu pensamento pode se ocupar ou do qual tenho uma noção" (HOLBACH, 2010, 149).

14 "Chamamos de sensíveis os órgãos visíveis do nosso corpo, por intermédio dos quais o cérebro é modificado. [...] Essas modificações, consideradas em si mesmas, são chamadas de *sensações*. Elas são chamadas de *percepções* a partir do momento que o órgão interno as percebe ou é advertido sobre elas; são chamadas de *ideias* quando o órgão interno

possui um grau diferenciado de suscetibilidade dos órgãos aos objetos, de modo que as afecções que estes causam são variadas, diversificando o modo como cada ser percebe e se relaciona com o mundo:[15]

> São os diferentes graus de mobilidade, dos quais a organização particular dos indivíduos da nossa espécie os torna suscetíveis, que impõem entre eles diferenças infinitas e variedades incríveis, tanto para as faculdades corporais como para aquelas que são chamadas de mentais ou intelectuais. Dessa maior ou menor mobilidade resulta o espírito, a sensibilidade, a imaginação, o gosto etc. (HOLBACH, 2010, p. 147).

Holbach não só radicalizou o empirismo de Hobbes e Locke, já que afirma a inexistência de qualquer entidade imaterial, como também constituiu uma epistemologia própria, tendo em vista as diversas modalidades de empirismo debatidas em seu século.[16] A proeminência com a qual ele relaciona a organização fisiológica com as ideias torna seu empirismo singular, pois ele dá ênfase não apenas a variedade dos objetos de conhecimento e o modo como eles afetam os sentidos, como também enfatiza principalmente o modo como eles são percebidos idiossincraticamente:

---

relaciona essas modificações com o objeto que as produziu" (HOLBACH, 2010, p. 146).

15 Holbach inclusive faz alusão aos processos mentais como descargas elétricas, dizendo que "eu estaria bastante tentado a crer que aquilo que os médicos chamam de *fluido nervoso*, ou essa matéria tão móvel que adverte tão prontamente o cérebro de tudo aquilo que se passa em nós, não é outra coisa que a matéria elétrica, e que é a diferença entre suas doses ou proporções uma das principais causas da diversidade dos homens e de suas faculdades" (HOLBACH, 2010, p. 164, nota 2).

16 Muitos são os tratados similares ao de Locke sobre o entendimento. Podemos citar os mais notórios como os de Condillac, Hume e Berkeley.

> Todas as modificações recebidas pelo cérebro, todas as sensações, percepções e ideias que os objetos que afetam os sentidos lhe dão ou que ele renova em si mesmo são agradáveis ou desagradáveis, são favoráveis ou nocivas à nossa maneira de ser habitual ou passageira, e dispõem o órgão interno a agir – aquilo que ele faz em razão da sua própria energia, que não é a mesma em todos os seres da espécie humana, e que depende dos seus temperamentos (HOLBACH, 2010, p. 153).

Em geral, há nos filósofos empiristas uma proeminência dos objetos. Os órgãos sensíveis percebem os objetos, relacionando suas propriedades, seus atributos, seus modos de ser. Berkeley e Rousseau, por exemplo, consideravam que os objetos *dizem* aos sentidos o que são através de suas qualidades sensíveis. Holbach, por sua vez, evidencia a singularidade com que cada ser sensível é capaz de percebê-los a partir de sua própria organização, isto é, através da singularidade de seu corpo, de maneira que o elemento subjetivo não deixa de ser fundamental na elaboração do conhecimento. A verdade, assim, se aproxima mais da verossimilhança, do que propriamente da verdade totalmente exterior, acessível ou inacessível, ao indivíduo que busca conhecê-la. De maneira que o conhecimento esteja assim estritamente relacionado com a afetividade.

Essa singularidade é suficiente para Charbonnat alertar para uma possível aproximação entre o empirismo cético de Hume e a dieta epistemológica defendida por Holbach. Para o filósofo escocês, a experiência também é o único caminho que leva à verdade, pois ela delimita a possibilidade da razão de conceber noções abstratas e fictícias, tal como defende também o filósofo francês. Contudo, como salienta Charbonnat, há mais dissonâncias que aproximações entre Hume e Holbach, uma vez que para o filósofo cético, a experiência permite apenas um acesso superficial às coisas, não chegando à sua essência verdadeira, de forma que a causalidade real dos fenômenos não possa ser atingida pelo entendimento humano, o que dificulta a certeza epistemológica necessária ao desenvolvimento da ciência. Já para Holbach, por sua vez, a experiência, mesmo não atingindo de fato a essência da matéria, não dissimula a ligação necessária entre os fenômenos, pois ela pode de fato compreender o movimento das causas. Caso isso não ocorresse, a essência do mundo nos remeteria necessariamente a uma entidade puramente abstrata[17] ou sobrenatural, paralela à matéria, o que não seria admissível para Holbach, que considera que toda noção que remeta a uma transcendência deva ser banida da filosofia. Ou seja, se por um lado, Hume coloca a questão da origem[18] e do motor primeiro como insolúvel, já que a causalidade primeira não é acessível ao entendimento, por seu lado, Holbach considera que nenhuma realidade que esteja fora da Natureza, inalcançável pela experiência, deva ser considerada científica e filosoficamente. Charbonnat ainda enfatiza que, uma vez sendo a preocupação de Holbach menos metafísica e epistemológica do que ética, a neutralidade cética não pode ser a postura de um filósofo preocupado com o desenvolvimento das ciências e com o progresso das Luzes.[19] O que significa que o fato de ele conservar algumas aporias e limites em sua teoria do conhecimento não o torna um filósofo cético.

Porém, há limites no empirismo de Holbach, como sugere Jean-Claude Bourdin. Ele apresenta um empirismo que busca fundamen-

17 É importante notarmos a distinção que Holbach estabelece entre os elementos primordiais da matéria, que por ora poderíamos chamar de átomos, com o espírito. Ver Capítulo II, seção *Crítica ao espiritualismo e ao deísmo*, nota 137.

18 Para Charbonnat, "a questão da origem [do ser] em Holbach é tratada da mesma maneira que em Diderot", sendo inclusive "difícil dizer qual dos dois influenciou mais o outro" (CHARBONNAT, 2007, p. 354).

19 Cf. CHARBONNAT, 2007, p. 353.

tar uma base sólida para o conhecimento, a fim de sustentar um sistema normativo eficiente, tanto para a ciência quanto para a moral: "o que o interessa não é propor uma nova teoria de engendramento das noções abstratas a partir da sensação, mas de dispor de um critério de evidência dos princípios" (BOURDIN, 2006, p. 341). Como visto, ele recusa uma epistemologia que elenque suposições que não possuam correspondência na Natureza, que sejam meras hipóteses que não tenham relação com a matéria e suas propriedades, mas aceita aquelas que promovam uma abstração dedutiva. Por essa razão, sua teoria do conhecimento apresenta assim algumas dificuldades com as quais ele precisa lidar. Por exemplo, é perceptível uma dificuldade em assegurar que uma ideia esteja próxima de seu referencial sensível, apesar de um alto grau de abstração, correndo o risco de poder ser usada de maneira incorreta, como é o caso da própria noção de matéria elementar: "O que é necessário é poder relacionar a todo o momento nossas ideias e mais especialmente nossos princípios à experiência sensível de onde nós os tenhamos tirado" (BOURDIN, 2006, p. 341). Por exemplo, o átomo é, precisamente, uma pura abstração, apesar de ser uma dedução lógica da inferência de que, uma vez que os corpos são divisíveis, é provável que haja um limite para sua divisibilidade ou, do contrário, não haveria um número determinado de qualidades, e os seres não poderiam organizar-se a partir das combinações das suas propriedades, que seriam esparsas. Do mesmo modo, há a hipótese de que as qualidades são também imutáveis, uma vez que sejam limitadas, pois caso fossem mutáveis, seus movimentos seriam imprevisíveis, já que não haveria regularidade nas modificações dos corpos compostos. Essas hipóteses que sustentam esses princípios epistemológicos de fato não podem ser atestadas pela experiência, mas Holbach procura tornar seu empirismo rigoroso a partir desse modo de raciocinar. É o mesmo caso, como já citado, em relação à sensibilidade dos elementos primordiais da matéria: na impossibilidade de se afirmar se eles são sensíveis ou se a sensibilidade decorre da organização, conserva-se a aporia de maneira que não contrarie seu princípio fundamental da inexistência de quaisquer entidades metafísicas.

De todo modo, o conhecimento e a ciência desvirtuam-se caso se perca essa ligação com a experiência sensível e as ideias acabem por entrar numa lógica da imaginação que possa fugir ao controle da razão. Uma teoria do conhecimento que fuja a essa metodologia pode imprimir no espírito uma atividade estéril, especulativa, que constitui justamente a filosofia que Holbach busca confrontar:[20]

> Com efeito, as ideias sendo derivadas dos sentidos e da experiência sensível, devem em permanência verificar sua validade em se submetendo à operação de recondução à origem sensível que lhes dá nascimento. [...] Reduzir o sentido das palavras e o uso das ideias trata de criticar as 'qualidades negativas' e mostrar, de maneira geral, que os conceitos gerais e abstratos não nos dão a representação de nenhum ser real (BOURDIN, 2006, p. 329).

A falta de eloquência do barão ao formular sua concepção de conhecimento e mesmo para estabelecer seu materialismo com determinado rigor epistemológico é observada por Bourdin: "se Holbach circunscreve satisfatoriamente o conhecimento racional dentro dos limites da experiência do útil, nós não sabemos ainda como se exerceria nosso pensamento natural no momento em que ele deveria fixar sua crença sobre objetos de pura especulação, destacada das preocupações pragmáticas da vida" (BOURDIN, 2006, p. 340). Essa dificuldade em estabelecer uma teoria do conhecimento estritamente pautada na experiência é enfrentada a partir de alguns preceitos fundamentais que devem sustentar qualquer afirmação científica ou filosófica:

20 Cf. BOURDIN, 2006, p. 341.

> Se, como disse Aristóteles há mais de dois mil anos, *nada entra em nosso espírito a não ser pela via dos sentidos*, tudo aquilo que sai do nosso espírito deve encontrar algum objeto sensível ao qual possa vincular as suas ideias, seja imediatamente como *homem*, *árvore*, *pássaro* etc., seja em última análise ou decomposição como *prazer*, *felicidade*, *vício* e *virtude* etc. (HOLBACH, 2010, p. 207).

Como se pode ver em *Le Bon Sens*, ele desenvolve uma concepção de razão natural que tem em vista uma espécie de Canônica pautada em alguns preceitos simples e facilmente memorizáveis (bem próximo ao modo epicurista de conceber o conhecimento).[21] O primeiro preceito exprime uma subordinação de fato e de direito dos princípios do conhecimento à experiência sensível:[22] "Todo princípio é um julgamento, todo julgamento é o efeito da experiência; a experiência não se adquire senão pelo exercício dos sentidos: de onde se segue que os princípios religiosos não se apoiam evidentemente sobre nada, e não são absolutamente inatos" (HOLBACH, *Le Bon Sens*, §4, p. 16); ou seja, todo objeto de conhecimento é derivado diretamente das sensações. Já o segundo preceito diz respeito ao limite do conhecimento, que é determinado através da suposição de que há uma proporção entre o pensamento e seu objeto.[23] Bourdin diz que Holbach, para não cair num tipo de idealismo, propõe uma exigência, pode-se

---

21 "Os epicuristas apreciavam de maneira muito particular destilar de modo conciso e notável os princípios de seu ensinamento filosófico. Seu pensamento ético apresentava-se, em sua formulação mais concisa, como um conjunto de quatro proposições simples, o 'quádruplo remédio' (*tetrafarmakos*)". (WARREN, 2011, p. 145).

22 Cf. BOURDIN, 2006, p. 341.

23 Ele pergunta em *Le Bon Sens*: "Como se tem conseguido persuadir a seres racionais que a coisa mais impossível para se compreender seja a mais essencial para eles? " (HOLBACH, *Le Bon Sens*, §9, p. 18).

assim dizer, a de que o espírito humano deva encontrar-se em seus conhecimentos; isto é, que seus conhecimentos estejam relacionados, em última instância, aos seus interesses, como aquele da vida feliz e da ordem social,[24] de forma que o limite para a dedução ou hipótese de suas investigações científicas seja a experiência da vida humana, ou o que esteja de acordo com suas necessidades. Por conseguinte, "o terceiro preceito anuncia a impossibilidade de uma coisa se deduzir da contradição entre duas ideias consideradas como indefinidas" (BOURDIN, 2006, p. 342), de modo que não podemos aferir uma dedução ou hipótese a partir de algo incerto ou incognoscível, já que, uma vez que as ideias são asseguradas pelo testemunho dos sentidos, que as fazem nascer, é esse testemunho que permite avaliar se as ideias são compatíveis ou não.

Podemos resumir assim uma série de proposições que constituem princípios epistemológicos derivados destes três preceitos (como Epicuro fez com sua Canônica)[25] – são eles, pois, que devem orientar a direção de uma hipótese filosófica ou científica sobre a realidade, quais sejam: 1. A matéria, cuja existência é assegurada pelos nossos sentidos, é a única realidade; 2. Seu modo de existência e de manifestação é o movimento com todas as suas variedades; 3. Só um ser material e então capaz de movimento pode ser afetado e movido; 4. Tudo o que afeta e move é material e dotado de movimento; 5. O modo de afecção entre as coisas é do tipo causal. A partir desse encadeamento de raciocínios, esse conjunto de princípios e preceitos serve antes para desqualificar

24 Cf. BOURDIN, 2006, p. 342.

25 "A epistemologia de Epicuro não se confunde com uma lógica, seu objeto essencial não sendo, por exemplo, descrever os raciocínios corretos. Rejeitando uma disciplina do saber puramente especulativa, Epicuro promove uma epistemologia normativa e heurística, encarregada, decerto, de garantir nossos conhecimentos (ao menos aqueles que são úteis), mas, sobretudo, de elaborá-los" (GIGANDET, 2011, p. 93).

as proposições metafísicas e teológicas, relativas àquelas ideias concernentes à existência de Deus, à espiritualidade e imortalidade da alma, à liberdade da vontade, além de servir também para destruir as crenças religiosas assimiladas às superstições populares.[26]

Crítica à concepção espiritualista de homem

É importante salientar o empenho de Holbach em confrontar os princípios metafísicos e, principalmente, a concepção espiritualista de homem. Como já dito, dos 17 capítulos da primeira parte do *Sistema da Natureza*, cinco ocupam-se especificamente em apresentar argumentos contrários a essa concepção. Dois pontos são importantes destacar nessa crítica ao espiritualismo. Um corresponde à crítica epistemológica, pois se refere à negação do inatismo antigo[27] e à dou-

26 Cf. BOURDIN, 2006, p. 342-3.

27 Platão considerava que a alma, por participar do divino, possuía em si o conhecimento das ideias eternas, ou das realidades inteligíveis. Segundo Jean-François Pradeau, em Platão, a alma "é causa de todos os movimentos (entre os quais, segundo Platão, figura o próprio pensamento), suscetível de ser afetada por objetos exteriores, que ela aí percebe" (PRADEAU, 2008, p. 30). Todo o processo de movimento e conhecimento do corpo passa necessariamente pela alma, pois quando ela é tocada pelos objetos, sejam movimentos sensíveis, sejam realidades inteligíveis, pronuncia um juízo sobre eles, de acordo com seu grau de realidade. Aquilo que não a afeta, por não possuir ser, é denominado ignorância, enquanto que o que é verdadeiro, produz um conhecimento relativo às essências inteligíveis. Entre o não-ser e a realidade inteligível encontra-se o sensível, que não pode ser apreendido verdadeiramente por ser aparência, ou seja, por estar em devir. Sua percepção constitui o que os gregos chamavam de *dóxa* (opinião), e não poderia constituir um conhecimento verdadeiro (*epistème*), por seu caráter fugidio: "À medida que a opinião se pronuncia sobre as coisas tais como aparecem, é suscetível tanto de verdade como de falsidade ou de uma eventual veracidade" (PRADEAU, 2008, p. 31). As realidades inteligíveis, por sua vez, por serem imóveis e eternas, constituem o conhecimento verdadeiro, a *epistème*, sendo atingíveis apenas

trina das ideias inatas dos racionalistas, encontrada principalmente no capítulo 10, intitulado "Nossa alma não extrai suas ideias de si própria. Não existem ideias inatas", no qual ele procura confrontar principalmente o cartesianismo. Outro, de âmbito ontológico e moral, refere-se à negação da liberdade da vontade, no qual, mais especificamente no capítulo 11, intitulado "Do Sistema da Liberdade do Homem", ele busca desconstruir as noções metafísicas e teológicas de vontade livre e livre-arbítrio. Nessas críticas, ele procura demonstrar que o homem adquire as ideias e age conforme a necessidade que é inerente à sua natureza, ou seja, de acordo com as sensações e ideias delas decorrentes, e aos impulsos vindos de seu corpo em relação às suas necessidades internas e às suas afecções. Ele não é, portanto, dotado de ideias anteriores à experiência, tampouco livre para agir conforme uma determinação moral *a priori* e transcendente.

Primeiramente, vejamos a crítica que Holbach elabora à doutrina das ideias inatas, à qual ele dedica todo um capítulo do primeiro tomo de sua obra. Uma vez demonstrado que a alma humana é material, e que suas faculdades intelectuais são derivadas das relações físicas entre seu corpo, seu cérebro e o mundo que o cerca, Holbach afirma aos dualistas: a alma não é distinta do corpo e as ideias inatas são fantasiosas, pois ficou demonstrado que ela não possui a faculdade de mover-se por si mesma ou pensar em algum objeto sem que nenhuma causa exterior venha agir sobre ela. Ele observa como dessa concepção derivaram os mais pretensiosos sistemas que o espírito humano é capaz de conceber, inclusive os mais absurdos.[28] E alerta,

---

pelo intelecto, através do processo dialético, quando a alma finalmente se liberta das opiniões sensíveis.

28 "[...]os partidários da espiritualidade acreditam resolver as dificuldades que os atormentam dizendo que *a alma está por inteiro em cada ponto de sua extensão*. Mas é fácil perceber que isso não é resolver a dificuldade a não ser com uma resposta absurda, pois é necessário, no fim das contas,

por exemplo, para a extravagância do sistema de Berkeley, que afirma que a matéria e, por consequência, a Natureza, não existe por si mesma, enquanto substância, porém, mesmo assim, só seria possível conhecer os objetos através dela, pois os objetos são a fonte das ideias que o espírito concebe. Apesar de admitir que a única substância real seja a espiritual, e defender que ela não pode ser conhecida pelos sentidos, pois o espírito conhece apenas os objetos pela sensibilidade e então se supõe distinto deles – como em Descartes –, ele propõe que a matéria seja inexistente, que o homem seja um espírito sem corpo, e que os objetos sejam apenas ideias desses espíritos particulares. Isto é, o que é real é o espírito que conhece os objetos pelo seu corpo, que não é real, e os objetos não são reais, são apenas ideias que existem por si mesmas, sustentadas por Deus, que é o espírito absoluto. São hipóteses, portanto, contrárias ao bom senso e aos princípios filosóficos mais razoáveis.[29] Ao criticar o sistema de Berkeley, Holbach

---

que este ponto, por mais imperceptível e por menor que ele seja suposto, permaneça alguma coisa. Porém, ainda que nessa resposta houvesse muita solidez, e existe pouca, de qualquer maneira que o meu espírito ou a minha alma se encontre em sua extensão, quando meu corpo se move para a frente, minha alma não fica para trás. Então, portanto, ela tem uma qualidade totalmente em comum com o meu corpo, e própria da matéria, já que ela é transferida conjuntamente com ele" (HOLBACH, 2010, p. 128). Ele ainda diz: "uma infinidade de extensões ou a mesma inextensão repetida uma infinidade de vezes constituiria a extensão, o que é absurdo" (HOLBACH, 2010, p. 129, nota 4).

29 Vejamos a crítica de Holbach ao sistema de Berkeley: "Quando os teólogos imaginaram uma substância heterogênea ao corpo do homem, à qual eles atribuíram todos os seus pensamentos, o corpo tornou-se supérfluo. Foi preciso ver tudo em si; foi preciso ver em deus, foi preciso que deus se tornasse o intermediário, o laço comum entre a alma e o corpo. Foi preciso que o universo inteiro, sem excetuar o nosso próprio corpo, não passasse de um sonho variado e necessário, o sonho de um único homem; foi preciso que cada homem se considerasse como o todo, como o único ser existente e necessário, como o próprio Deus. Enfim, foi preciso

questiona: "cada ideia é um efeito. Porém, por mais difícil que possa ser remontar à causa, podemos supor que ele não seja devido a uma outra causa? Se nós só podemos ter ideias de substâncias materiais, como podemos supor que a causa de nossas ideias seja imaterial?" (HOLBACH, 2010, p. 200). Tal como Diderot, ele usa como exemplo o cego, pois que dizer ser possível conceber as ideias sem a experiência sensível seria o mesmo que dizer que é possível ao cego saber o que é o vermelho ou o azul, sem nunca tê-los visto.[30] Um cego que adquirisse a visão não seria capaz de distingui-los, sem que alguém lhes ensinasse qual é qual.

A raiz do erro dos filósofos inatistas é instituir seu sistema a partir do princípio teológico de uma alma imaterial, um puro espírito ou substância distinta do corpo, pois, afinal, para sustentar a existência das ideias e a fonte das mesmas, há a necessidade de comprovar que a alma as possui mesmo fora do corpo: "Na impossibilidade de explicar esse fenômeno, e vendo que a alma tinha ideias, concluíram que esta devia extraí-la de si própria e não dos seres" (HOLBACH, 2010, p. 200). Ele utiliza o sonho para explicar, por exemplo, que todo o material da mente compõe-se de um movimento do cérebro que consiste em processar a profusão de ideias recebidas pelos sentidos durante a vigília. Esse movimento se dá de maneira involuntária, e a produção das imagens que o constituem escapa à consciência, pois esse material do sonho compõe-se das ideias recebidas ora pela imaginação ora pela memória, uma vez que a sensibilidade está adormecida, e através das associações de diversas percepções processadas. Isso demonstra a relação intrínseca entre os sonhos e o estado de saúde corpóreo;

---

que o mais extravagante dos sistemas (o de Berkeley) fosse o mais difícil de combater" (HOLBACH, 2010, p. 199, nota 2).

30 Diderot dedica toda uma obra a essa questão do conhecimento com implicações na moral. Cf. *Carta sobre os cegos para uso dos que veem* In DIDEROT, 2000a, p. 95-140.

> Os sonhos desagradáveis, bizarros, descosidos, são comumente efeitos de alguma desordem em nossa máquina, tais como uma digestão difícil, um sangue muito aquecido, uma fermentação nociva etc., e essas causas materiais provocam em nosso corpo alguns movimentos desordenados que impedem que o cérebro seja modificado da mesma maneira como havia sido durante a vigília (HOLBACH, 2010, p. 202).

Deste modo, Holbach critica a tese de que o corpo seja constituído de uma matéria homogênea e insensível, de maneira que

> a fonte dos nossos erros vem do fato de que consideramos o corpo como matéria bruta e inerte, enquanto esse corpo é uma máquina sensível, que tem necessariamente a consciência momentânea no instante em que ela recebe uma impressão, e que tem a consciência do eu pela memória das impressões sucessivamente experimentadas (HOLBACH, 2010, p. 205).

Todo o processo do raciocínio organiza-se a partir da memória, que retém as impressões e as associa sucessivamente, constituindo assim a identidade do eu, a idiossincrasia dos indivíduos. Como visto há pouco, a consciência é o próprio movimento interno do cérebro, caracterizado pelo agir dele sobre si mesmo. Uma vez constituídas as ideias, elas passam a influenciar o movimento da vontade e do corpo, e as impressões que o afetaram, ao constituírem o material da memória, formam um conjunto sucessivo de lembranças que caracterizam a personalidade individual. O *Eu*, portanto, é muito mais profundo que uma substância pensante, imaterial e distinta do corpo. Pelo contrário, ele é o próprio corpo, ele é a síntese das impressões, das lembranças e ideias que, relacionadas, constituem as circunvoluções do corpo, isto é, o movimento da vontade, os desejos e as paixões que caracterizam o indivíduo enquanto ser singular e ativo.

> Com efeito, nunca é senão pelos nossos sentidos que os seres nos são conhecidos ou produzem ideias em nós; é apenas em consequência dos movimentos impressos em nosso corpo que o nosso cérebro se modifica ou que a nossa alma pensa, quer e age (...). Ora, todas as vezes em que uma palavra ou sua ideia não fornece nenhum objeto sensível com o qual seja possível compará-las, elas são provenientes do nada, são vazias de sentido (HOLBACH, 2010, p. 207).

As suposições do inatismo, como a metempsicose ou a imortalidade da alma, formam um conjunto de princípios sustentados unicamente pela especulação e pela imaginação, pois é impossível apoiar esses princípios nas sensações e na experiência, já que a particularidade de cada homem demonstra que as ideias são "adquiridas" no decorrer da sua "vivência", através de sua experiência sensível da vida, de suas opiniões, de sua maneira de se relacionar consigo mesmo e com o mundo.

Relacionar-se consigo mesmo e com o mundo configura o aspecto moral da vida, e os princípios do inatismo serviram também para sustentá-lo. Esses princípios contribuíram para que a moral fosse concebida sem a experiência, e os juízos morais fossem elaborados a partir das especulações sobre as ideias anteriores à experiência:

> os moralistas deveriam, pela mesma razão, ter concluído que aquilo que eles chamam de *sentimento moral*, *instinto moral*, ideias *inatas* da virtude, anteriores a toda experiência ou aos efeitos bons ou maus que dela resultam para nós, são noções quiméricas que, como muitas

> outras, têm apenas a teologia como fiadora e como base (HOLBACH, 2010, p. 208).

O que torna impossível às ideias inatas sustentarem a moral é o fato de os juízos (ou julgamentos) serem uma consequência das sensações e da comparação, de modo que as noções de bom e mau, justo e injusto, útil ou inútil, entre outras, sejam derivadas também da experiência e da utilidade desses juízos, tendo em vista a conservação e o bem-estar: "Dizer que as ideias da moral são inatas ou efeito de um instinto é o mesmo que sustentar que um homem sabe ler antes de conhecer as letras do alfabeto" (HOLBACH, 2010, p. 208, nota 4). De modo que as ideias sobre os sentimentos morais, ou

> os juízos que nós emitimos sobre as vontades e as ações dos homens, são fundamentadas na experiência, que é a única capaz de nos fazer conhecer aquelas que são úteis ou nocivas, virtuosas ou viciosas, honestas ou desonestas, dignas de estima ou de censura. Nossos sentimentos morais são os frutos de uma multidão de experiências quase sempre muito longas e muito complicadas (HOLBACH, 2010, p. 210).

Os objetos que são a origem dessas ideias devem ser, portanto, reais, seja sensivelmente, ou por decomposição ou analogia, como é o caso das noções abstratas de justiça, bondade, beleza, virtude etc. Essas noções só são possíveis de ser pensadas quando relacionadas a objetos concretos. Por outro lado, quanto às palavras espiritualidade, imortalidade, imaterialidade, não é possível relacioná-las senão ao vazio, pois elas não apresentam qualidades que possam indicar uma relação com algo real no mundo. Inclusive, Holbach defende, como visto no capítulo anterior, que tudo aquilo que não tenha semelhança ou analogia com algo concreto e real deve ser banido da linguagem, assim como as palavras deus e alma.[31] Assim, ele observa que o erro de Locke, Hobbes, Condillac e outros foi não terem efetuado a exclusão dessas noções transcendentes em seus sistemas, pois elas conservariam os preconceitos que formam os costumes: "Locke e todos aqueles que adotaram seu sistema tão demonstrado, ou o axioma de Aristóteles, deveriam ter concluído daí que todos os seres maravilhosos dos quais se ocupa a teologia são puras quimeras, que o *espírito* ou a substância inextensa e imaterial não passa de uma ausência de ideias" (HOLBACH, 2010, p. 208).

Isso demonstra a força da superstição, pois se mantém a crença em Deus e nos princípios teológicos mesmo tendo solapado, através da razão, todos os seus fundamentos. Os inatistas alegam que isso ocorre devido à noção de Deus ser inata, pois observa-se que todos os povos, ou mesmo todos os homens, possuem alguma noção da divindade, mesmo que equivocada. Segundo Holbach, a ideia de divindade é uma ideia que se perpetua por gerações, por estar arraigada na mente coletiva através dos preconceitos e das tradições no decorrer da história das diferentes sociedades, passando de pai para filho, de povo para povo: "Nossa memória – carregada, nesse caso, com uma multidão de experiências ou de fatos – não nos lembra mais ou não pode mais distinguir as circunstâncias particulares que contribuíram para conferir ao nosso cérebro sua maneira de ser e de pensar, suas opiniões atuais" (HOLBACH, 2010, p. 209). Apesar de não se possuir nenhuma evidência clara e concreta sobre a existência de qualquer divindade, ou nenhuma experiência sensível que possa já tê-la comprovado, ela perpetua-se pela memória coletiva ao longo das gerações. Ou seja, é por não se localizar a *origem* da ideia de divindade que se acredita que ela seja inata.[32]

---

31 Cf. Capítulo II, seção *Crítica ao espiritualismo e ao deísmo*, nota 131

32 "Nenhum de nós se lembra da primeira vez em que a palavra deus, por exemplo, feriu nossos ouvidos, das primeiras ideias que formamos sobre

Seja devido aos costumes, seja pelos preconceitos arraigados, esses sentimentos morais se formam e configuram as ideias que aparentemente são inatas. Por outro lado, quando as ações são julgadas de acordo com seus efeitos para o homem e a sociedade, elas constituem um instinto moral. Os sentimentos maternos e paternos, por exemplo, ou o amor dos filhos pelos pais, nada mais são que o produto da sociedade que se formou a partir da instituição familiar, isto é, das relações afetivas e do sentimento recíproco de cuidados que se originam e se conservam através dos laços sanguíneos;

> eles são efeitos da experiência, da reflexão e do hábito nos corações sensíveis. Esses sentimentos não subsistem em um grande número de seres da espécie humana. Quase sempre tudo o que nós vemos são pais tirânicos ocupados em transformar em inimigos os filhos, que eles parecem ter tido apenas para serem vítimas dos seus caprichos insensatos (HOLBACH, 2010, p. 211).

Para complementar essa crítica, Holbach procura explicar alguns talentos inatos, como o do fisionomista,[33] que tem uma percepção aguçada para esmiuçar as características do rosto e deduzir o estado de espírito de outros sujeitos, ou a perspicácia com que alguns

---

isso, dos primeiros pensamentos que esse som produziu: no entanto, é certo que desde então temos buscado na natureza algum ser a quem relacionar as ideias que formamos ou que nos foram sugeridas" (HOLBACH, 2010, p. 209).

33 "Em alguns seres da nossa espécie, que parecem dotados de uma sensibilidade de órgãos maior do que a dos outros, vemos um instinto com a ajuda do qual eles julgam muito prontamente as disposições mais ocultas das pessoas apenas com a inspeção das suas feições. [...] Olhos refinados e exercitados adquirem, sem dúvida, a faculdade de reconhecer os movimentos ocultos da alma pelos traços visíveis que deixam em um rosto que continuamente modificaram" (HOLBACH, 2010, p. 213).

homens advinham acontecimentos na vida de outras pessoas; ou mesmo os dons proféticos, talentos dos quais se acredita serem o efeito de uma alma conectada diretamente a um mundo ou ser transcendente, ou que demonstram qualidades inerentes à alma. Mas o barão diz que esses talentos são qualidades decorrentes da organização específica do indivíduo, que possui alguns atributos particulares em relação aos outros, devido especificamente à sua fisiologia, à atenção que ele dedica aos objetos e à experiência, que juntas, constituem uma qualidade que poucos desenvolvem;

> alguns homens [são] suscetíveis de avaliar, em um piscar de olhos, uma multidão de circunstâncias e de pressentir, algumas vezes, acontecimentos muito distanciados. (...) ela [essa capacidade] indica apenas a experiência e uma organização muito delicada que os colocam em condições de julgar com facilidade as causas e de prever os seus efeitos com muita antecipação (HOLBACH, 2010, p. 215).[34]

Portanto, o mais grave erro daqueles que sustentam o sistema da espiritualidade e o sistema das ideias inatas é assegurar a existência de seres de razão – isto é, seres puramente abstratos que não tem nenhuma semelhança com os seres naturais que a razão e a experiência podem conhecer – e usá-los para erigir o conhecimento e as

34 Inclusive, há uma contradição no discurso dos inatistas, pois se esses talentos indicam uma capacidade da alma de ter conhecimentos sem a experiência, como podem os animais possuir esses talentos, se eles não possuem alma? "Essa faculdade se encontra do mesmo modo nos animais, que, muito melhor do que os homens, pressentem as variações do clima e as mudanças do tempo. Os pássaros foram durante muito tempo os profetas e os guias de diversas nações que se acreditavam muito esclarecidas" (HOLBACH, 2010, p. 215).

ciências. O conhecimento da Natureza é a base de toda nossa vida concreta, uma vez que a moral e a política encontram-se alicerçadas nele. De maneira que as noções que temos de homem, de Natureza, de sociedade sempre se encontrarão em dificuldades quando forem sustentadas por noções que não correspondam à Natureza, ou seja, que estejam desvinculadas daquilo que a razão e a experiência juntas podem aferir e confirmar.

*

Passemos agora às faculdades físicas, propriamente humanas. Como já dito, há uma interação constante entre o mundo e o cérebro – a alma do homem – de modo que todas as ações sejam decorrentes das solicitações internas do corpo e de sua resposta às solicitações exteriores recebidas através dos sentidos. Diz o barão que "todas as suas maneiras de agir, suas sensações, suas ideias, suas paixões, suas vontades e suas ações são consequências necessárias de suas propriedades e daquelas que se encontram nos seres que o agitam" (HOLBACH, 2010, p. 108). No já referido capítulo sobre o sistema da liberdade, vimos como Holbach contrapõe sua visão materialista àquela derivada tanto da tradição antiga,[35]

35 A ideia de liberdade do homem é apresentada por Platão em várias de suas obras, mas aparece melhor representada, em nossa opinião, na alegoria da parelha alada: "É assim no *Fedro* que se pode encontrar com a maior segurança a concepção platônica de alma. [...] As almas divinas e as almas humanas são representadas como uma forma de parelha alada conduzida por um cocheiro que, ele mesmo, conduz as asas. Mas se os dois cavalos da parelha divina são de uma natureza excelente, aqueles da parelha humana são mal representados: 'Um dos cavalos é belo, bom e formado de tais elementos, enquanto que a composição do outro é contrária, e contrária sua natureza' (*Fedro* 246b). Ser cocheiro, nestas condições, é uma tarefa difícil. Sendo de natureza intermediária, a alma, ou princípio de vida do corpo, pode tanto se elevar e ficar próxima do

quanto do dualismo cartesiano.[36] Ele sustenta a identidade entre a alma e o cérebro, de modo que todas as funções do corpo humano estejam submetidas às mesmas leis naturais dos corpos físicos:

> Aqueles que sustentaram que a alma era distinta do corpo, era imaterial, extraía suas ideias do seu próprio fundo, agia por si mesma e sem o auxílio dos objetos exteriores, libertaram-na – por uma consequência do seu sistema – das leis físicas segundo as quais todos os seres que nós conhecemos são obrigados a agir (HOLBACH, 2010, p. 229).

---

divino, quanto perder suas asas, ser arrastada na direção do solo e tomar um corpo material" (Monique Canto-Sperber *Platon* In *Philosophie grecque*, Paris: PUF, 1997, p. 247 e seg.).

36 Na quarta de suas *Meditações Metafísicas*, Descartes analisa a questão do erro humano, da verdade e da falsidade, chegando à conclusão de que o erro é o produto da falta de conhecimento que resulta numa deliberação equivocada da vontade. A vontade é, segundo ele, livre para escolher, pois é ilimitada, já que é incapaz de julgar o certo e o errado. Já o entendimento, limitado a seu próprio conhecimento, o de saber o que é o verdadeiro e o falso, deve ser ampliado o máximo possível, para ter a capacidade de encerrar a vontade em seus limites, possibilitando assim ao livre-arbítrio deliberar corretamente e errar o menos possível (para ele, não seria possível ao homem não errar, justamente por seu conhecimento ser limitado, uma vez que apenas Deus seja onisciente). "De maneira que esta indiferença que sinto, quando não sou absolutamente impelido para um lado mais do que para outro pelo peso de alguma razão, é o mais baixo grau de liberdade, e faz parecer mais uma carência no conhecimento do que uma perfeição da vontade; pois, se eu conhecesse sempre claramente o que é verdadeiro e o que é bom, nunca estaria em dificuldade para deliberar que juízo ou que escolha deveria fazer; e assim seria inteiramente livre sem nunca ser indiferente" (DESCARTES, 1973, *Meditações Metafísicas*, p. 127).

Esses sistemas filosóficos como o da liberdade da vontade, e teológicos como o do livre-arbítrio, são contrários à Natureza e não se sustentam a um exame profundo da razão, de maneira que ele lhes opõe assim o seu sistema determinista:

> Nascemos sem o nosso consentimento, nossa organização não depende de nenhum modo de nós, nossas ideias nos chegam involuntariamente, nossos hábitos são de responsabilidade daqueles que nos fizeram adquiri-los, somos incessantemente modificados por causas – sejam visíveis ou ocultas – que regulam necessariamente nossa maneira de ser, de pensar e de agir. Estamos, bem ou mal, felizes ou infelizes, somos sábios ou insensatos, racionais ou irracionais sem que a nossa vontade tenha nenhuma participação nesses diferentes estados (HOLBACH, 2010, 230).

Holbach vê as inconsequências pelas quais esses sistemas da liberdade se enraizaram nas mentes dos homens e nos costumes das nações. Ele atribui duas causas principais para sua perpetuidade: por um lado, o interesse dos governantes que, a partir desse dogma, sustentam que, se o homem erra diante de seus semelhantes e da sociedade em que vive, o faz por vontade própria, sendo assim passível das punições previstas nas leis – leis estas que são instituídas a partir deste princípio, pois "acreditaram que a sociedade tinha interesse nesse sistema, porque supuseram que se todas as ações dos homens fossem consideradas como necessárias, não se teria mais o direito de punir aquelas que causam dano aos seus associados" (HOLBACH, 2010, p. 231); e por outro lado, a própria vaidade humana, que coloca o homem como um ser superior aos outros da Natureza, por acreditar-se mais próximo da divindade, que eles acreditam também ser dotada dessa pretensa faculdade, já que

> ela é a base da religião que, supondo relações entre o homem e o ser desconhecido que ela coloca acima da natureza, não pôde imaginar ter méritos ou deméritos com relação a esse ser se não fosse livre nas suas ações (...) designando para a nossa espécie o apanágio especial de uma independência total com relação às outras causas (HOLBACH, 2010, p. 231).

Há, portanto, duas razões determinantes para que o sistema da liberdade seja defendido: a razão do poder dos soberanos, e a razão do poder dos sacerdotes. Ou seja, por um lado o poder temporal, que procura subjugar o corpo e controlar a sua energia e suas ações; e por outro, o poder espiritual, que tem o papel de subjugar a mente, ou seja, dominar o pensamento,[37] as ideias, as concepções, os juízos, ou no geral, a vontade dos homens.

Por conseguinte, a vontade é definida como uma faculdade que se configura a partir de uma modificação no cérebro, que impulsiona o corpo a agir para determinado fim. O ato de querer demonstra que o cérebro tem uma disposição em agir conforme essa modificação. Essa disposição, por sua vez, caracteriza-se pelos motivos através dos quais a vontade é posta em movimento, que são os objetos exteriores que lhe despertam as paixões, de forma que as ações que têm em vista satisfazer uma paixão não sejam ações voluntárias, pois a vontade não é sua causa. Pode-se concluir que a vontade não é uma faculdade livre, tampouco seja um movimento determinado por uma substância espiritual, pois "para ser livre, seria necessário que ele sozinho fosse mais forte do que a natureza inteira, ou seria necessário que ele estivesse fora dessa natureza que, estando sempre ela própria em ação, obriga

37 Vemos no *Teologia Portátil* o verbete *Liberdade de Pensar*, que diz: "Ela deve ser reprimida com o máximo rigor. Os padres são pagos para pensar; os fiéis não têm nada a fazer senão pagar generosamente aqueles que pensam por eles" (HOLBACH, 2012, p. 141).

todos os seres que ela abrange a atuarem e a concorrerem para a sua ação geral" (HOLBACH, 2010, 231). Isto é, a vontade é a consequência de uma necessidade fisiológica: o homem age por que ele quer algo, porque tem um motivo que ativa nele essa vontade, logo, essa vontade é determinada e não livre. Como observa Maria das Graças de Souza,

> Para que se pudesse dizer que o homem é livre, seria necessário afirmar que ele escolhe sem motivo ou sem causa, ou que ele pudesse impedir as causas de agirem sobre ele. Como a ação é sempre o efeito de uma vontade determinada, e como a vontade é determinada por motivos que não estão em nosso poder, segue-se que não somos nunca senhores das determinações de nossa vontade, e que portanto não agimos livremente (SOUZA, 2011, p. 30).

No *Leviatã*, Hobbes define a liberdade como um movimento ausente de obstáculos ou oposição, através de uma concepção estritamente física.[38] Holbach, por sua vez, diz que "não depende de nós impor ou remover os obstáculos que nos determinam ou nos detêm; o motivo que nos faz agir não está em nosso poder tanto quanto o obstáculo que nos detém, quer eles estejam em nós mesmos ou fora de nós" (HOLBACH, 2010, p. 249). O que caracteriza a vontade, portanto, é ser determinada pelos objetos que agem sobre os sentidos, de modo que a ação dependa do impulso, ou motivo, que modificou o cérebro impelindo o corpo a agir. A abstenção do agir, ou o retesamento da ação, tem por causa um motivo mais forte do que a necessidade dela.

38 Cf. SOUZA, 2011, p. 27. Conferir também HOBBES, T., *Leviatã ou Matéria, Forma e Poder de um Estado Eclesiástico e Civil*, tradução de Joao Paulo Monteiro e Maria Beatriz Nizza da Silva, São Paulo: Abril Cultural, 1979 (Coleção Os Pensadores), mais especificamente o capítulo XIV da Primeira Parte.

A causa do movimento do corpo está fora do poder do indivíduo, pois as sensações que o impressionam e as ideias que ele recebe não são voluntárias, e as ações decorrem justamente dessas impressões e ideias: "é assim que a visão de um objeto agradável ou sua ideia determina nossa vontade a agir para obtê-lo. Porém, um novo objeto ou uma nova ideia aniquilam o efeito dos primeiros e impedem que atuemos para obtê-lo" (HOLBACH, 2010, p. 233).

Esse mecanismo está diretamente relacionado à deliberação, que, apesar de ser considerada como derivada da capacidade livre do homem em escolher a sua ação, é apresentada por Holbach como determinada também por uma suspensão momentânea da vontade, devido ao desconhecimento do objeto e de suas propriedades relativas à afecção que ele causa:

> Deliberar é amar e odiar alternadamente. É ser sucessivamente atraído e repelido; é ser afetado, ora por um motivo, ora por outro. Nós só deliberamos quando não conhecemos bastante as qualidades dos objetos que nos afetam, ou quando a experiência não nos ensinou suficientemente os efeitos mais ou menos distantes que as nossas ações produzirão sobre nós mesmos (HOLBACH, 2010, p. 235).

A deliberação possui uma função importante dentro do mecanismo mental. É a partir dela que o homem julga o objeto que ele não conhece, pois a suspensão da vontade possibilita a contemplação e comparação das propriedades do objeto, como uma forma de pesar os motivos tendo em vista a vantagem ou desvantagem que essa ação resultaria. De acordo com as leis do movimento físico, dois corpos agindo em direção oposta com força proporcional se detêm, causando um estado de inércia. Com os motivos da vontade ocorre esse mesmo mecanismo:

> O cérebro está em uma espécie de equilíbrio, acompanhado de oscilações perpétuas, ora para um objeto, ora para outro, até que o objeto que o arrebata mais fortemente o tira dessa suspensão, que constitui a indecisão da nossa vontade. Porém, quando o cérebro é compelido ao mesmo tempo por causas igualmente fortes que o movem a seguir direções opostas, de acordo com a lei geral de todos os corpos – quando são impressionados igualmente por forças contrárias – ele se detém, ele está *in nisu*, não pode nem querer, nem agir (HOLBACH, 2010, 237).

O mecanismo da deliberação é fundamental para a conservação do indivíduo, porém, ele alerta o quanto constitui uma fadiga para o cérebro, de modo que a suspensão da vontade possa ser danosa ao indivíduo, pois o mantém ora na inação e numa possível melancolia, ora numa inconstância ou hesitação prejudicial ao seu bem-estar. O conhecimento dos objetos, então, mostra-se necessário para evitar que a vontade oscile constantemente. Nesse sentido, ele concorda com Descartes, quanto à defesa da ampliação do entendimento tendo em vista o fortalecimento da vontade, se bem que, enquanto Descartes defenda a liberdade da vontade, ele opte por uma diminuição da hesitação ao agir, tendo em vista uma ação mais segura e firme. Nessa perspectiva, a vontade não configura a causa da ação dos homens, mas antes um efeito do qual a causa seja a própria natureza humana, isto é, sua tendência a se conservar, a buscar o que lhe agrada e a afastar-se do que lhe seja nocivo. É notável, assim, não apenas a influência de Hobbes,[39] mas também a de

---

39 Vemos nos *Elementos da Lei Natural e Política*, parte I, capítulo XII: "Já se disse como os objetos e como as concepções causam apetite e medo, que são os começos imperceptíveis das nossas ações. Pois, ou a ação se segue imediatamente ao primeiro apetite, como quando fazemos alguma coisa subitamente; ou, ainda, ao nosso primeiro apetite se sucede alguma concepção do mal que nos acontecerá por meio de tais ações, que é o

Espinosa,[40] que, como ressaltou Paul Vernière, tem grande participação na elaboração do pensamento do filósofo francês, como já vimos.

Por conseguinte, para entender melhor o mecanismo da vontade, é preciso também compreender a natureza das paixões e sua relação com a vontade e a ação deliberada. O mecanismo da atividade humana no sistema de Holbach é constituído de maneira muito similar ao *modus operandi* das paixões e da vontade no sistema do filósofo holandês. Na filosofia de Espinosa, a relação entre o corpo e a mente é fundamental para a determinação das ações da vontade,[41] e, conforme

medo que nos impede de prosseguir. E a esse medo pode se suceder um novo apetite, e a esse apetite, um outro medo, alternadamente, até que a ação seja realizada, ou até que algum acidente intervenha, tornando-a impossível, e essa alternância entre medo e apetite cesse. Tal sucessão alternada de apetite e medo, durante todo o tempo em que está em nosso poder realizar ou não a ação, é o que chamamos *deliberação*; nome que lhe foi dado por causa daquela parte da definição em que se diz que a deliberação dura tanto tempo quanto a ação sobre a qual deliberamos, estiver em nosso poder; pois, durante todo esse tempo, temos a liberdade para realizar ou não a ação, e deliberação significa a suspensão de nossa própria liberdade" (HOBBES, 2010, p. 59).

40 Na Definição dos afetos, na terceira parte da *Ética*, Espinosa define o desejo da seguinte maneira: "O desejo é a própria essência do homem, enquanto esta é concebida como determinada, em virtude de uma dada afecção qualquer de si próprio, a agir de alguma maneira". Mais adiante, ele explicita a associação que ele estabelece entre desejo, vontade e apetite, como sendo o mesmo mecanismo que opera a atividade humana em vista da sua conservação: "Com efeito, quer esteja o homem consciente do seu apetite ou não, o apetite continua, entretanto, único e idêntico. Por isso, para não parecer que incorria em uma tautologia, não quis explicar o desejo pelo apetite, mas procurei dar-lhe uma definição que abrangesse todos os esforços da natureza humana que designamos pelos nomes de apetite, vontade, desejo ou impulso" (ESPINOSA, 2009, p. 140-1).

41 Segundo Marilena Chauí, uma vez que corpo e alma são as "expressões finitas determinadas de uma mesma e única substância", "Espinosa pôde,

diz Vernière, é notável como sua ideia de unidade da substância, e tudo o que é dela decorrente, influenciou diretamente o materialismo radical do barão. A ideia de determinismo absoluto, a perseverança do ser em ser (existir), a negação de toda criação, além do determinismo fisiológico, são alguns dos aspectos que o materialismo de Holbach deve ao sistema espinosano,[42] isso sem adentrarmos ainda no âmbito da crítica à religião.

Vejamos como, no *Sistema da Natureza*, Holbach elabora uma teoria das paixões que é muito próxima ao sistema de Espinosa.[43] Uma vez concebendo o homem como dotado de uma substância espiritu-

---

assim, criticar a ideia de união substancial cartesiana como também a ideia platônica da alma piloto do corpo e a aristotélica do corpo órgão da alma, isto é, a alma como dirigente do corpo e o corpo como instrumento da alma. Porque são efeitos simultâneos da atividade de dois atributos substanciais de igual força ou potência e de igual realidade, corpo e alma não estão numa relação hierárquica de comando, o corpo comandando a alma na paixão e no vício, a alma assumindo o comando sobre o corpo na ação e na virtude. Corpo e alma são isonômicos, isto é, estão sob as mesmas leis e sob os mesmos princípios, expressos diferenciadamente. Rompe-se, portanto, a longa tradição hierárquica que definira a alma como superior ao corpo e devendo ter comando sobre ele" (CHAUÍ, 2005, p. 53-4).

42 Cf. VERNIÈRE, 1954, p. 638.

43 "Recusando uma concepção normativa da ética, Espinosa identifica virtude e potência de agir do *conatus*, quando a ação é determinada internamente pela própria essência singular ou natureza do agente. Se, na paixão, estamos externamente dispostos pela potência das causas exteriores, na ação ou na virtude, estamos internamente determinados pela potência de nossa essência. Atividade é liberdade; passividade, servidão. Com isso, Espinosa afasta as imagens da vontade livre e do livre-arbítrio, imaginadas pela tradição teológico-metafísica como capacidade para escolher entre o bem e o mal, capacidade que, no cristianismo, manifesta-se pelo pecado, pela culpa e pela dor, uma vez que a primeira manifestação da vontade humana livre foi a desobediência ao divino e a escolha do mal" (CHAUÍ, 2011, p. 148).

al, seríamos forçados a concebê-lo com outra essência, de forma que, não sendo mais a sensibilidade a fonte dos seus juízos de acordo com a natureza das coisas, ele não poderia mais distinguir o bem do mal ou o prazer da dor. Desse modo, ele não poderia sequer conservar-se, pois como seu julgamento corresponde à sua vontade, e esta por sua vez é determinada pelas paixões - as afecções - que os objetos lhe causam, ele os considera úteis ou nocivos para sua conservação e seu bem-estar de acordo com seu juízo sobre eles:[44]

> Para que o homem fosse livre, seria necessário que todos os seres perdessem suas essências para ele. Seria necessário que ele não tivesse mais sensibilidade física, que não conhecesse mais nem o bem nem o mal, nem o prazer nem a dor. Mas desde esse momento, ele não estaria mais em condição de se conservar nem de tornar sua existência feliz (HOLBACH, 2010, p. 231).

Entendamos mais precisamente o que são as paixões. De acordo com Josiane Boulad-Ayoub, para Holbach, o homem possui mais paixões do que os animais, porque possui mais faculdades e assim tem mais necessidades do que eles. Para os principais autores materialistas do século XVIII, o princípio das ações dos homens pode ser definido em dois movimentos: a busca do prazer e a fuga da dor. Enquanto que para Helvétius, o homem possua, em geral, uma paixão dominante, aquela pelo poder, e, enquanto que para Diderot ele possua uma grande variedade de temperamentos e paixões oscilantes, Holbach,

44 "É preciso, necessariamente, que ele seja atraído ou que a sua vontade seja determinada pelos objetos que ele julga úteis e repelida por aqueles que ele acredita serem nocivos à sua maneira permanente ou passageira de existir. É apenas com a ajuda da experiência que o homem adquire a faculdade de conhecer aquilo que ele deve amar ou temer" (HOLBACH, 2010, 232).

por sua vez, mais utilitarista que Diderot e menos entusiasta que Helvétius, coloca como principal interesse do homem sua conservação e seu bem-estar. Ou seja, ele configura o desejo de felicidade como motor e fim último das ações. Contudo, ressalva Boulad-Ayoub, apesar de o motor ser único – o desejo de felicidade – o objeto de desejo é variado e está necessariamente de acordo com o temperamento, as ideias, as paixões, os hábitos e os costumes, ou seja, ele é concernente à sua organização fisiológica e tudo o que dela deriva.[45]

As paixões, portanto, são movimentos da vontade determinados pela proporção em relação ao prazer ou à dor que os objetos que afetam o corpo dispõem em seu temperamento. O cérebro, estando sujeito às mesmas leis físicas de atração e repulsão, age conforme a experiência atribua a um objeto um movimento de desejo de proximidade ou de afastamento, conforme esse objeto tenha sido útil, vantajoso ou prazeroso, ou não, para a conservação e bem-estar do indivíduo. É importante assinalar também o papel fundamental do temperamento dentro dessa perspectiva de Holbach, ao considerar as paixões e os movimentos internos do corpo humano. O temperamento é o estado habitual em que se encontram os elementos internos ("fluidos e sólidos") que o constituem, e que determina o ânimo pelo qual o indivíduo reage às afecções. Ele varia de acordo com a organização fisiológica, singular em cada indivíduo.

Como observa Regina Schöpke, "o barão de Holbach revela-se partidário do humoralismo,[46] uma antiga doutrina médica que atri-

---

45 Cf. BOULAD-AYOUB, 2006, p. 257 e segs.

46 Essa teoria do humoralismo tem sua origem na medicina antiga grega, mais particularmente com Hipócrates, que defendia que o estado de saúde estava diretamente relacionado com o equilíbrio – justa proporção – das quatro qualidades fundamentais, quais sejam, o quente, o frio, o seco e o úmido, dos quatro elementos principais da natureza, o fogo, o ar, a terra e a água. No homem, que possui em si esses elementos, a partir das interações dessas qualidades derivariam quatro humores (relativos aos fluidos

buía a saúde física a um perfeito equilíbrio entre os quatro humores existentes em nosso organismo (o sangue, a fleuma, a bílis negra e a bílis amarela)" (HOLBACH, 2010, p. 162, nota*). A partir dessa perspectiva, pode-se derivar a possibilidade de alteração, variação ou mesmo correção do temperamento do indivíduo, e mesmo de seu caráter e de seu comportamento moral, na medida em que todo seu *éthos*[47] seja correspondente às relações entre sua fisiologia e seu meio, ou seja, seu temperamento e suas circunstâncias ambientais, climáticas, políticas, quais sejam:

> Quando quisermos conhecer o homem, tratemos portanto de descobrir as matérias que entram em sua combinação e que constituem o seu temperamento. Essas descobertas servirão para nos fazer adivinhar a natureza e a qualidade de suas paixões e de suas tendências e para pressentir a sua conduta em dadas ocasiões: elas nos indicarão os remédios que poderemos utilizar com sucesso para corrigir os defeitos de uma organização viciosa ou

---

corpóreos produzidos pelo corpo, a saber, a bílis negra, a bílis amarela, a fleuma e o sangue), o colérico, o melancólico, o fleumático e o sanguíneo. Estes fluidos, presentes no corpo em uma justa proporção, mantém a saúde e a atividade natural do corpo, porém, havendo uma desproporção em sua produção, o corpo adoece, sendo necessário o ajustamento deles para que a saúde possa ser restabelecida. A alimentação, os exercícios físicos, o clima, seriam condições pelas quais o corpo poderia vir a se equilibrar ou mesmo entrar em desequilíbrio, de acordo com a produção adequada ou não desses fluidos, influenciada por essas condições, entre outras. Cf. SILVA, 2003, p. 56.

47 "A felicidade de cada homem depende do seu temperamento cultivado. A natureza os faz felizes; a cultura, a instrução e a reflexão fazem valer o terreno que a natureza formou e o colocam em condições de produzir frutos úteis" (HOLBACH, 2010, p. 379).

> de um temperamento tão nocivo à sociedade quanto a quem o possui (HOLBACH, 2010, p. 163).

A diversidade de elementos que constituem os corpos e os seres da natureza implica também uma diversidade de seres, de modo que, mesmo que seres da mesma espécie sejam variados e dotados cada um de características únicas, não seria possível encontrar na Natureza dois indivíduos totalmente semelhantes.[48] A partir desse princípio, não se pode afirmar que exista na Natureza dois seres que sintam, pensem e ajam de maneira idêntica, apesar de que, quanto mais similaridades em suas propriedades eles tiverem, suas sensações e operações serão mais semelhantes. As características exteriores em geral são facilmente assimiláveis entre indivíduos de um mesmo reino, de uma mesma espécie, contudo, nos pormenores, nos seus movimentos mais ocultos, eles divergem conforme suas qualidades sejam diversificadas. É devido a essa diversidade que povos e nações tem características particulares, costumes variados, diferenças acentuadas, apesar de parecerem homogêneos. Holbach, inclusive, propõe uma analogia entre os homens e um instrumento de cordas:[49]

---

48 "Não existe e não pode haver na natureza dois seres e duas combinações que sejam matematicamente e rigorosamente as mesmas, já que, como o lugar, as circunstâncias, as relações, as proporções e as modificações nunca são exatamente semelhantes, os seres que resultam delas não podem ter entre eles nenhuma semelhança perfeita, e suas maneiras de agir devem diferir em alguma coisa, mesmo quando acreditamos encontrar entre elas a máxima conformidade" (HOLBACH, 2010, p. 157). Vemos como a teoria genética da ciência contemporânea, neste ponto especificamente, estaria em gérmen na construção do pensamento materialista francês, como sugere Jacques Monod em *O acaso e a necessidade*, tradução de Bruno Palma e Pedro Paulo de Sena Madureira, Petrópolis : Editora Vozes, 1972.

49 Diderot, por sua vez, também usa uma analogia semelhante, comparando o homem a um cravo (instrumento musical). Cf. SOUZA, 2002, p. 86.

> As almas humanas podem ser comparadas com instrumentos musicais cujas cordas, já diversas por si mesmas ou pelas matérias com que foram confeccionadas, são também afinadas em diferentes tons: atingida por um mesmo impulso, cada corda reproduz o som que lhe é próprio, ou seja, que depende do seu tecido, da sua tensão, da sua grossura, do estado momentâneo em que a coloca o ar que a rodeia etc. (HOLBACH, 2010, p. 158).

Desse modo, todas as discussões metafísicas e teológicas sobre a origem e a natureza do espírito humano são ineficazes no que concerne ao comportamento dos homens, pois se apoiam em hipóteses que não tem nenhuma analogia com a sua verdadeira natureza, tampouco com as verdadeiras causas de sua vontade e suas ações, sendo especulações estéreis e incapazes de sustentar a moral:

> Ao fazermos de nossa alma uma substância espiritual, contentamo-nos em administrar-lhe remédios espirituais que não influem em nada sobre o temperamento ou que nada mais fazem do que lhe causar dano. O dogma da espiritualidade da alma fez da moral uma ciência conjectural, que não nos faz de modo algum conhecer os verdadeiros móveis que devem ser empregados para agir sobre os homens (HOLBACH, 2010, p. 162).

As questões como o que seja o homem, se ele é livre, se ele pode ser feliz e virtuoso, são questões que exigem um certo distanciamento para serem respondidas; "elas requerem qualidades intelectuais e morais que os colocam acima do vulgar" (BOURDIN, 2006, p. 340), e dos quais um materialista, para respondê-las, orienta-se através de uma faculdade denominada por Holbach como *bom senso*, que lhe assegura não cair nas mesmas armadilhas que seus adversários, geralmente persuadidos pelos delírios e quimeras metafísicos e teológicos.[50] Conforme já acentuado, e essa é também a visão de Charbonnat e Boulad-Ayoub, a necessidade dentro do materialismo de Holbach atinge também o mundo moral, pois como tudo depende das causas físicas, as motivações humanas também decorrem diretamente das leis físicas.[51]

A escolha e a vontade não são faculdades livres, mas derivadas da afecção dos objetos e das necessidades relacionadas a eles, que impulsionam os indivíduos a agir de determinada maneira para satisfazer a necessidade de acordo com o objeto e a ação adequados.[52] Por conseguinte, a hipótese de uma substância imaterial apresenta-se como uma suposição arbitrária: "Quanto mais fazemos experiências, mais teremos oportunidade de nos convencer de que a palavra espírito não apresenta nenhum sentido, mesmo para aqueles que a inventaram, não podendo ser de nenhuma utilidade nem na física nem na moral" (HOLBACH, 2010, p. 137). Como já dito anteriormente, a definição cartesiana de *res cogito* se resume simplesmente à negação de tudo o que seja possível conhecer, pois é algo ininteligível, pois seus atributos são a inextensão, a indivisibilidade, a insensibilidade e a imutabilidade, o que a caracteriza como algo inacessível pelas vias da experiência e da razão, ou seja, incapaz de ser aferida pelas ciências. Por essa razão, não é possível compreender exatamente seus mecanismos de funcionamento e interferir, de forma efetiva, na sua atividade. Isto é, não é possível concebê-la de modo a poder verificar quais as

50 Cf. BOURDIN, 2006, p. 340.

51 "O fatalismo em Holbach exprime então a unidade da totalidade universal. Todos os fenômenos, dos seres microscópicos gerados pela fermentação às ações humanas, respondem a uma mesma regularidade" (CHARBONNAT, 2007, p. 357); "tudo é ligado no mundo moral como no mundo físico em razão da universalidade das relações de causa e efeito" (BOULAD-AYOUB, 2006, p. 257).

52 Cf. CHARBONNAT, 2007, p. 356.

causas que agem sobre ela, ou quais os efeitos que ela pode produzir, pois a atividade está intrinsecamente relacionada ao *éthos*, ou seja, à atividade do corpo. Essa é a dificuldade inerente ao sistema cartesiano que já apontamos. A substância imaterial, assim, não pode fundamentar a moral, dada sua inacessibilidade. Já os átomos, pelo contrário, apesar de eles serem também simples, indivisíveis e imutáveis, eles não são inextensos, e, portanto, são uma hipótese mais plausível para se explicar a constituição da Natureza. Pois pela análise de suas composições e de suas propriedades e modificações – e considerando que a química e a medicina dedicam-se justamente a isso –, é possível conhecê-los o suficiente para compreender seus mecanismos e através da hipótese das moléculas de matéria elementar, é possível que um conhecimento científico mais confiável sobre a natureza humana e seus motores seja possível.[53]

*

Voltemos agora à questão da liberdade da vontade. A divisão idealista que se fez do homem em físico e espiritual constituiu o erro fundamental sobre a faculdade da vontade, pois a consideraram a causa das ações do homem,[54] e não como o efeito necessário de uma modificação no cérebro decorrente de diversas causas alheias a ele.

> Quando, atormentado por uma sede ardente, represento a ideia ou percebo realmente uma fonte cujas águas puras poderiam me saciar, sou senhor de desejar ou de não desejar o objeto que pode satisfazer uma necessidade tão forte no estado em que estou? Reconhecerão, sem dúvida, que me é impossível não querer satisfazê-la, mas

53 Cf. BOURDIN, 2006, p. 348.

54 Nesse ponto podemos sugerir uma crítica dirigida à passagem da profissão de fé, no *Emílio* de Rousseau. Ver Capítulo I, seção *Uma objeção contundente ao materialismo.*

> dir-me-ão que se me anunciarem nesse momento que a água que desejo está envenenada, apesar da minha sede não deixarei de me abster dela, e disso concluirão falsamente que sou livre. Com efeito, da mesma forma que a sede me determinava necessariamente a beber antes de saber que a água estava envenenada, essa nova descoberta me determina necessariamente a não beber. Então, o desejo de me conservar aniquila ou suspende o impulso primitivo que a sede dava à minha vontade (HOLBACH, 2010, p. 234).

Resistir às paixões e aos vícios, ou agir conforme a virtude e o bem de seus semelhantes, não são, portanto, atos livres, mas a consequência de diversos fatores, como o temperamento, a educação, as leis, os costumes; quer dizer, motivos que intervém necessariamente na deliberação e na vontade do indivíduo em agir de tal ou tal maneira. Holbach não diz que o homem não possua vontade, mas refuta a tese de que essa vontade seja livre; isto é, ele recusa que ela seja capaz de autodeterminação, ou que seja orientada por uma causa transcendente numa direção ou noutra. Os movimentos do homem não são espontâneos, eles são determinados pelos movimentos internos e externos de sua organização fisiológica: "desde o momento em que nasce até aquele no qual morre, ele é continuamente modificado por causas que, contra a sua vontade, influem sobre a sua máquina, modificam o seu ser e dispõem de sua conduta" (HOLBACH, 2010, 109). O homem age de acordo com seu temperamento, que depende das causas externas como os alimentos, o clima, a estabilidade social, além de suas paixões, opiniões e ideias, que podem modificar-se também de acordo com uma modificação de seu temperamento. De certo modo, Holbach defende que o homem seja passivo diante da

Natureza,[55] e suas ações não seriam senão uma resposta, ou uma reação, às necessidades que surgem diante dele para ele poder conservar-se. Contudo, não se trata de uma impotência ou de um mero automatismo. O homem não pode ser considerado absolutamente ativo ou absolutamente passivo, visto que suas ações não correspondem a uma determinação absolutamente interna ou absolutamente externa. Elas são o resultado de uma síntese circunstancial entre suas necessidades biológicas e o meio em que ele está inserido, isto é, suas ações são o resultado dialético entre as influências internas e externas a partir das quais sua vontade é posta em movimento. Suas ações não podem ser consideradas livres, no sentido de serem espontâneas ou de partirem de um princípio motor transcendente, imaterial, mas devem ser consideradas como determinadas por causas que influem diretamente em suas ideias e consequentemente em sua vontade.

Logo, ele não escolhe como agir a partir de um princípio moral *a priori* determinado por uma divindade ou uma essência que ele possua antes mesmo de nascer; ele age antes conforme suas necessidades o impulsionem a tomar esta ou aquela decisão. Como tudo na Natureza está ligado, não pode haver uma força que esteja isolada e que seja independente, de maneira que, assim como todos os corpos, é à Natureza que o homem deve todos os seus movimentos, é ela que lhe solicita que tenha atitudes que correspondam às suas paixões e afecções.

Porém, isso não o torna incapaz de direcionar suas ações. O sistema do fatalismo, apesar dos caluniadores, não é um sistema imoral; pelo contrário, de acordo com o barão, ele seria o único capaz de fundamentar um sistema moral legítimo, pois parte de princípios que estão em acordo com as leis da Natureza. Vejamos a seguir que, apesar de seu determinismo característico, o pensamento de Holbach possui

55 "Em poucas palavras, tudo deveria convencer o homem de que ele é, em cada instante da sua duração, um instrumento passivo nas mãos da necessidade" (HOLBACH, 2010, p. 109).

uma ética e uma política bem consolidadas do ponto de vista teórico, não sendo assim um sistema pessimista ou mesmo niilista, não podendo ser dito a partir dele que, por exemplo, já que tudo é determinado, não há o que se fazer. "O fatalismo não confunde vício e virtude (...). O tema pessimista da maldade humana é substituído pelo tema dos efeitos necessários. A moral da condenação e da culpabilidade é substituída pela indulgência, pela tolerância e pela compaixão" (SOUZA, 2011, p. 31).

O homem físico e o homem moral são uma mesma substância

Supor que o homem possua uma vontade livre é supor que ele age por si mesmo, que o princípio de sua ação está nele próprio, ou seja, é um erro cognitivo e epistemológico, fruto das confusões causadas pelas noções metafísicas e por uma antropologia mal elaborada por seus fundamentos serem teológicos. Como já visto, esse princípio do livre-arbítrio está numa parte do homem desconectada da Natureza, uma parte transcendente e imaterial, que foge às determinações físicas, estando isenta das leis naturais. O homem atribuiu a essa noção uma substância, que deveria necessariamente ser de natureza diferente da substância material, e atribuiu-lhe características que se opunham a todas àquelas pertencentes a esta. Na medida em que essa substância fosse distinta da matéria, ela estaria isenta de seus movimentos de agregação, dissolução e transformação, e deveria possuir também atributos distintos dos seus, como a flexibilidade, extensão, deslocamento, corrupção. Dessa substância imaterial, portanto, derivaram as noções de eternidade, infinitude, imutabilidade e etc.

> Assim, por falta de refletir sobre a natureza, de considerá-la sob os seus verdadeiros pontos de vista, de observar a conformidade e a simultaneidade entre os movimentos desse pretenso motor e os do seu corpo ou dos seus órgãos materiais, ele julgou não somente que era de um ser

> à parte, mas também de uma natureza diferente de todos os seres da natureza, de uma espécie mais simples e que não tinha nada em comum com tudo aquilo que ele via (HOLBACH, 2010, p. 112).

Ele supôs uma substância incorruptível que chamou de espiritual que, por sua vez, sendo ontologicamente incorruptível, deveria também ser incorruptível moralmente: "Assim, o homem tornou-se duplo. Ele se considerou como um todo composto pela reunião inconcebível de duas naturezas diferentes, e que não tinham nenhuma analogia entre elas" (HOLBACH, 2010, p. 113). A partir dessas duas substâncias, ele distinguiu duas realidades através das quais deveria orientar a sua existência. À substância corpórea, perecível e inerte, caberiam as funções físicas, relativas ao movimento, à nutrição e desenvolvimento do corpo, e os vícios; já à substância espiritual caberiam as funções intelectuais, como o pensamento, a dignidade, a moral e a virtude. O homem em relação à primeira substância corresponde ao homem físico, já em relação à segunda, ao homem moral:[56] "Em poucas palavras, ele acreditou perceber em si próprio uma substância distinta, dotada de uma força secreta, na qual supôs algumas características inteiramente diferentes daquelas das causas visíveis que agiam sobre os seus órgãos, ou daquelas dos seus próprios órgãos" (HOLBACH, 2010, p. 112). As implicações éticas e políticas que esse erro representou no decurso do desenvolvimento das sociedades são

56 "Distinguiu duas substâncias em si próprio: uma, visivelmente submetida às influências dos seres grosseiros e composta de matérias grosseiras e inertes, foi chamada de corpo. A outra, que se supôs simples, de uma essência mais pura, foi considerada como agindo por si mesma e dando o movimento ao corpo com o qual se achava miraculosamente unida. Esta foi chamada de alma ou espírito; e as funções de uma foram chamadas de físicas, corporais, materiais; as funções da outra, de espirituais e intelectuais" (HOLBACH, 2010, p. 113).

o alvo principal da filosofia de Holbach. Na medida em que esse erro tornou-se um costume, e esse costume tornou-se verdade, todos os males decorrentes desse erro passaram a ser justificados e legitimados pelas instituições humanas, sociais e políticas – pelo poder estabelecido por sacerdotes e tiranos – que dele se serviram como instrumento de dominação dos corpos e das mentes dos povos subjugados por essas instituições. A esse erro, Holbach opõe a verdade simples da Natureza, pois ele nasce da incompreensão das propriedades da matéria e de seus mecanismos, e como resultado de conjecturas que o hábito inserido na opinião comum cristalizou como verdade: "Essas distinções, adotadas hoje em dia pela maioria dos filósofos, não são fundamentadas senão em suposições gratuitas. Os homens sempre acreditaram remediar a ignorância sobre as coisas inventando palavras às quais eles nunca puderam vincular nenhum sentido" (HOLBACH, 2010, p. 113).

*

Vejamos a definição de homem que ele nos apresenta: "Assim, quando nos perguntarem o que é o homem, diremos que é um ser material, organizado ou conformado de maneira a sentir, a pensar, a ser modificado de certas maneiras apropriadas somente a ele, à sua organização, às combinações particulares das matérias que se acham reunidas nele" (HOLBACH, 2010, p. 114). O homem é, portanto, um ser material, pertencente à Natureza, e nada mais. Sua sensibilidade funciona como o motor das suas ações, de suas paixões e desejos. Suas faculdades espirituais e suas qualidades morais decorrem de causas materiais, que determinam suas ideias e seu caráter. O objetivo de sua existência é, antes de tudo, conservar-se e viver feliz. Para alcançá-lo, é preciso que ele se utilize de suas faculdades, e sirva-se dos instrumentos que a Natureza conferiu-lhe – a experiência e a razão –, para descobrir os meios necessários a esse intento. Sua ética formula-se a partir do princípio do interesse, que é o motor da atividade e, consequentemente, a pedra angular da moral, porque ele estabelece o laço entre o ser sensível (ontológico) e o ser social (político), que estão inextricavelmente associados. É o interesse que dá sustentação aos desejos, às paixões e à tendência do homem para viver em sociedade, já que ele estabelece as normas e diretrizes da conduta em vista da conservação e do amor de si.[57]

Após tratar da liberdade da vontade, da deliberação e das paixões, que constituem a natureza tanto física como moral do homem, para compreender sua essência de maneira mais precisa, é necessário determo-nos em como ele define o interesse, e para isso é inevitável que voltemos ao tema das paixões, agora investigando sua perspectiva moral, uma vez que já se tenha delas tratado no plano ontológico.

De acordo com Jean Ehrard, após 1750, houve um neo-espinosismo que se caracterizou por formular uma ideia de elã vital que anima as menores partículas de matéria, o que causou uma nova abordagem acerca do dinamismo das paixões que organizam a vida afetiva e, consequentemente, a conduta moral dos homens, pois onde "tudo é *força* no universo físico; tudo é *paixão* no universo moral" (EHRARD, 1994, p. 382). Essa nova abordagem teria por núcleo a concepção espinosana de *Natura Naturans* (Natureza Naturante),[58] isto é, a Natureza enquanto substância infinita que é infinita em seus atributos e que dá origem aos seres e às coisas. À ideia de Natureza-relógio

---

57 "O materialismo de Holbach insiste na ligação entre os fenômenos físicos e morais. O interesse, fundamento natural da moral, representa o laço entre o ser sensível e o ser social. Ele explica os desejos, as repulsas do homem e sua tendência para viver em sociedade" (CHARBONNAT, 2007, p. 359).

58 Conforme diz Marilena Chauí, "à substância e seus atributos, enquanto atividade infinita que produz a totalidade do real, Espinosa dá o nome de Natureza Naturante [*Natura Naturans*]. À totalidade dos modos produzidos pelos atributos, dá o nome de Natureza Naturada [*Natura Naturata*]" (CHAUÍ, 2005, p. 44).

que reinava até a primeira metade do século XVIII (lembremos o *Homem-máquina* de La Mettrie), opõe-se o vitalismo da Natureza-animal que servirá, em autores como Diderot e Holbach, como uma base filosófica mais segura do que o puro mecanicismo.[59] Esta teoria sobre as paixões que começará a delinear-se a partir da ideia de Natureza-animal encontrará nesses autores suas implicações políticas e, ao mesmo tempo em que haverá uma apologia das paixões, haverá também a ressalva das paixões nocivas, perigosas para o bem-estar social e para o próprio bem-estar do indivíduo. Desse modo, ao liberalismo que se desenvolveu em favor do desejo e das necessidades humanas, surgiu também a necessidade de mecanismos que devessem regulá-los e adequá-los a uma boa vida política: "As paixões entram na ordem da Natureza... mas todas as paixões não são igualmente 'naturais'. Valendo-se dessa dupla convicção, os mesmos autores podem celebrar o dinamismo das paixões e exigir, como o fará Holbach, que ele seja regulado pela razão" (EHRARD, 1994, p. 385).

De acordo com Charles Wolfe, a ideia de Natureza-animal constituiu-se tendo em vista a noção de organização que, devido à influência da física, da medicina e da biologia muito em voga no período, desenvolveu-se e adquiriu implicações políticas no registro da análise do comportamento humano:

> a noção de organização que surge como análise do funcionamento do corpo animal, é das mais ricas implicações na história dos pensamentos sobre a individuação.

59 Holbach chega a fazer a suposição de que o calor seja a fonte da vida: "Se quisermos ter boa-fé, acharemos que o calor é que é o princípio da vida. É com a ajuda do calor que os seres passam da inação ao movimento, do repouso à fermentação, do estado inanimado ao da vida: temos a comprovação disso no ovo, que o calor faz eclodir. Em poucas palavras, não existe geração sem calor" (HOLBACH, 2010, p. 165, nota 3). Ver também a nossa observação sobre isso na nota 60 do Capítulo II.

> O que ela representa é, com efeito, uma articulação muito particular entre o indivíduo (o organismo, a parte do corpo) e a comunidade orgânica que constitui o corpo ele mesmo (WOLFE, 2009, p. 99).

Essa imagem da Natureza-animal é bem representada a partir da célebre imagem do enxame de abelhas,[60] isto é, uma vida composta por diversas vidas. O termo organização opõe-se por sua vez aos moldes mecanicistas, cujo corpo é considerado como um conjunto de engrenagens, cordas e peças, constituindo a imagem de uma máquina, além também de opor-se aos modelos animistas, dos quais o corpo seria controlado pela alma, como se vê em Aristóteles. Essa noção apresenta-se, assim, como um meio-termo entre estes dois extremos metafisicamente opostos. O que caracteriza o corpo vitalista é que suas partes são organismos, mas não organismos no sentido "sólido"

60 Vejamos a metáfora do enxame de abelhas que Diderot utiliza em *O Sonho de d'Alembert* "Já vistes alguma vez um enxame de abelhas escapar de sua colmeia... Já as vistes formar na ponta do galho de uma árvore um longo cacho de pequenos animais alados, todos aferrados uns aos outros pelas patas? Esse cacho é um ser, um indivíduo, um animal qualquer..." (DIDEROT, 2000a, p. 168). Sobre esta metáfora, diz Maria das Graças de Souza: "Na suposição do filósofo, se uma das abelhas beliscar uma outra, esta fará o mesmo com a seguinte, e assim por diante, e logo no grupo inteiro haverá tantas sensações quanto animais; o todo se agitará, mudará de situação e de forma. Quem nunca viu um enxame se mexer, pensará que se trata de um único animal de centenas de cabeças e milhares de patas. A metáfora, a partir daí, avança mais um passo: suponhamos que se possam amolecer as extremidades das patas dos insetos e ligá-las umas às outras, de forma que se estabeleça uma continuidade entre todos. Nessa nova situação, o enxame é de fato um todo, um animal único, composto de centenas de pequenos animais. Do mesmo modo podemos supor que, se novamente separássemos as abelhas umas das outras, cada uma voaria para seu lado" (SOUZA, 2002, p. 83).

habitual, mas no sentido de vidas. O "consentimento das partes", a "sinergia", a "simpatia" - termos que demonstram a analogia com a medicina - e outros modelos da relação entre constituintes viventes e ativos, possuem nessa perspectiva uma dimensão estrutural "econômica", a partir da qual a ideia estrita de máquina não se adequaria completamente.[61] Apesar de Holbach utilizar amiúde o termo máquina, sua concepção de corpo ultrapassa os limites conceituais do puro mecanicismo.

Jean-Claude Bourdin sugere que "Holbach é um dos raros filósofos, com Lucrécio, Espinosa e mesmo Nietzsche, a ter considerado o pensamento como um lugar do enfrentamento entre os afetos e os interesses que decidem, sorrateiramente, suas orientações" (BOURDIN, 2006, p. 253). Isto é, Holbach trata as paixões como instrumentos dos quais a razão se utiliza para orientar o interesse pela felicidade e bem-estar, de maneira que ele procura superar a dicotomia razão-paixão, em que o corpo obedece à alma na virtude, ou a alma obedece ao corpo no vício, ou seja, em que um tenha comando sobre o outro. A razão designa assim uma faculdade do corpo que é inseparável dos princípios que regulam a vida feliz: estes princípios são a conservação através do amor de si e a busca do que é útil. Os instrumentos que a razão utiliza-se para cálculo e aferição do que seja bom e útil para alcançar a vida feliz são as paixões, que são derivadas das afecções dos objetos e das impressões que são gravadas no cérebro. Quando restringida em sua destinação natural, a razão não busca satisfazer nossa curiosidade ou uma necessidade inata de contemplação intelectual, mas é antes um meio pelo qual o corpo serve-se para organizar seus afetos e satisfazer as suas necessidades mais elementares, quais sejam, àqueles princípios da vida feliz.[62] Ela configura assim um *instinto* muito mais do que uma faculdade transcendente:

---

61 Cf. WOLFE, 2009, p. 100 e segs.

62 "Ela [a razão] designa mais uma faculdade como a prudência do que uma potência de conhecimento objetivo nas ciências ou atraída por um

> Ele reconhecerá que, para se conservar e proporcionar a si mesmo um bem-estar duradouro, é obrigado a resistir ao impulso muitas vezes cego dos seus próprios desejos, e que para granjear a benevolência dos outros ele deve agir de uma maneira conforme a deles; se ele põe essa especulação em prática, será virtuoso. Ele será recompensado por sua conduta pela feliz harmonia da sua máquina e pela estima legítima por si mesmo, confirmada pelo carinho dos outros. Se ele age de uma maneira contrária, a perturbação e a desordem da sua máquina o advertirão prontamente de que a natureza não aprova a sua conduta, que ele a contradiz, que ele causa dano a si mesmo, e ele se verá forçado a subscrever a condenação dos outros que o odiarão, que censurarão as suas ações (HOLBACH, 2010, p. 718).

Como afirma Joseane Boulad-Ayoub, no século XVIII existe esse forte embate entre determinismo e livre-arbítrio, com base principalmente nos desenvolvimentos da medicina, que postulou um novo modo de conceber a natureza humana, partindo da noção de determinação fisiológica e de uma vontade psíquica suscetível de reorientação. Essa reorientação teve como base o conhecimento das ciências empíricas – a biologia, a fisiologia e a anatomia –, e os materialistas, como Holbach e Diderot, passaram a considerar o conhecimento do homem a partir das proposições dessas ciências, que se tornaram indispensáveis para se pensar a moral e a política; pois uma vez que era preciso – para compreender o comportamento humano,

---

desejo de saber 'a verdade'. Ela é inseparável da vida e da busca de uma vida feliz, e dos princípios que são reconhecidos como sua regulação: a conservação de si, o amor de si, a busca do útil e da felicidade [...] A razão sensível não se preocupa, naturalmente, em satisfazer nossa curiosidade. Ela se exerce, se sua destinação natural é respeitada, nos limites absolutos do que nos é útil para viver" (BOURDIN, 2006, p. 339).

seus hábitos e seus costumes – compreender o seu cérebro e as operações de seu corpo em geral, essa conciliação entre ciências empíricas e ciência moral estabeleceu uma conformidade que contribuiu para o programa político orientado pela ideia de progresso e disseminação das luzes.[63] Nas palavras do próprio Holbach:

> Com efeito, não é nada duvidoso que o comportamento do homem possa ser corrigido, alterado por causas tão físicas quanto aquelas que o constituem. Cada um de nós pode, de alguma maneira, formar um temperamento; um homem de um temperamento sanguíneo, consumindo alimentos menos suculentos ou em menor quantidade, abstendo-se de bebidas fortes etc., pode conseguir corrigir a natureza, a qualidade e a quantidade do movimento do fluido que nele predomina. Um bilioso ou um melancólico pode, com a ajuda de alguns remédios, diminuir a massa desse fluido e corrigir o vício do seu humor com a ajuda do exercício, da distração e da alegria que resultam do movimento. Um europeu transplantado para o Hindustão tornar-se-á pouco a pouco um homem totalmente diferente pelo humor, pelas ideias, pelo temperamento e pelo caráter (HOLBACH, 2010, p. 163).

Surgiu então a noção de um determinismo fisiológico que orienta a organização dos seres naturais, em especial a organização do corpo humano, seus afetos, desejos e ideias. O corpo passou a ser visto como potência orgânica, autônoma, e seus atributos passaram a conduzir o caráter ético e a orientação moral. O amor a si mesmo, o interesse em seu bem-estar e a busca da felicidade tornaram-se os norteadores desse direcionamento, que tem em vista, sempre, a conservação de si.

---

63 Cf. BOULAD-AYOUB, 2006, p. 255 e segs.

A moral passou assim a ser configurada em outro molde, não mais como a obediência a princípios *a priori* dados por uma divindade, seja através da razão natural, seja através da revelação das *Escrituras* e profetas. Ela passou a configurar-se tendo em vista a natureza material do homem e a sociabilidade necessária à sua existência. O homem

> não é moral porque obedece às crenças e às esperanças quiméricas de uma religião ou porque ele segue uma utópica lei natural, mas na medida em que ele colabora com a salvaguarda de uma sociedade que em retorno assegura sua felicidade: o amor ao próximo coincide com o interesse bem compreendido e o desenvolvimento harmonioso de cada um (VERNIÈRE, 1954, p. 638).

Com o reconhecimento do interesse como norteador das ações humanas, é a experiência que modela os parâmetros para os valores morais. Ao longo de sua existência, o homem percebe que suas ideias e paixões têm consequências, que podem ser vantajosas ou nocivas para ele. Ele vê que suas ações são ora aprovadas ora reprovadas pelos indivíduos que lhe são próximos, e que as ações dos outros homens que lhe atingem estão sujeitas a esse mesmo juízo:[64] "é por puro mecanismo que podemos explicar os fenômenos tanto físicos como morais do hábito: nossa alma, apesar da sua pretensa espiritualidade, modifica-se tal como o corpo" (HOLBACH, 2010, p. 177). O hábito,

64 "É sobre a diversidade necessária desses efeitos que é fundada a distinção entre o bem e o mal, o vício e virtude. Distinção que, como alguns pensadores acreditaram, não é de maneira alguma fundada nas convenções entre os homens, menos ainda nas vontades quiméricas de um ser sobrenatural, mas nas relações eternas e invariáveis que subsistem entre os seres da espécie humana vivendo em sociedade, e que subsistirão tanto quanto o homem e a sociedade" (HOLBACH, 2010, p. 173).

nesse sentido, apresenta um papel fundamental dentro da orientação moral no sistema holbachiano. Ele é importante para uma regulação das paixões e dos órgãos do corpo humano,[65] sendo essencial para a constituição de seu temperamento. A conduta dos indivíduos, de acordo com seus hábitos alimentares, suas vestimentas, suas rotinas de trabalho e lazer, tem uma importância significativa no estabelecimento dos costumes, e consequentemente, nas relações morais entre virtude e vício, juízos de valor como bom ou mau, justo ou injusto, ou seja, o hábito influencia diretamente a vida em sociedade:

> Se considerarmos atentamente as coisas, descobriremos que quase toda a nossa conduta, o sistema das nossas ações, nossas ocupações, nossas ligações, nossos estudos e nossos divertimentos, nossas maneiras e nossos costumes, nossas roupas e nossos alimentos, são efeitos do hábito. Devemos a ele, da mesma forma, o exercício fácil de nossas faculdades mentais, do pensamento, do juízo, do espírito, da razão, do gosto etc. É ao hábito que devemos a maior parte das nossas tendências, dos nossos desejos, das nossas opiniões, dos nossos preconceitos e das falsas ideias que fazemos do bem-estar – em poucas palavras, os erros nos quais tudo se esforça para nos fazer incorrer e nos reter neles. É o hábito que nos liga tanto ao vício quanto à virtude (HOLBACH, 2010, p. 176).

---

65 Há uma relação intrínseca entre o corpo, a fisiologia e o hábito, não constituindo contudo um puro mecanismo psicológico, mas configurando uma adequação psicofisiológica de características diversas: "O hábito é o efeito de modificações físicas. As opiniões boas e más, verdadeiras ou falsas que se organizam no espírito humano nunca passam de efeitos dos impulsos físicos que ele recebeu pelos seus sentidos" (HOLBACH, 2010, p. 195).

Uma vez que o cérebro esteja adaptado a determinadas ideias e comportamentos, dificilmente pode-se modificá-lo ao ponto de transformar inteiramente a sua constituição:

> Nosso cérebro, nosso órgão interno, nossa alma, acostumada desde cedo a ser modificada de uma determinada maneira, a vincular determinadas ideias aos objetos, a constituir um sistema coerente de opiniões verdadeiras ou falsas, experimenta uma sensação dolorosa quando se pretende dar um novo impulso ou direção aos seus movimentos habituais (HOLBACH, 2010, p. 177).

A moral religiosa apresenta-se dessa maneira como a fonte dos enganos e males sociais, pois suas ideias insensatas, incorporadas pelos costumes à sociedade, permeiam as relações sociais entre os homens, prejudicando-as na medida em que configuram princípios que sejam dissonantes com a natureza humana,[66] pois que "almas físicas e necessidades físicas exigem uma felicidade física e objetos reais e preferíveis às quimeras com as quais, há tantos séculos, se fartam os nossos espíritos" (HOLBACH, 2010, p. 135). Mesmo reconhecendo-se a injustiça, os abusos e os preconceitos que as constituem, as sociedades não se desfazem desses princípios devido a eles estarem enraizados nas suas opiniões. É nesse ponto que Holbach aponta o papel funda-

66 Para Holbach, os legisladores e governantes devem consultar aqueles que conhecem a natureza real do homem, para que as leis sejam eficientes: "Que o físico, o anatomista e o médico reúnam suas experiências e suas observações para nos mostrar aquilo que devemos pensar de uma substância que se compraz em tornar incognoscível, que suas descobertas ensinem ao moralista os verdadeiros móveis que podem influir sobre as ações dos homens; aos legisladores, os motivos que eles devem pôr em uso para incitá-los a trabalhar para o bem-estar geral da sociedade; aos soberanos, os meios de tornar verdadeira e solidamente felizes as nações submetidas ao seu poder" (HOLBACH, 2010, p. 135).

mental e reformador da educação, que "nada mais é do que a arte de fazer que os homens adquiram logo cedo, quando os seus órgãos são muito flexíveis, os hábitos, as opiniões e as maneiras de ser adotadas pela sociedade onde viverão" (HOLBACH, 2010, p. 178). A infância, para o barão, é o período de experimentação do mundo, de formação das ideias e da orientação moral, pois é o momento em que os objetos adquirem seu aspecto benéfico ou nocivo para a mente, objetos a partir dos quais o homem adulto estará direcionado a buscar ou fugir de acordo com aquilo que aprendeu nessa tenra idade: "é assim que o espírito se enche pouco a pouco de verdades ou de erros, de acordo com os quais cada um regula a sua conduta" (HOLBACH, 2010, p. 179). Ele se apresenta como um reformador, um defensor da possibilidade de se mudar os costumes, corrigindo os homens nas raízes de seu comportamento, ou seja, mudando suas ideias sobre os seus interesses e necessidades, expurgando-lhes os preconceitos e redirecionando-os à sua essência natural que os constitui verdadeiramente.

O desejo de felicidade e o interesse como fundamentos da sociedade

Um dos aspectos singulares do pensamento de Holbach está no modo como ele configura um pensamento moral e político com base em princípios que, no século seguinte, ganhará corpo nas penas de Jeremy Bentham e John Stuart Mill, estabelecendo as raízes do utilitarismo. Esse utilitarismo germinal de Holbach identifica a felicidade e a verdade ao interesse, apesar de sua filosofia não se restringir apenas a este aspecto.[67] De acordo com Boulad-Ayoub, Holbach faz uso da metáfora do contrapeso, concebendo uma balança em que pese a atividade a partir de sua utilidade:

> A diversidade que se encontra entre os indivíduos da espécie humana impõe entre eles a desigualdade, e tal

67 Cf. CHARBONNAT, 2007, p. 353.

> desigualdade constitui o sustentáculo da sociedade. Se todos os homens fossem os mesmos pelas forças do corpo e pelos talentos do espírito, eles não teriam nenhuma necessidade uns dos outros: é a diversidade das suas faculdades e a desigualdade que se impõem entre eles que tornam os mortais necessários uns aos outros (HOLBACH, 2010, p. 158).

Quanto mais útil para a felicidade e bem-estar for uma ação, e quanto mais ela afastar o sofrimento e a dor, mais ela será legítima. A configuração das paixões, desse modo, não é *a priori*, absoluta, mas parte da ponderação de suas causas e efeitos. As verdades são também o fruto dinâmico das leis da natureza, já que é o homem quem determina suas condições e seus limites. Ele diz no *Système Social*:

> A verdade em Física é o conhecimento dos efeitos que as causas naturais devem produzir sobre os sentidos. A verdade em Moral é o conhecimento dos efeitos que as ações dos homens devem produzir sobre os homens. A verdade em Política é o conhecimento dos efeitos que o governo produz sobre a sociedade, isto é, a maneira que ele influencia a felicidade pública e particular dos cidadãos (HOLBACH, 1994, p. 36).

Isto quer dizer que o limite para a verdade está estabelecido na utilidade que, no fim das contas, é a medida das paixões, ideias e ações que têm em vista a conservação de si e o bem-estar do indivíduo. Para esclarecer melhor esse ponto, vejamos como Holbach coloca a questão:

> Porém, qual é o objetivo do homem na esfera que ele ocupa? É se conservar e tornar sua existência feliz. É importante, portanto, que ele conheça os verdadeiros meios para isso através das experiências, das quais sua prudên-

> cia e sua razão lhe ensinam a fazer uso para alcançar segura e constantemente o objetivo que ele se propõe. Esses meios são as suas ações determinadas pelas paixões das quais sua natureza o torna suscetível, e que dão maior ou menor atividade à sua vontade (HOLBACH, 2010, p. 172).

Uma vez que o motor de suas ações seja o interesse em se conservar e ser feliz, os instrumentos de que ele dispõe são suas faculdades naturais, isto é, sua sensibilidade, que lhe permite conhecer os objetos, e sua razão, que lhe auxilia a considerá-los e manuseá-los em favor de seu bem-estar. Nesse sentido, as paixões apresentam-se como mecanismos que são ativados pela sensibilidade e que precisam ser orientados pela razão, tendo em vista sempre o interesse.

Primeiramente, é preciso analisar esse critério que fundamenta as ações humanas, qual seja, o *interesse*. Ele é o motor que impele o homem a conservar-se e ser feliz, uma vez que sua conservação não é outra coisa senão o prolongamento de sua existência, quando esta lhe é agradável e satisfatória (o que estaria de acordo com a Natureza, já que essa é a tendência de todo ser natural).[68] Já sua *felicidade*, por

68 É importante observar que Holbach considera o suicídio como uma ação natural, pois ele representa o desejo *natural* de não mais existir quando a felicidade já não é possível, uma vez que ele vincula ao interesse da conservação de si o da felicidade e bem-estar, de maneira que eles sejam intrínsecos, e não independentes. Não é a existência por si mesma que possui um valor natural que impele o homem a desejá-la, mas uma existência feliz, agradável e satisfatória, com o mínimo de sofrimento possível: "Como a vida é comumente para o homem o maior de todos os bens, é de se presumir que aquele que se desfaz dela é arrastado por uma força invencível. É o excesso de infelicidade, o desespero, o desarranjo da máquina causado pela melancolia que levam o homem a se matar. [...] Vê-se, portanto, que aquele que se mata não comete, como se pretende, um ultraje à natureza – ou, se preferirem, ao seu autor. Ele segue o impulso dessa natureza, tomando o único caminho que ela lhe deixa para sair dos

conseguinte, configura um estado a ser preservado pelo organismo, decorrente de um prolongamento da sensação de bem-estar. A medida da proporção entre a intensidade e a duração da sensação de bem-estar estabelece a qualidade da felicidade. Quanto mais intensa é esta sensação, menos ela será durável, enquanto que para ser mais durável, é necessário que ela seja moderada pela atividade intelectual e racional: "A felicidade é uma maneira de ser da qual desejamos a duração, ou na qual queremos perseverar. Ela se mede pela duração e intensidade. A maior felicidade é aquela que é mais durável" (HOLBACH, 2010, p. 174). Isto é, o homem prolonga sua felicidade através da razão, calculando a utilidade e a proporção de prazer[69] ou dor que os objetos lhe proporcionam, pois

---

seus sofrimentos" (HOLBACH, 2010, p. 360). O suicídio não se apresenta como um ato voluntário, ou uma desistência livre de existir, mas uma ação necessária, da qual todo o ser do indivíduo é tomado pelo desejo de por fim aos próprios temores. Ele se opõe, desse modo, tanto à tradição religiosa, que considera este ato um pecado, quanto aos jusnaturalistas, que tomam o suicídio como uma quebra do contrato social estabelecido entre o indivíduo e a sociedade.

69 "O prazer é um bem, é da nossa essência amá-lo. Ele é racional quando torna querida a nossa existência, quando não causa dano nenhum a nós mesmos, quando as suas consequências não são incômodas para os outros" (HOLBACH, 2010, p. 393). Não podemos deixar de estabelecer aqui a influência do cálculo epicurista dos desejos na formulação materialista da ideia de prazer para Holbach. De acordo com Epicuro, como vemos na *Carta a Meneceu* (Cf. EPICURO, 2002, p. 35), os desejos são divididos em três espécies: os naturais e necessários, os naturais e desnecessários, e os não-naturais. Os primeiros dizem respeito às necessidades do corpo, como se alimentar e repousar, sem os quais o corpo não suportaria as mudanças constantes de sua essência e sucumbiria; enquanto que os segundos referem-se aos primeiros, contudo, com um certo grau de requinte, ou volúpia, como comer uma iguaria refinada, ou dormir numa cama confortável; enquanto que os da terceira espécie, por decorrerem unicamente do universo da linguagem e dos signos, são imaginativos e,

> quanto mais ele [o prazer] é vivo mais é fugidio, porque os nossos sentidos só são suscetíveis de uma certa quantidade de movimento. Todo prazer que excede a essa quantidade se transforma então em dor ou em uma maneira penosa de existir, da qual desejamos a cessação: eis por que o prazer e a dor se tocam às vezes de perto (HOLBACH, 2010, p. 175).

Há, portanto, uma relação de unidade entre prazer, desejo e ação,[70] uma vez que a atividade é necessária para o homem sentir sua

---

portanto, não podem ser satisfeitos, exigindo dos indivíduos um dispêndio de energia que poderia neutralizar sua felicidade e seu bem-estar; seriam eles, por exemplo, o desejo de glória, de reconhecimento público, ou das riquezas. Neste ponto, Holbach, como veremos adiante, não corrobora completamente essa perspectiva epicurista, dado que ele defenda a utilidade dessas paixões quando elas estão direcionadas para o bem-estar do indivíduo e da sociedade – se bem que, em determinado momento, ele admita que a tranquilidade da alma possa ser preferível a uma existência agitada pelas paixões: "Os homens mais felizes são comumente aqueles que possuem uma alma pacífica, que não deseja senão as coisas que ela pode obter por um trabalho apropriado a manter sua atividade, sem lhe causar abalos demasiado importunos e demasiado violentos" (HOLBACH, 2010, p. 379). A semelhança com a doutrina de Epicuro, portanto, não pode deixar de ser apontada.

70 Neste ponto, Helvétius parece ser, de certa maneira, mais radical do que Holbach. Vemos em *De l'homme*: "Os motores do homem são o prazer e a dor física. Porque é que a fome é o mais comum princípio da sua actividade? Porque entre todas as necessidades é a que se renova com mais frequência e mais imperiosamente se impõe". Diz ainda que "se as necessidades são os nossos únicos motores, devemos explicar a invenção das artes e das ciências em função das nossas diversas necessidades: à da fome, a arte de desbravar e cultivar a terra, inventar a relha do arado, etc. À necessidade de se defender contra os rigores das estações, a arte da construção, do vestir, etc. Quanto à magnificência das equipagens, dos tecidos, dos móveis; quanto à musica, aos espetá-

própria existência, pois esse sentimento decorre dos movimentos que os objetos lhe causam, isto é, o desejo, a sua satisfação e os impulsos para satisfazê-lo. Caso contrário, ele pereceria num estado de torpor causado pela melancolia[71] e pelo resfriamento de seus fluidos, o que lhe é nocivo já que, estando melancólico, ele deixa de agir para preservar-se. São, portanto, as coisas que lhe dão prazer que ativam sua vontade e mobilizam seu temperamento para buscá-las ou possuí-las. Segundo Boulad-Ayoub, "a regra primordial da felicidade obriga cada homem a tomar os meios dos quais depende a conservação de seu ser e a fugir de todos os excessos dos quais o efeito seria de tornar sua existência dolorosa" (BOULAD-AYOUB, 2006, p. 265). Holbach estabelece uma ligação necessária entre prazer e felicidade, na qual ambos se confundem de acordo com a perspectiva da qual são observados. Sendo a sensação de felicidade decorrente da sensação de prazer continuada, aquela é medida pela duração desta; contudo, como dissemos, deve haver uma proporção entre a duração e a intensidade, e quanto mais vivacidade tiver a sensação de prazer, mais ela será fugidia, pois os nossos sentidos só são suscetíveis de uma certa quantidade de

culos, enfim, a todas as artes de luxo, é no amor, no desejo de agradar, no receio do aborrecimento que se deve procurar a explicação. Sem amor, quantas artes ignoradas! Que torpor na Natureza! O homem, sem necessidades, não teria incentivo para a acção; é à necessidade do prazer que a juventude deve, em parte, a sua actividade e a superioridade sobre a idade avançada" (HELVÉTIUS, *Do Homem*..., seção II, cap. X (*Os prazeres dos sentidos são, mesmo à escala das Nações, os seus mais poderosos motores*) In DESNÉ, 1969, p. 225, nota 11).

71 Espinosa, na terceira parte da *Ética*, na *Definição* 3, apresenta a melancolia como uma forma de tristeza, sendo, por isso, algo que diminui a potência do indivíduo, ou, em seus próprios termos, "a passagem do homem de uma perfeição maior para uma menor" (ESPINOSA, 2009, p. 141).

movimento.[72] Ou seja, eles só podem proporcionar uma determinada quantidade de prazer, sendo necessária a moderação dessas sensações para que o bem-estar se prolongue adequadamente. Um prazer ininterrupto, observa Holbach, não é possível, já que a sensação agradável é decorrente de um movimento impresso no cérebro, sendo que uma sensação ininterrupta deixa de ser sentida, e o homem, ao invés de bem-estar, sentiria certo langor ou tédio, o que o aproximaria também de um estado melancólico.

O prazer configura-se, então, pelas impressões e percepções que os objetos causam no corpo, de acordo com o grau de bem-estar que é sentido pelo cérebro, que é posto em movimento pelas sensações. Uma grande quantidade de prazer por um único objeto pode imprimir um movimento tão forte que, ao invés de proporcionar-lhe a sen-

---

72 Mais uma vez estabelecemos aqui uma aproximação da proposta ética de Holbach com a ética epicurista. De acordo com o que diz Markus Figueira da Silva, o prazer, para Epicuro, não constitui uma busca desenfreada de sensações agradáveis, como o é para os cirenaicos – uma vez que para estes, a felicidade é apenas uma projeção, e supõe um prazer duradouro e estável, ou seja, ela seria impossível, visto que eles concebem o prazer como fugidio e fugaz –; contudo, de acordo com o filósofo do Jardim, ela se constitui, na medida do possível, de uma realização da estabilidade do equilíbrio corpóreo, de acordo com a ausência de dores e a satisfação das necessidades proporcionada pelas paixões, que são inevitáveis. Elas podem, todavia, serem equilibradas, a partir de um cálculo adequado, permitindo assim uma continuidade e estabilidade do corpo, o que constituiria, por sua vez, o bem-estar e a felicidade: "Epicuro viceja, mais que tudo, definir um modo de vida onde os desejos que movem os homens possam encontrar um termo de feliz realização. Um estado possível, sem perturbações e sem sofrimentos. Este estado é buscado como modo de realização do prazer. Por isso, podemos depreender das suas proposições que o sentido mesmo da filosofia é tornar claro o que seja o prazer e dimensionar a conduta do homem sensato como possibilidade constante de atingi-lo" (SILVA, 2003, p. 101-2).

sação de bem-estar, causaria em seguida uma dor ou uma sensação penosa, pois a intensidade causa também o esgotamento.[73] Ele precisa, assim, ser moderado, para poder ser benéfico e tornar o indivíduo realmente feliz:

> O prazer imoderado é seguido de pesares, de aborrecimentos e de desgostos; a felicidade passageira se converte em uma infelicidade durável. De acordo com esse princípio, vê-se que o homem que, em cada instante da sua duração, busca necessariamente a felicidade, deve, quando é sensato, economizar os seus prazeres, recusar todos aqueles que poderiam se transformar em sofrimento e tratar de proporcionar a si próprio o bem-estar mais permanente (HOLBACH, 2010, p. 175).

O prazer está diretamente ligado ao desejo. A vontade é posta em movimento através dos motivos que impelem o homem a querer algo, e esses motivos constituem uma necessidade a ser satisfeita, de modo que esse mecanismo configura o desejo, ou a faculdade desiderativa. Como há uma relação entre o temperamento e os objetos que proporcionam o prazer, Holbach sugere que – uma vez que nosso corpo nunca permanece o mesmo, pois o fluxo contínuo de movimentos que o afeta o altera internamente – os objetos que ora lhe são agradáveis podem se tornar desagradáveis, ou o contrário. Nossos desejos e inclinações modificam-se, e um objeto antes desejado pode deixar de sê-lo, da mesma maneira que um antes indesejado pode vir a se tornar desejável. Além disso, do mesmo modo que um mesmo objeto não pode satisfazer continuamente o mesmo indivíduo, ele também não pode satisfazer todos os indivíduos, pois "seres variados pelo temperamento, pelas forças, pela organização, pela imaginação, pelas ideias,

73 "Os prazeres mais vivos são sempre os menos duráveis, já que são aqueles que nos causam os maiores esgotamentos" (HOLBACH, 2010, p. 365).

pelas opiniões e pelos hábitos, e que uma infinidade de circunstâncias, sejam físicas ou morais, modificaram diversamente, devem ter, necessariamente, noções muito diferentes da felicidade" (HOLBACH, 2010, p. 366).

Dessa maneira, a felicidade é vista como um estado singular do indivíduo, relativo à sua organização, diferindo da realização de uma essência interior universal própria da natureza humana. Todo homem visa o objeto de seu interesse nas suas ações, que ele vincula à sua felicidade, e o desejo constitui o movimento pelo qual o interesse opera no homem o motivo para agir tendo em vista essa satisfação, de modo que todas as suas ações não têm por meta senão seu objeto de interesse e sua necessidade a ser satisfeita: "Assim, quando dizemos que o interesse é o único motor das ações humanas, queremos indicar com isso que cada homem trabalha à sua maneira pela sua própria felicidade, que ele deposita em algum objeto visível ou oculto, real ou imaginário, e que todo o sistema da sua conduta tende a obter" (HOLBACH, 2010, p. 367). A partir dessa configuração, não existem assim ações desinteressadas, pois Holbach afirma que o desprendimento de um indivíduo com relação a alguma de suas posses ou qualidades, que configuram as virtudes como a generosidade, bondade, altruísmo, nada mais são que uma valorização maior em relação ao interesse da ação do que propriamente na conservação do objeto, que possui para ele menor valor: "Enfim, chamamos de desprendido todo homem que faz pelo objeto ao qual ele vincula sua felicidade alguns sacrifícios que julgamos custosos, porque não damos de forma alguma o mesmo valor a esse objeto" (HOLBACH, 2010, p. 367). Ou seja, a generosidade de um indivíduo que despende suas riquezas em socorro de um amigo é tida por virtude porque a maior parte das pessoas considera mais valorosa a riqueza do que a amizade, enquanto que este indivíduo generoso valoriza mais a amizade do que a própria riqueza. O interesse na conservação de sua amizade é, desse modo, a causa de sua generosidade.

*

Faz-se necessário nesse momento, para adentrar no âmbito da sua concepção de moral universal, voltar novamente à questão das paixões, para analisar como Holbach as opera no registro do lugar do indivíduo dentro da sociedade. Como visto no início deste capítulo, suas ideias e suas paixões determinam o valor de utilidade dos objetos, e do mesmo modo também o permitem estabelecer as afinidades pessoais com os indivíduos de sua espécie a partir desses mesmos operadores, ou seja, das relações de prazer ou dor que estes lhe proporcionam. Aprendendo a julgar os objetos e os homens conforme a utilidade, ele aprende a julgar a si próprio. Essas experiências lhe dão as ideias de justo e injusto, bom e mau, virtude e vício, que lhe são necessárias para fundamentar os princípios morais, configurando assim uma distinção que se dá de modo necessário, como uma lei natural,[74] e não como uma convenção estabelecida entre os homens, tampouco devido a uma vontade divina que se revela pela razão ou por profetas e livros sagrados.

Seguindo esse mecanismo, a virtude então "é tudo aquilo que é verdadeiro e constantemente útil aos seres da espécie humana vivendo

74 Sobre o princípio de *lei natural*, Hobbes diz que "não pode haver outra lei de natureza além da razão, nem outros preceitos da *lei natural* além daqueles que nos mostram os caminhos da paz, onde ela pode ser alcançada, e os meios de defesa onde a paz não possa ser alcançada" (HOBBES, 2010, p. 72). Lei natural constitui uma lei dada pela razão, através da qual seja possível ao homem agir de acordo com um princípio racional, que se opõe às paixões que configuram o estado de natureza e a guerra de todos contra todos. Holbach, nessa perspectiva, não concorda inteiramente com Hobbes, pois para ele a sociedade deixa de ser entendida como artifício da razão, para tornar-se um produto natural do desenvolvimento da espécie humana. Isto é, é por necessidade de sua natureza, e não por um artifício, que os homens fundam uma sociedade para viver coletivamente. Isso será mais bem demonstrado a seguir.

em sociedade; o vício é aquilo que lhes é nocivo" (HOLBACH, 2010, p. 173). Virtude e vício representam os dois norteadores da utilidade, que tem como pedra angular o interesse da conservação e do bem-estar. De modo que ele associa assim virtude, verdade e razão à felicidade, enquanto opõe a ela o vício, o erro e a insensatez. Dentro desta lógica utilitarista holbachiana, o virtuoso é aquele que age promovendo o bem-estar de si, contribuindo também para o bem-estar da sociedade, pois suas ações, reguladas pela razão e sendo fundamentadas na verdade, e estando desse modo de acordo com a Natureza, seriam boas também para os outros indivíduos. Enquanto que o vicioso, ou criminoso, é aquele que prejudica ou ameaça, tanto a si mesmo – pois suas ações contrariam a sua natureza já que o prejudicam –, quanto aos outros – pois interfere no exercício da função social e na busca destes pela sua própria felicidade. A sociedade "só é comumente perturbada por homens mal nascidos, turbulentos, descontentes com a sua sorte, embriagados pelas paixões, enamorados de objetos difíceis, que a fazem entrar em combustão para obterem os bens imaginários nos quais eles fazem consistir a sua felicidade" (HOLBACH, 2010, p. 380). A política, nessa perspectiva, configura-se como a ciência necessária para o estabelecimento de uma adequação entre o indivíduo, suas paixões decorrentes de suas ideias e desejos, e os outros indivíduos que, com ele, formam uma sociedade, um corpo político ou um Estado.

Eis que, então, entramos finalmente no aspecto do funcionamento da máquina social, no estabelecimento da moral e das leis, e dos princípios que, segundo Holbach, devem servir para regulá-la.

A moral e a política do ponto de vista da Natureza

Para responder à pergunta inicial colocada por Maria das Graças de Souza, é necessário não apenas compreender o homem em sua essência e como esta corresponde à essência em comum com a Natureza num todo, é preciso também analisar o universo propriamente humano, ou seja, o mundo das relações estabelecidas pelos homens, não apenas no plano físico, mas com suas implicações também no plano moral e político, que caracterizam, *a fortiori*, a singularidade do homem diante dos outros seres. Devido às suas faculdades intelectuais, o homem não é apenas um ser que responde a impulsos – paixões e afecções – vindos de fora, mas ele também opera igualmente com os produtos de suas percepções, constituindo assim um plano imaginativo, de signos e valores que dão existência a um universo simbólico e significativo, que constitui o universo das relações humanas, que são a base das sociedades, nações, Estados, ou seja, do corpo político que constitui estas relações.

A política natural e a crítica da religião

Adentramos assim no terreno da moral e da política no *Sistema da Natureza*, pois estas constituem o instrumento por excelência de organização da vida social.[75] Vejamos agora como Holbach opera seus

75 É importante observar a associação necessária que ele estabelece entre política e moral, de modo que, em alguns momentos, elas se confundem, como, por exemplo, em *La Politique Naturelle*: "A política é a arte de governar os homens, ou de fazê-los concorrer à conservação e ao bem-estar da sociedade. Não se pode duvidar que a arte de tornar os Povos felizes não seja a mais nobre, a mais útil, a mais digna de ocupar uma alma virtuosa: ela sempre foi o objeto das meditações do Filósofo, do Cidadão razoável e dos Soberanos penetrados nos seus deveres. Nós a definiremos como a experiência aplicada ao Governo e às necessidades do Estado" (HOLBACH, 1998, p. 313); já em *A Moral Universal*: "A moral é a ciência das relações que subsistem entre os homens e dos deveres que decorrem dessas relações: se preferirem, a moral é o conhecimento daquilo que devem necessariamente fazer ou evitar os seres inteligentes e racionais que queiram se conservar e viver felizes em sociedade" (HOLBACH, 2015, p. 3); e no *Système Social*: "De onde se vê que a moral não pode, sem maior perigo, se separar da *Política*, que é a arte de governar os homens reunidos em sociedade. Ela não deve ser, como tudo nos demonstrará em seguida, senão a moral aplicada ao governo dos Estados" (HOLBACH,

conceitos, suas funções e mecanismos mais adequados, além de suas deturpações, para compreender assim em que medida o conhecimento da Natureza pode contribuir para a formação de estruturas sociais apropriadas aos homens para a realização de seu desejo mais natural que é, como visto, seu bem-estar e sua felicidade.

Primeiramente, Holbach diz que "a *política* deveria ser a arte de regular as paixões dos homens e de direcioná-los para o bem da sociedade. Mas não passa quase sempre da arte de armar as paixões dos membros da sociedade para a sua destruição e para a da associação que deveria fazer sua felicidade" (HOLBACH, 2010, p. 179). Charbonnat afirma que

> A filosofia de Holbach começa por delimitar o uso legítimo da razão. Este trabalho inscreve-se em uma crítica geral do preconceito, que assume três formas distintas: a superstição, a religião instituída e a religião natural. O preconceito é fundamentalmente uma contradição entre a ideia que ele exprime e a natureza que ele pretende conhecer (CHARBONNAT, 2007, p. 349).

A política deveria orientar a existência dos homens em vista de seu bem-estar coletivo e individual, contudo, devido às instituições desvirtuadas pelos erros e preconceitos, ela perturba a formação e a coesão social, seja submetendo os soberanos aos caprichos dos sacerdotes, seja submetendo o povo ao jugo dos déspotas, pois serve antes de tudo como instrumento de poder e dominação. A política, portanto, deve estar em conformidade com a natureza da sociedade, que é definida por ele como "um conjunto de homens, reunidos por suas necessidades, que trabalham pela sua conservação e pela felicidade

1994, p. 247). Doravante, ao nos referirmos sobre a política ou sobre a moral, não podemos deixar de ter em vista essa associação.

comum" (HOLBACH, 1994, p. 233). Holbach demonstra uma grande preocupação com o tema da política conjuntamente ao da moral, uma vez que diversas de suas obras foram críticas à influência da religião e de seus princípios teológico-metafísicos nestas ciências.[76] Conforme observa Charbonnat: "na maior parte de suas obras, Holbach se dirige aos monarcas e lhes requisita tomar o partido da verdade: eles devem encorajar o desenvolvimento das ciências, oferecer instrução ao povo e garantir a liberdade de pensamento" (CHARBONNAT, 2006, p. 350). Já Boulad-Ayoub sugere que a moral e a política estão ligadas reciprocamente: a moral indicando os meios especulativos para os homens descobrirem a relação entre utilidade e virtude, enquanto que a política assegura o emprego dos meios para sua prática efetiva (leis, coerção para os vícios, encorajamento da virtude e etc.).[77]

O pensador francês modela seu pensamento político tendo por preocupação a coesão e constância do corpo político, a formação do Estado e sua organização formal, procurando delimitar a funcionalidade das instâncias reguladoras que o compõem. Para ele, os sobe-

---

76 Os títulos de suas obras demonstram essa preocupação. *La Contagion Sacrée ou Histoire naturelle de la superstition* (O Contágio Sagrado ou História natural da superstição), *Lettres à Eugénie ou Preservatif contre les préjugés* (Cartas a Eugénie ou Prevenção contra os preconceitos), *Éthocratie ou Le gouvernement fondé sur la morale* (Etocracia ou o governo fundado sobre a moral), *Essai sur lês préjugés ou De influence des opinions sur lês moeurs & sur le bonheur des hommes* (Ensaio sobre os preconceitos ou Da influência das opiniões sobre os costumes e sobre a felicidade dos homens), entre as mais notórias.

77 "Moral e política estão então ligadas por uma relação recíproca segundo a qual a moral dá aos homens os meios especulativos para descobrir esta inter-relação entre o útil (o interesse natural) e o virtuoso (o interesse cultural) que assegura sua felicidade, ao passo que a política é empregada para estabelecer os meios (leis, coerção, encorajamento pelas honras ou outros benefícios) de sua prática efetiva na vida em sociedade porque 'nenhum [cidadão] pode ser feliz sem a virtude'" (BOULAD-AYOUB, 2006, p. 265).

ranos, quando esclarecidos, estão preocupados com o bem-estar de seus súditos e com a conservação de seus governos e devem agir conforme a razão e o bom senso, desarmando a *impostura* dos clérigos, e instituindo a união entre seu próprio interesse, que é uma sociedade estável e próspera, com os interesses do povo, que é a própria felicidade. Holbach, desse modo, estabelece uma antinomia que caracteriza a forma modular da política. Por um lado, temos o conhecimento da Natureza e o agir moral quando conforme a esse conhecimento, no qual os soberanos governam tendo em vista a felicidade dos seus súditos, levando-os a agir conforme a virtude, já que estes visam seu próprio interesse pela sua felicidade.[78] Por outro lado, temos a ignorância sustentada pela superstição, que opõe moral e Natureza, estabelecendo os princípios morais em ideais transcendentes e contrários às leis físicas e à própria essência do homem, constituindo normas e preceitos ineficazes e até mesmo nocivos aos indivíduos e à sociedade como um todo: "O ideal de conhecimento de Holbach, nesse sentido, mistura sistematicamente moral e saber. A ignorância e o que é nocivo são a antítese da ciência e do útil" (CHARBONNAT, 2007, p. 350). Jean Ehrard diz que "o erro vem da ignorância em que os maus governos mantiveram os povos; ele tem então causas históricas, facilmente determinadas" (EHRARD, 1994, p. 758).

---

78 A moral, como já observamos, tem por base a virtude, que tem por motor o interesse próprio dos indivíduos, diferentemente da concepção religiosa, que vê no sacrifício e na autoabnegação os princípios da virtude. "Este eudemonismo é, de um lado, uma moral racional e científica, pois que os deveres que ela implica fundamentam-se sobre a essência do homem e sobre o conhecimento das leis que o governam; é, por outro lado, uma moral pragmática que reavalia a ação boa e justa segundo o critério de utilidade: a virtude tornando-se o que se revela útil pelo julgamento para a realização de sua felicidade e de seu semelhante" (BOULAD-AYOUB, 2006, p. 265). Conferir também CHARBONNAT, 2006, p. 350.

A questão da verdade, como já observado, é substancial para Holbach, pois ela é o que se opõe ao erro, que é a base da superstição e o fomento das religiões. O caminho mais seguro para a verdade está na razão, que associa a experiência ao que é útil e separa aquilo que seja nocivo, pois a verdade não consiste apenas na contemplação da Natureza e dos seus atos, mas também se identifica com o interesse pela felicidade humana, e com a estima que o homem tem por si mesmo que, por sua vez, o faz agir na busca de seu bem-estar.[79] Quando a razão predomina, "a vida moral e política do homem não tem mais um estatuto diferente do resto dos fenômenos. Ela obedece às leis da utilidade, que a liga também ao grande todo universal" (CHARBONNAT, 2007, p. 359). Por outro lado, a superstição, fazendo dos homens crentes e pusilânimes,[80] aniquila a estima de si, pois transforma as relações do homem consigo mesmo e do homem com a Natureza; ele já não se identifica como um ser pertencente ao Todo que precisa agir em busca do seu bem-estar, mas enxerga a si mesmo como o dominador da Natureza; porém, não é sua própria potência que a domina, mas àquela à qual ele também está sujeito, que é a potência infinita da divindade. Para considerar-se potente diante da Natureza, ele precisa

---

79 "Como se pode chegar à verdade? O mais seguro caminho é aquele da razão natural, que separa pela experiência o útil do nocivo. O homem atinge o verdadeiro buscando a utilidade real que pode extrair dos fenômenos. A verdade não consiste então somente em uma contemplação dos atos da natureza. Ela se identifica também com o que interessa à felicidade humana. O filósofo deve contribuir para a felicidade de todos, em invocando para a busca incondicional da estima de si mesmo" (CHARBONNAT, 2007, p. 349).

80 Vemos em *La Contagion Sacrée*: "Todo homem que sofre, que treme e que ignora, está predisposto à credulidade. Privado de recursos próprios, ele dá sua confiança a quem quer que lhe pareça mais instruído e menos assustado do que ele; ele o olha como um ser privilegiado, favorecido pelo Céu, capaz de consolá-lo e de remediar suas penas" (HOLBACH, 2006, p. 13).

subjugar-se ao seu Deus, o que no fundo, significa que ele reconhece sua incapacidade de guiar sua vida, vendo-se obrigado a orientar-se pelos preceitos prescritos pela sua religião: isso nada mais é que a heteronomia absorvendo sua estima de si, seus instintos naturais e sua capacidade de ação. Ele torna-se, assim, a ovelha que necessita dos cuidados de um pastor – isto é, um indivíduo perdido que necessita da orientação de um sacerdote.

O conhecimento e a ciência, enquanto instrumentos para se atingir a verdade, não são um saber contemplativo, mas antes o subsídio para um arcabouço teórico que sustenta uma moral da utilidade e do bem-estar, de modo que "a verdade deve triunfar, pois ela assegura a tranquilidade e a perenidade das sociedades, pois sendo os soberanos e os povos esclarecidos, suas necessidades e interesses verdadeiros poderão ser satisfeitos sem nenhum prejuízo alheio" (CHARBONNAT, 2007, p. 350). Para Holbach, é da natureza da religião perturbar a ordem política e a moral, uma vez que ela é alicerçada no erro e na impostura. Como visto anteriormente, o erro, opondo-se à verdade, dá forma e conteúdo às superstições que são ou o resultado de uma ciência imprecisa, carente de experiência, ou a impostura, o desejo de perverter a verdade em favor de si próprio e de um poder institucional. Quando a superstição se institucionaliza,[81] ela adquire poder e autoridade, pois se transforma numa religião e adquire corpo político numa Igreja. Uma vez sendo a felicidade a meta da existência dos indi-

81 Holbach chega a estabelecer a ligação necessária entre superstição e religião, pois que ambas seriam a mesma coisa: "Como reconhecem os próprios teólogos, os homens não têm *religião*: eles têm apenas *superstições*. A superstição, segundo eles, é um culto mal-entendido e irracional da divindade, ou então um culto prestado a uma falsa divindade. Porém, qual é o povo ou o clero que reconhecerá que a sua divindade é falsa e o seu culto irracional? Como decidir quem está certo ou errado? É evidente que, nesta matéria, todos estão igualmente errados" (HOLBACH, 2010, p. 740, grifo do autor).

víduos, o julgamento equivocado dos objetos que proporcionam essa felicidade leva os homens a submeterem-se aos poderes sacerdotais e à tirania. De acordo com o barão, os maiores males que afligem os homens decorrem justamente das opiniões falsas e das ilusões sobre a Natureza, de sua própria essência e de seus objetivos desvirtuados pelos princípios teológicos: "A ignorância das causas naturais criou-lhe os deuses; a impostura os tornou terríveis" (HOLBACH, 2010, p. 396). A impostura é essencial à religião, já que tem por função manter os homens na ignorância das leis da Natureza, obrigando-os a aceitar preceitos falsos, já que lhes exige a obediência e a renúncia à razão:[82]

> Seus temores o tornaram escravo daqueles que o enganaram sob o pretexto do seu bem. Ele fez o mal quando lhe disseram que os seus deuses exigiam crimes; ele viveu no infortúnio porque lhe deram a entender que os seus deuses o condenavam a ser miserável. Ele nunca ousou resistir a eles nem se desvencilhar dos seus grilhões, porque lhe deram a entender que a estupidez, a renúncia à razão, o embotamento do espírito e a abjeção da sua alma eram meios seguros de obter a felicidade eterna (HOLBACH, 2010, p. 396).

Vê-se que o principal desses temores utilizados para dominar os desejos e a mente dos homens é, sem dúvida, o medo da morte e o dogma da vida eterna. Ambos constituem o instrumento por excelência que os sacerdotes utilizam para estabelecer seu poder e domínio. Holbach observa que esse dogma é comum a todas as religiões e que ele tem como fundamento um princípio natural característico da própria natureza humana: o de buscar aquilo que lhe é benéfico e

82 Ver a nota 118 do Capítulo II.

se afastar do que lhe é nocivo procurando assegurar sua existência.[83] Eles, aproveitando-se da ignorância dos homens a respeito das leis da natureza, da sua constituição e organização material do universo, instalaram alhures uma morada onde o motor das suas ações, que não é o seu corpo, mas uma substância espiritual, é levado para viver eternamente. É, portanto, pelos falsos princípios do dogma da espiritualidade e imortalidade da alma, como já fora analisado, que as ideias quiméricas da religião triunfam, tornam-se soberanas e conduzem as ações dos homens. Através do desejo pelos bens eternos e o medo dos males eternos, eles disseminaram esses falsos princípios com o intuito de imprimir-lhes esse mecanismo, que lhes garantiria a submissão do comum dos homens:[84] "a superstição, longe de consolar os homens sobre a necessidade de morrer, nada mais faz do que redobrar os seus terrores por meio dos males que ela sustenta que se seguirão ao seu falecimento" (HOLBACH, 2010, p. 324). Preocupados com uma existência da qual eles não tem a menor ideia, o menor conhecimento, e ludibriados por aqueles que detêm esse suposto conhecimento, eles se submetem aos seus conselhos e instruções, e abdicam de investigar a Natureza por si mesmos.

Não obstante, esses mesmos falsos princípios foram atribuídos também à autoridade política, que pôde abusar do seu poder para subjugar os homens. Estes, por sua vez, se viram subjugados não apenas em sua vida espiritual, mas também em sua vida moral e social:

---

83 "O homem, em seu estado atual, tem duas formas de sentir, uma que ele aprova e outra que ele desaprova. Assim, persuadido de que essas duas maneiras de sentir deviam segui-lo até mesmo além da sua existência presente, ele coloca nas regiões da eternidade duas moradas distintas: uma foi destinada à felicidade e a outra, ao infortúnio, uma devia conter os amigos do seu deus, a outra foi uma prisão destinada a vingá-lo dos ultrajes que lhe faziam os seus desgraçados súditos" (HOLBACH, 2010, p. 320).

84 Ver a nota 80 deste Capítulo III.

> O dogma de uma vida futura, acompanhado de recompensas e de castigos, é, há um grande número de séculos, considerado como o mais poderoso ou mesmo como o único motivo capaz de conter as paixões dos homens e obrigá-los a ser virtuosos (...). Os fundadores das religiões fizeram uso disso para prenderem seus seguidores crédulos. Os legisladores o consideraram como o freio mais capaz de reter os seus súditos sob o jugo (HOLBACH, 2010, p. 325).

Porém, Holbach alerta para a ineficácia desses princípios, pois – e a experiência o comprova, contrariando a tese de Voltaire – os homens são crédulos, mas mesmo assim continuam a cometer crimes.[85] Isso se deve à força da Natureza ser mais forte que a dos costumes. Essas ideias, por serem apenas um produto da imaginação, não têm tanta força para modificar o temperamento ou conter as paixões mais violentas, já que o ímpeto que faz com que os homens desejem e ajam para conseguir algo é sempre mais poderoso do que o medo de que sejam punidos por um objeto de sua imaginação.[86] Além do mais, mesmo que o dogma da vida eterna sirva para conter as paixões nocivas de alguns indivíduos, os danos que ele acarreta são maiores que esse

85 Os sacerdotes "reconhecem que os mortais que eles imbuíram, desde a infância, com essas ideias nem por isso são menos arrastados pelas suas inclinações, aturdidos pela dissipação, escravos dos seus prazeres, encadeados pelo hábito, carregados pela torrente do mundo, seduzidos por alguns interesses presentes que fazem que esqueçam as recompensas e os castigos da vida futura" (HOLBACH, 2010, p. 333).

86 Ele diz que "essas maravilhosas especulações, incapazes de modificar os temperamentos dos homens, de aniquilar as paixões que os vícios da própria sociedade contribuem para fazer brotar em todos os corações, não diminuem de maneira alguma o número dos perversos" (HOLBACH, 2010, p. 327).

suposto benefício, pois ele traz consigo o fanatismo, a intolerância e o desrespeito às leis sociais:

> O que são essas frágeis vantagens comparadas à multidão de males que vemos decorrer dele! Para um homem tímido que essa ideia contém existem milhões que ela não pode conter; existem milhões que ela torna insensatos, ferozes, fanáticos, inúteis e malvados; existem milhões que ela desvia dos seus deveres para com a sociedade; existe uma infinidade que ela aflige e que ela perturba sem nenhum benefício real para os seus associados (HOLBACH, 2010, p. 333).

Perturbando assim toda a estrutura da sociedade, a política, subjugada pela religião,[87] tornou-se instrumento de dominação. Ela deixou de ser a arte de regular as paixões dos homens em vista de um bem comum, para se tornar um instrumento da opulência e da ambição de alguns poucos indivíduos dotados de poder, à custa da felicidade geral dos povos. Holbach não deixa de alertar os soberanos dessa natureza perversa da religião, aos quais ele busca insistentemente convencer disso,[88] pois "ela serve somente para enganar os homens, para

---

87 "A política foi ela própria escravizada aos caprichos do sacerdote [...] o dogma da outra vida pôs o próprio governo na dependência do sacerdote" (HOLBACH, 2010, p. 326).

88 Essa postura é evidente em *La Contagion Sacrée*: "Tanto que os padres estarão no direito de dizer 'que é melhor obedecer a Deus que aos homens', que a religião é mais importante do que a vida, que a Natureza deve ceder aos oráculos supostos do Céu, que a razão não deve absolutamente ser escutada, quando se trata dos interesses do Altíssimo –, estes padres estarão ao alcance de perturbar o Estado e se servirão do povo como o instrumento mais próprio para fazer valer suas artimanhas, suas pretensões ambiciosas, sua avareza, suas paixões sediciosas" (HOLBACH, 2006, p. 6). Conferir também CHARBONNAT, 2006, p. 350.

melhor apoderar-se de suas riquezas e seu trabalho" (CHARBONNAT, 2006, p. 350). O barão não deixa de enfatizar o papel fundamental que tem o soberano,[89] pois ele deve ser o condutor dos instrumentos de equilíbrio necessários para regular as paixões e a convivência dos homens, pois é ele que detém o poder sobre as instituições que compõem a estrutura social.

No entanto, um problema pode ser apontado com relação aos seus deveres, que é o modo como a verdade é omitida pelos costumes e pela tradição ao ser negligenciada por ele, já que prefere educar seus súditos através do erro, acreditando ser mais vantajoso omiti-la para mantê-los sobre seu domínio, ao invés de instrui-los nas ciências e no conhecimento da Natureza, para que eles pudessem ser mais capazes de autorregular-se. Sobre esse mau uso do poder pelos soberanos, ele diz:

> Os direitos do homem sobre o seu semelhante só podem ser fundamentados na felicidade que ele lhe proporciona ou que ele lhe dá a oportunidade de esperar. Sem isso, o poder que um exerce sobre o outro seria uma violência, uma usurpação, uma tirania manifesta. Não é senão na faculdade de nos tornar felizes que toda a autoridade legítima está fundamentada. Nenhum mortal recebe da natureza o direito de comandar um outro (HOLBACH, 2010, p. 393).

89 Em *A Moral Universal*, ele diz sobre os deveres dos soberanos: "Governar os homens é ter o direito de empregar as forças entregues pela sociedade nas mãos de uma ou várias pessoas para obrigar todos os seus membros a se conformar aos deveres da moral [...] A autoridade do governo é justa porque ela tem como objetivo proporcionar a todos os membros da sociedade algumas vantagens que seus desejos irrefletidos, seus interesses mal entendidos e discordantes, sua inexperiência e sua fraqueza os impediriam de obter por si mesmos. Se todos os homens fossem esclarecidos ou racionais, eles não teriam nenhuma necessidade de ser governados" (HOLBACH, 2015, p. 340-1).

Ao mesmo tempo em que os soberanos negligenciam sua responsabilidade em conduzir a sociedade, eles outorgam essa função aos sacerdotes, que fundamentam a moral e os costumes através dos seus falsos princípios, dos seus dogmas inconsequentes, e dos seus erros epistemológicos; nisso está o triunfo da religião. Aparentemente, o mundo é um lugar hostil, e a felicidade uma ilusão incompatível com a condição humana.[90] A religião fez o homem acreditar que procurar ser feliz neste mundo seria contrariar a ordem da Natureza, pois sua função é justamente desnaturalizar o homem, torná-lo estranho a ela, defendendo que sua essência seja pertencente a uma esfera transcendente que é a morada de sua divindade, sendo a Natureza uma morada passageira. Os homens, dessa maneira, consideraram tudo que fosse relacionado à sua essência real como algo nocivo a essa essência divina, como o seu bem-estar, as paixões, os desejos ou os prazeres; eles

> prescreveram que se fugisse deles; criticaram indistintamente todas as paixões mais úteis a nós mesmos e aos seres com quem vivemos. Quiseram que o homem se tornasse insensível, se tornasse inimigo de si mesmo, se separasse dos seus semelhantes, renunciasse a todo o

90 "Ao ver os erros que cegam a maior parte dos mortais, e que eles são forçados a sugar com o leite; ao ver os desejos pelos quais eles são perpetuamente agitados, as paixões que os atormentam, as inquietações que os corroem, os males tanto físicos como morais que os assediam por todos os lados, seríamos tentados a crer que a felicidade não foi feita para este mundo e que seria uma vã empreitada querer curar alguns espíritos que tudo conspira para envenenar. [...] temos dificuldade para nos defender da ideia de que o infortúnio é o apanágio do gênero humano, de que este mundo não é feito senão para reunir alguns desgraçados, de que a felicidade é uma quimera ou, pelo menos, um ponto tão fugidio que é impossível fixar" (HOLBACH, 2010, p. 400).

> prazer, recusasse a felicidade – em poucas palavras, se desnaturasse (HOLBACH, 2010, p. 401).

Desse modo, a religião inverteu as relações entre o homem, a Natureza e sua felicidade,[91] pois sendo fundamentada na ignorância das leis naturais, e seus princípios sendo orientados pela imaginação, ela contraria todas as direções necessárias para o homem tornar sua existência satisfatória, quando ele se adéqua às intempéries e aos infortúnios que são parte do movimento natural das coisas, compreendendo e aceitando de bom grado os fenômenos naturais que se sucedem, e trabalhando para superá-los e, se possível, torná-los inofensivos. A existência humana, como já visto, é marcada pelo destino que, em sua totalidade, é desconhecido pelo homem, e em razão disso, temido ou agraciado.[92] Quando o homem está numa situação desfavorável e o teme, ele desenha deuses cruéis agindo, e supõe que sejam necessários sacrifícios e oferendas para apaziguá-los, ou, quando se encontra

91 "Médicos cegos, que tomaram por uma doença o estado natural do homem! Eles não viram que as suas paixões e os seus desejos lhe são essenciais, que lhe proibir de amar e de desejar é querer lhe tirar o seu ser, que a atividade é a vida da sociedade, que nos dizer para odiar e desprezar a nós mesmos é nos tirar o móbil mais apropriado para nos conduzir à virtude" (HOLBACH, 2010, p. 401).

92 Vemos neste ponto a marca espinosana no pensamento do filósofo materialista. Espinosa diz no *Tratado Teologico-Político* o seguinte: "Não há, com efeito, ninguém que tenha vivido entre os homens que não se tenha dado conta de que a maior parte deles, se estão em maré de prosperidade, por mais ignorantes que sejam, ostentam uma tal sabedoria que até se sentem ofendidos se alguém lhes quer dar um conselho. Todavia, se estão na adversidade, já não sabem para onde se virar, suplicam-lhes o conselho de quem quer que seja e não há nada que se lhes diga, por mais frívolo, absurdo ou inútil, que eles não sigam [...] Tanto assim é, que quem nós vemos ser escravo de toda a espécie de superstições são sobretudo os que desejam sem moderação os bens incertos" (ESPINOSA, 2008, p. 5).

numa maré de sorte, acredita estar sendo beneficiado por sua divindade.[93] Porém, essas formas de lidar com o destino são decorrentes da imaginação e da incerteza quanto ao devir, e não possuem resultado na vida real. Seu único instrumento legítimo para essa compreensão e a superação dessa condição é a ciência da Natureza.

Holbach alerta que, enquanto uma nação tiver seus princípios morais fundamentados na religião e na teologia, seus cidadãos não serão felizes, pois não se valerão da experiência, desconhecerão a razão e a Natureza e, consequentemente, a verdade. E uma vez que esses princípios religiosos são ineficazes para regular também as suas paixões e sua conduta, essa sociedade fatalmente perecerá.[94]

*

93 Lemos em *La Contagion Sacrée*: "Todos os cultos ou sistemas religiosos da Terra são fundados sobre um deus que se irrita e que se apazigua. Os homens estão expostos às calamidades para serem postos à prova, e em outras circunstâncias que eles se encontram em uma situação mais feliz, atribuem-na igualmente a este ser. Assim, sua ideia atinge diversamente suas imaginações. Ora ela os assusta, os aflige e os lança no desespero, ora ela excita neles sua admiração, a confiança e o reconhecimento. Em consequência, os cultos que eles prestaram a este ser provém das diferentes paixões ou maneiras das quais eles foram afetados" (HOLBACH, 2006, p. 10).

94 Em *A Moral Universal*, ele afirma: "Para ser universal, a moral deve ser conforme à natureza do homem em geral, ou seja, fundamentada na sua essência, nas propriedades e qualidades que se encontram constantemente em todos os seres da sua espécie, pelas quais ele é distinto dos outros animais. De onde se vê que a moral supõe a ciência da natureza humana [...] Os laços que unem os homens uns aos outros não são senão as obrigações e os deveres aos quais eles estão submetidos de acordo com as relações que subsistem entre eles. Essas obrigações ou deveres são as condições sem as quais eles não podem se tornar reciprocamente felizes" (HOLBACH, 2015, p. 3-5).

Vejamos, então, como a religião opera essa inversão do real também no campo da política. Como já observado, a imaginação é a faculdade de invocar e combinar as ideias ou imagens, produzindo seres inexistentes a partir de partes de seres existentes. Esses seres produzidos pela imaginação podem acomodar-se ao nosso cérebro, que se acostuma a eles, na medida em que o modificam fortemente. Se por um lado eles podem tornar-se agradáveis, como as ideias que estimulam o artista a compor sua obra, adornando os objetos com uma beleza que não lhes é inerente – como no caso de uma poesia que atribui a um objeto qualidades que não correspondem à sua essência – "ela, então, faz deles seres ideais, mas que nos afetam agradavelmente: e nós perdoamos a ilusão que nos fizeram em consideração ao prazer que nos causaram" (HOLBACH, 2010, p. 167); por outro lado, elas podem ser prejudiciais, quando são quimeras que despertam nos homens sentimentos nocivos ao seu bem-estar, como o medo e a insegurança, provocando inquietações e angústias infundadas, que, por ora, perturbam a estabilidade psíquica do indivíduo; ou quando provocam sentimentos que colocam os homens uns contra os outros, como a discórdia, o fanatismo e a intolerância, que afetam sua convivência e a ordem social – essas ideias seriam as causas da superstição e das religiões, e a instabilidade social, sua consequência.

A imaginação é importante para Holbach, já que ela pode despertar no homem sentimentos vívidos e impulsionar sua energia nas suas ações, pois caso seja bem aplicada, ela poderá estimular sentimentos nobres como a virtude, a amizade, o amor pela pátria; porém, caso seja desregulada, produzirá o fanatismo, os delírios e mesmo a impostura, tornando-se assim nociva tanto ao indivíduo quanto à sociedade ao qual ele pertença. Todavia, apesar da necessidade de se precaver diante dessas ideias produzidas pela imaginação, Holbach a considera uma faculdade necessária, pois sua privação torna o homem apático ou melancólico diante das suas necessidades e interesses: "aqueles que são privados de imaginação são comumente homens nos quais a fleuma apaga o fogo sagrado, que é em nós o princípio da mobilidade, do calor do sentimento, que vivifica todas as nossas faculdades intelectuais" (HOLBACH, 2010, p. 168).[95] Esse entusiasmo provocado pela imaginação é louvável quando dele resulta um bem, aumentando a força e a energia do indivíduo, e contribuindo para o bem-estar da sociedade; porém, ele é censurável quando torna o indivíduo infeliz – ou lhe dá uma falsa ideia de felicidade – perturbando-o, e interferindo negativamente na ordem política e na estabilidade social. Isto é, a imaginação não deve ser negligenciada ou suprimida, mas contida nos limites do entendimento: "a imaginação não é regulada a não ser quando a organização está disposta de maneira a realizar suas funções com precisão" (HOLBACH, 2010, p. 168).

Essa contenção da imaginação pelos limites do entendimento possibilita aos homens possuírem, na expressão de Espinosa, *ideias adequadas*, ou seja, ideias que passam a ser correspondentes aos seres reais (naturais), permitindo-lhes assim compreender adequadamente seus mecanismos, possibilitando a ciência da Natureza, de maneira que sua permissão para ultrapassar esse limite deva estar restringida

95 Apesar da desconfiança de Descartes com relação à imaginação (ver a segunda Meditação, §9-10), a influência de seu racionalismo não atingiu a maior parte dos autores do século XVIII com relação a esta faculdade. Vemos por exemplo o que diz Emilie du Chatêlet: "pois devemos a maioria de nossos prazeres à ilusão, e infeliz de quem a perde. Em vez, portanto, de tentar fazê-la desaparecer com a chama da razão, tratemos de adensar o verniz com que ela reveste a maioria dos objetos; [...] Alguém teria algum momento de prazer, durante uma apresentação teatral, se não se entregasse à ilusão [...] Ela mescla-se a todos os prazeres de nossa vida, sendo seu verniz" (CHATÊLET, E., *Discurso sobre a felicidade*, trad. de Marina Appenzeller, São Paulo: Martins Fontes, 2002, p. 4 e 16). No geral, muitos autores setecentistas valorizam, principalmente do ponto de vista estético, a faculdade da imaginação, principalmente como delineadora do gosto e fonte de prazer intelectual. Ver também EHRARD, 2013, p. 365-377.

ao prazer estético e intelectual, isto é, na criação artística. É preciso, portanto, que o indivíduo tenha uma capacidade de julgar fortalecida diante dessas ideias imaginativas, pois no tocante ao conhecimento da Natureza, essa permissão jamais deverá ocorrer, pois traria consigo a superstição e o erro. Em suas palavras,

> em uma associação falsa entre as ideias, pela qual atribuímos aos objetos qualidades que eles não têm. Estamos errados quando supomos como existentes seres que não existem, ou quando associamos a ideia de felicidade a objetos capazes de nos causar danos, seja imediatamente, seja por algumas consequências distantes, que somos incapazes de pressentir (HOLBACH, 2010, p. 169).

Para fortalecer o julgamento ou bem conduzi-lo, somente a *verdade*. Na medida em que o homem age e estabelece relações com os seres no mundo, ele produz ideias sobre esses seres: "a cada instante da sua vida o homem faz experiências, cada sensação que ele experimenta é um fato que consigna no seu cérebro uma ideia, que sua memória recorda com maior ou menor exatidão ou fidelidade" (HOLBACH, 2010, p. 168). A experiência, pois, constitui a ciência da Natureza, pois possibilita ao homem "estar seguro – por experiências reiteradas e feitas com precisão – das ideias, das sensações e dos efeitos que um objeto pode produzir sobre nós mesmos e sobre os outros" (HOLBACH, 2010, p. 168). Ele assim define a verdade que está, portanto, na própria Natureza, que não é senão a "conformidade ou a conveniência perpétua que nossos sentidos bem constituídos nos mostram, com a ajuda da experiência, entre os objetos que conhecemos e as qualidades que atribuímos a eles. Em poucas palavras, *a verdade é a associação justa e precisa das nossas ideias*" (HOLBACH, 2010, p. 169, grifo nosso). Através do processo intelectual de conhecimento que já verificamos anteriormente, podemos compreender os mecanismos mais profundos dos movimentos da Natureza e estabelecer relações adequadas entre suas causas e efeitos, inteligindo assim que "causas análogas ou semelhantes produzem efeitos análogos e semelhantes" (HOLBACH, 2010, p. 169). Ou seja, pela experiência nos livramos do erro do julgamento em atribuir ideias falsas ou causas impróprias a efeitos que não têm correspondência a essas causas, como por exemplo, o movimento da matéria como decorrência da ação de um ser imaterial, ou das ações humanas tidas como efeito da ação de uma substância distinta de seu corpo.

Porém, não é a experiência sozinha, entregue a si mesma, que é capaz de constituir esse conhecimento verdadeiro da Natureza, pois ela é um produto da sensibilidade que, todavia, pode nos desviar dele, devido à influência de nosso temperamento ou uma desordem da nossa organização. A *razão* então adquire um papel fundamental nesse processo: ela é "a faculdade que nós temos de fazer experiências, de nos lembrar delas, de pressentir os efeitos, a fim de afastar aqueles que podem causar danos ou de proporcionar aqueles que são úteis à conservação do nosso ser e à sua felicidade" (HOLBACH, 2010, p. 170). A capacidade de refletir, de ordenar e ponderar as ideias, de agir com prudência e previdência, possibilita aos homens redirecionarem-se no caminho da verdade. A maior dificuldade, de acordo com Holbach, está no fato de que são poucos os homens que têm um temperamento moderado, um juízo preciso e uma imaginação regulada para bem orientar suas faculdades racionais, suas ideias e sua conduta. Essa dificuldade tem por raiz diversos fatores, como as falsas ideias e os juízos equivocados que eles recebem desde crianças, ou os vícios de sua organização, ou mesmo a educação desvirtuada dada pelos pais e instrutores. Contudo, ele aponta como o fator mais relevante dessa dificuldade a negligência dos soberanos em criar as condições favoráveis para que se oponham a esses fatores as devidas causas, ou seja, em não instituir uma educação adequada aos seus súditos,[96] em vista da sua felicidade – uma educação que seja pautada pela ciência e pelo esclarecimento –, pois os soberanos apenas se preocupam em formar instituições que sirvam para estabelecer o domínio político sobre seus pensamentos e sobre a energia de seu corpo.

De acordo com Charbonnat, a verdade, na visão de Holbach, deverá triunfar, já que ela promove o progresso e o desenvolvimento das sociedades, devendo ser este o maior interesse dos soberanos. E a instrução dos povos permite não apenas o aperfeiçoamento das ciências, mas, consequentemente, o desenvolvimento da sociedade e das suas instituições. As ciências progridem na medida em que o conhecimento da realidade progride, uma vez que a Natureza engloba tudo o que é real, não havendo nenhuma realidade virtual que a ultrapasse. Contudo, as religiões entravam esse conhecimento, pois apresentam uma ideia falsa do real, e uma desvirtuação da Natureza e de suas propriedades. Por sua vez, Holbach acredita que o ateísmo, constituindo uma opinião sadia – pois pertencente a um pequeno número de indivíduos que ousam ultrapassar os limites no qual o vulgo permanece, estando este alheio às ciências e mergulhado na superstição[97]

96 Segundo Guy Chaussinand-Nogaret, os filhos de Holbach receberam uma educação digna de suas ideias – não estudaram em colégios, receberam a educação por preceptores e pelo próprio pai – ideias que "Condorcet aproveitará mais tarde de sua doutrina, propondo uma educação social suscetível de tornar os homens felizes e benfazejos" (CHAUSSINAND-NOGARET, 2009, p. 249).

97 Ele dedica três capítulos ao final de sua obra para avalizar a possibilidade de uma moral ateia, fundada nos princípios da Natureza e aferida pela razão, atribuindo aos ateus o papel de libertar as consciências: "Mas os homens, cujos preconceitos os tornam obstinados em causar dano uns aos outros, estão prevenidos contra aqueles mesmos que querem lhes proporcionar os maiores bens [...] *Se os seus olhos acostumados às trevas se entreabrem por um instante, a luz os fere, e eles se atiram com fúria sobre aquele que lhes apresenta o archote pelo qual são ofuscados.* Como

– deveria ser o princípio mais adequado aos soberanos para fundamentar um sistema moral e político. De acordo com o barão, somente quando os soberanos instruírem os povos, eles tomarão consciência da inutilidade da religião e do atraso científico nas sociedades que eles governam: "A atividade consciente dos homens possibilita o meio de transformar suas condições de existência. O conhecimento e a verdade constituem esse meio" (CHARBONNAT, 2007, p. 358).

Charbonnat considera ainda que Holbach demonstra um grande otimismo com relação ao triunfo do ateísmo, pois para ele a força da verdade ultrapassa a do obscurantismo, tendendo naturalmente a sobrepujar-se sobre os preconceitos. As reformas políticas, como a instrução dos povos e o desenvolvimento das ciências, só ajudariam a acelerar esse processo, sendo ele inevitável: "Esta confiança, quase cega, no poder do conhecimento caracteriza o movimento das luzes em seu conjunto" (CHARBONNAT, 2007, p. 354).

Se por um lado os religiosos acusam os ateus de uma moral corrompida, Holbach aponta que é justamente o contrário o que ocorre, elencando as dificuldades decorrentes da influência da religião nos costumes e nas sociedades, uma vez que a religião arruína os Estados devido às suas querelas teológicas, guerras civis[98] e santas, conflitos entre os povos, opressão do Estado diante de seus cidadãos,[99] colocando uns

---

consequência, o ateu é encarado como um ser malfazejo, como um envenenador público. Aquele que ousa despertar os mortais de um sono letárgico no qual o hábito os mergulhou é tido por um perturbador" (HOLBACH, 2010, p. 854, grifo nosso). É clara a associação tácita entre a figura do filósofo e do ateu, como vemos na alusão à alegoria da caverna de Platão, em destaque na citação.

98 Lembremos a importância que o massacre da noite de São Bartolomeu teve para os filósofos do século XVIII, representando o ápice da desestabilização social que a religião vinculada ao Estado é capaz de propiciar.

99 Por exemplo, o caso de Jean Calas, que rendeu o famoso *Tratado sobre a Tolerância* (1762), de Voltaire.

contra os outros. Por outro lado, os ateus proporiam uma moral sadia, que pode levar a paz à sociedade, porque propõe a satisfação das necessidades naturais de cada indivíduo, de acordo com o interesse próprio e consequentemente, o de todos: "Liberado dos tormentos da Igreja, o ateísmo contribui para apaziguar as relações humanas, aniquilando o medo e a ignorância" (CHARBONNAT, 2007, p. 354).

*

Porém, pode-se colocar a seguinte questão: na medida em que os homens agem conforme sua essência e sendo eles determinados pelas leis da Natureza, e estas leis, inclinando-os à boa convivência e à virtude, direcionando-os à construção de uma sociedade complexa, porém progressista, qual é então a razão do vício e dos crimes serem tão presentes, mantendo as sociedades estáticas e numa situação de miséria e de infelicidade da maior parte de seus membros, contrariando assim o determinismo que caracteriza seu pensamento?

Para responder a esta questão, é preciso estar atento ao problema político que é apontado por Holbach. É também preciso ter em conta a perspectiva utilitarista de seu pensamento e a influência do erro na constituição dos costumes e das ideias dos homens e das sociedades. Uma vez sendo o desejo pelo prazer e o útil o motor das ações, é pelo mau uso da razão e pela influência das falsas opiniões que a felicidade é tão rara: "a felicidade só é tão rara entre eles porque a vinculam a objetos indiferentes ou inúteis ao seu bem-estar ou que se transformam em males reais para eles. As riquezas são indiferentes em si mesmas; é somente o uso que se faz delas que as torna úteis ou nocivas" (HOLBACH, 2010, p. 385). As riquezas, os prazeres, o desejo pelo poder, ou seja, todos os recursos humanos provindos das suas paixões podem ser empregados para o bem-estar individual, e por consequência para a felicidade da sociedade, na medida em que sejam tomados por *meios* e não por *fins*.[100] Ou seja, quando fazem um bom uso delas, eles aumentam a proporção de sua felicidade e contribuem, por conseguinte, para o bem-estar geral. Contudo, quando as paixões dos homens são tidas como contrárias à moral, obrigando-os a quererem desfazer-se delas, eles contrariam a sua própria essência, e se põem a agir contra si mesmos:

> É natural, muito necessário e muito sensato desejar as coisas que podem contribuir para aumentar a soma da nossa felicidade. Os prazeres, as riquezas e o poder são objetos dignos da nossa ambição e dos nossos esforços, quando sabemos fazer uso deles para tornar nossa existência mais agradável (...). Desejemos as riquezas, quando soubermos fazer delas um uso verdadeiramente vantajoso para nós mesmos e para os outros (HOLBACH, 2010, p. 387).

Contudo, não percamos de vista a ressalva que Holbach faz sobre esse uso das paixões, que devem ser, necessariamente, reguladas pela razão, através do cálculo de utilidade e de prazer que provém do seu julgamento. Através desse cálculo, ele compara e julga as vantagens e desvantagens de seus usos, tendo como horizonte a felicidade orientada pela virtude e a estima de seus semelhantes: "Lembremo-nos sempre de que a nossa felicidade sólida deve se fundamentar na estima de nós mesmos e nas vantagens que proporcionamos aos

100 "Por falta de serem esclarecidos sobre os seus verdadeiros interesses, aqueles dentre os homens que desfrutam de todos os meios para se tornarem felizes quase nunca descobrem o segredo de fazê-los servirem à sua própria felicidade. A arte de gozar é a mais ignorada. Ela seria aquela que se precisaria aprender a desejar; a Terra está repleta de homens que só se ocupam com o cuidado de obter os meios, sem jamais conhecerem a sua finalidade" (HOLBACH, 2010, p. 386).

outros, e que, de todos os projetos, o mais impraticável para um ser que vive em sociedade é o de querer se tornar feliz exclusivamente" (HOLBACH, 2010, p. 387). Seu liberalismo não constitui, estritamente falando, um individualismo desenfreado, mas antes um princípio moral que relaciona o amor de si à reciprocidade e, consequentemente, convida a uma existência harmoniosa com seus semelhantes.

Esse princípio é desenvolvido no capítulo 9, em que ele expõe os princípios naturais da sociabilidade, da moral e da política, no qual ele alerta: "Para que o homem fosse virtuoso, seria preciso que ele tivesse interesse em sê-lo ou que achasse vantagens em praticar a virtude" (HOLBACH, 2010, p. 190). Como visto, a religião inverte as relações entre o homem, a Natureza e sua ideia de felicidade. Quando esta se apresenta através de princípios falsos, que se opõem ao movimento da Natureza e à sua própria essência, o homem seguirá esses falsos princípios, pois terá neles a crença de que realizará seu desejo de ser feliz. Ele torna claras as razões pelas quais o vício impera nas sociedades, e a virtude seja tão pouco apreciada. A educação, a religião, as leis e os costumes,[101] que norteiam a vida representativa e simbólica, apresentam aos homens o vício como bom e despertam seu interesse pelos crimes, pois se constituem a partir de elementos muitas vezes vagos, imprecisos, destoantes à experiência e contrários aos princípios da razoabilidade e do bom senso:

101 "Será que a educação nos dá ideias bem verdadeiras sobre a felicidade, noções justas sobre a virtude, disposições verdadeiramente favoráveis para com os seres com quem nós vivemos? [...] Será que a religião, que pretende regular sozinha os nossos costumes, torna-nos sociáveis, pacíficos, humanos? [...] Será que a justiça segura sua balança com uma mão bem firme entre todos os cidadãos? Será que as leis não favorecem o poderoso contra o fraco, o rico contra o pobre, o afortunado contra o miserável? " (HOLBACH, 2010, p. 190).

> Nas sociedades assim constituídas, a virtude só pode ser ouvida por um pequeno número de cidadãos pacíficos, que conhecem o seu valor e desfrutam dela em segredo. Ela não passa de um objeto desagradável para os outros, que não veem nela senão a inimiga da sua felicidade ou a censura da sua própria conduta (HOLBACH, 2010, p. 191).

Na medida em que o vício é recompensado pela sociedade, "se o homem, de acordo com sua natureza, é forçado a desejar seu bem-estar, ele é forçado a amar os meios para isso. Seria inútil e talvez injusto pedir a um homem para ser virtuoso se ele não pode sê-lo sem se tornar infeliz" (HOLBACH, 2010, p. 191). Isto é, se o vício o torna feliz e a virtude infeliz, o homem, pela sua essência, desejará o vício e repudiará a virtude, pois suas opiniões falsas prevalecerão sobre a verdade e o conduzirão na direção do erro. Essa é a raiz do mal na moral e na política, "de onde resulta uma desordem geral na sociedade, que se torna infeliz pela infelicidade de quase todos os membros que a compõem" (HOLBACH, 2010, p. 193). A razão perde sua força quando as instituições fortalecem as paixões pelos objetos fúteis ou nocivos que são contrários aos princípios de sociabilidade. As paixões, se mal direcionadas e em desacordo com o temperamento dos indivíduos, só podem promover a infelicidade daquele que, destituído dos meios adequados para inclinar-se na direção correta, age em desacordo com os deveres naturais da sociabilidade, da virtude e da boa convivência, pois ele está assim contrariando a inclinação à estima de si próprio. Apesar de todos esses elementos partirem da mesma base, que é a Natureza, ou seja, apesar de a moral e a política estarem de qualquer modo fundamentadas nas mesmas leis físicas que regem os corpos, sua condução pode seguir uma via diversa daquela que a Natureza as inclina. Porém, não se trata de uma direção oposta à Natureza, pois nada pode ocorrer que esteja em desacordo com suas leis, mas trata-se de não se tornarem efetivas as capacidades sociáveis que são inerentes aos homens que compõem a sociedade:

> O hábito – como já vimos – é a natureza do homem modificada. Esta fornece a matéria. A educação, os costumes nacionais e domésticos, os exemplos etc. lhe dão a forma, e do temperamento que a natureza lhes apresenta eles fazem homens sensatos ou insensatos, fanáticos ou heróis, entusiastas do bem público ou estúpidos, sábios enamorados das vantagens da virtude e libertinos mergulhados no vício. Todas as variedades do homem moral dependem das ideias diversas que se arranjam e se combinam diversamente e nos diversos cérebros, por intermédio dos sentidos. O temperamento é o produto de substâncias físicas (HOLBACH, 2010, p. 195).

Para Holbach, a organização de cada indivíduo é particular, e a existência em sociedade permite uma assistência mútua e uma troca de talentos e qualidades entre os indivíduos que, num primeiro estágio de desenvolvimento, satisfazem suas necessidades reciprocamente. Há desse modo uma tendência natural dos homens em ajustar-se mutuamente, contribuindo cada um para sua conservação auxiliando seus semelhantes, e sendo ao mesmo tempo auxiliados por eles, sem a necessidade de uma primeira instituição civil formal, ou um poder ordenador deliberado. Assim, ele opõe aos jusnaturalistas clássicos uma sociedade natural baseada no auxílio mútuo e na convivência pacífica, próxima da existência selvagem que vemos no relato lucreciano da origem da humanidade:[102] "Assim, a sociedade é o verdadeiro estado

102 "Então começaram os vizinhos a criar entre si laços de amizade, com vontade não sofrer nem causar danos, nem sofrer violência, e confiaram as crianças e as mulheres uns aos outros, indicando com gestos e vozes balbuciantes que era justo que todos tivessem compaixão dos fracos. Contudo, a concórdia não podia ser gerada de forma geral, mas grande e boa parte honrava os pactos escrupulosamente, senão na altura toda a raça humana teria perecido e a propagação da espécie não teria podido chegar até aos nosso dias" (Lucrécio, 2015, V, v.1020, p. 317). Nesse relato

de natureza do homem. Ela faz coexistir as desigualdades individuais com o interesse geral" (CHARBONNAT, 2007, p. 357).

A política não se restringe à mera regulação das paixões e necessidades de um povo. Ela se configura antes de tudo como a garantia do auxílio mútuo, da segurança dos seus membros e do gozo dos bens produzidos pelo coletivo. Ela se constitui de todo o mecanismo produzido pelos homens através de suas instituições sociais que devem garantir-lhes a satisfação de suas inclinações naturais mais essenciais, a saber, o desejo de se conservar e de garantir seu bem-estar e felicidade. Vejamos como ele coloca essa questão:

> Os homens, ao se aproximarem uns dos outros para viver em sociedade, fizeram, seja formal ou tacitamente, um pacto, pelo qual eles se comprometeram a prestar serviços e a não causar nenhum dano uns aos outros. Mas como a natureza de cada homem o leva a buscar a todo momento o seu bem-estar; na satisfação das suas paixões ou dos seus caprichos passageiros, sem nenhum respeito pelos seus semelhantes, foi necessária uma força que o reconduzisse ao seu dever, que o obrigasse a conformar-se a ele e lhe recordasse os seus compromissos, que muitas vezes a paixão podia fazê-lo esquecer. Essa força é a lei; ela é a soma das vontades da sociedade, reunidas para fixar a conduta dos seus membros ou para direcionar suas ações de maneira a contribuir para o objetivo da associação (HOLBACH, 2010, p. 180).

Após o estabelecimento do pacto e a natural tendência ao crescimento do corpo político, surge a necessidade de se instituírem as leis, devido ao aumento natural da quantidade dos seus membros, e o

---

da origem dos homens e das sociedades, vemos também em Rousseau muitos ecos do poeta romano.

consequente aumento da diversidade dos seus interesses. A *lei* é assim um instrumento para regular as paixões através da "soma das vontades da sociedade", direcionando suas ações. Para seu estabelecimento, foi necessário que os associados do corpo político concedessem a sua confiança para alguns dos seus membros, a fim de que estes estabelecessem os critérios para a sua execução. O corpo político então escolheu esses representantes, ele "faz deles os intérpretes das suas vontades, torna-os depositários do poder necessário para fazer que elas sejam executadas" (HOLBACH, 2010, p. 181).[103]

Para Holbach, portanto, a origem *natural* do governo é a necessidade dos homens uns dos outros, e não apenas um artifício da razão, ou uma lei natural que sirva para evitar um confronto geral inerente à natureza humana.

Dos verdadeiros e falsos remédios para a moral

Apesar do engodo que o erro e o desuso da razão possam acarretar para a moral, Holbach procurou apontar a direção correta para a condução das sociedades, para que elas pudessem retificá-la de acordo com os princípios da Natureza. As instituições, ao invés de servirem como fio condutor da política na direção da construção da

---

103 A formulação do pensamento político de Holbach possui muitas semelhanças, apesar das devidas divergências, com a teoria política hobbesiana: "Portanto, se a convergência de muitas vontades rumo ao mesmo fim não basta para conservar a paz e promover uma defesa duradoura, é preciso que, naqueles tópicos necessários que dizem respeito à paz e autodefesa, haja tão somente uma vontade de todos os homens. Mas isso não se pode fazer, a menos que cada um de tal modo submeta sua vontade a algum outro (seja este um só ou um conselho) que tudo o que for vontade deste, naquelas coisas que são necessárias para a paz comum, seja havido como sendo vontade de todos em geral, de cada um em particular. E a reunião de muitos homens que deliberam sobre o que deve ser feito, ou omitido, é o que eu chamo de conselho" (HOBBES, 1992, p. 108).

felicidade coletiva, levaram-na mais longe para dentro do labirinto no qual o erro e os falsos remédios para os males sempre mantiveram os homens, tornando-os cada vez mais infelizes.[104] Isso se deve às instituições serem contrárias à Natureza:

> Dizem-nos que alguns selvagens, para achatar a cabeça de seus filhos, a comprimem entre duas pranchas e a impedem com isso de assumir a forma que a natureza lhe destinava. Ocorre quase a mesma coisa com todas as nossas instituições; elas conspiram comumente para contrariar a natureza, para estorvar, para desviar, para amortecer os impulsos que ela nos dá e para substituí-los por outros que são as fontes de nossas infelicidades. Em quase todos os países da Terra, os povos estão privados da verdade, estão repletos de mentiras ou de maravilhosas quimeras (HOLBACH, 2010, p. 191).

As instituições políticas, religiosas, os costumes e a educação não cumprem – seja devido à negligência dos soberanos, seja devido ao seu desejo de poder e seus caprichos pessoais – a função que efetivamente possuem na formação do homem e do cidadão. Pelo contrário, elas subjugam os impulsos naturais que promovem a felicidade e o bem-estar, que direcionam à boa-convivência e fundamentam a justiça nas relações entre os homens, pois substituem suas ideias verdadeiras advindas da experiência e da razão por ideias falsas das quais nascem a intolerância, o fanatismo e a impostura, isto é, o erro, que é o responsável pelas desavenças, conflitos, crimes e guerras que se opõe diametralmente à razão e aos desígnios da Natureza. Para Holbach,

---

104 No capítulo final do *Sistema da Natureza*, "*Breviário do código da natureza*", Holbach faz alusão ao mito do minotauro, que foi derrotado por Teseu que, conduzido pelo fio dado por Ariadne, pôde derrotá-lo e sair do labirinto que o aprisionava. Ver a nota 142 do Capítulo II.

"as opiniões religiosas dos homens não têm como objetivo senão lhes mostrar a suprema felicidade em algumas ilusões, para as quais se acendem as suas paixões" (HOLBACH, 2010, p. 192). Na medida em que as religiões provocam uma inversão sobre as noções de virtude e de vício, do bom e do mau, fazendo os homens desejarem o que lhes seja nocivo e repudiarem o que lhes seja útil, as ideias falsas provenientes de seus princípios afastam-nos uns dos outros, disseminando o ódio e desgastando suas relações sociais, fazendo-os cometer crimes para sustentar suas falsas opiniões quando possuem um temperamento inflamado pelo fanatismo e a intolerância; ou mesmo tornando-os apáticos, alheios ao trabalho e à produção das riquezas da sociedade, quando os mergulham em especulações frívolas, deixando-os inertes para si mesmos e, por conseguinte, estéreis para a sociedade:

> Assim, vemos, em consequência desses princípios, que em todos os países a religião, longe de favorecer a moral, a enfraquece e a aniquila. Ela divide os homens em vez de reuni-los. Em vez de amarem uns aos outros e de se prestarem auxílios mútuos, eles discutem, eles se desprezam, eles se odeiam, eles se perseguem, eles degolam uns aos outros quase sempre por algumas opiniões igualmente insensatas: a menor diferença nas suas noções religiosas os torna a partir daí inimigos, separa os seus interesses, coloca-os continuamente em luta (HOLBACH, 2010, p. 678).

O erro, portanto, que leva à superstição, é um meio totalmente ineficaz e até impróprio para sustentar a moral, pois invertendo as ideias que o homem possui da virtude, e estas ideias, sendo alimentadas por paixões frívolas como a esperança ou nocivas como o medo, o fanatismo e a intolerância – derivadas dos seres imaginários que a constituem –, tornam-na insustentável, prejudicando toda a ordem e conservação da sociedade. Essas ideias são hostis à essência do homem, às suas paixões e às suas necessidades. Não obstante é possível notar, segundo ele, que as nações em que a moral religiosa seja mais rigorosa e sustentada com maior força pelos governantes, são as nações em que imperam o crime, o vício e a tirania de forma mais contundente.[105]

Apesar da força do discernimento da razão, ela pode contrair-se diante da opinião pública e dos costumes.[106] Na medida em que o hábito conduz o espírito e as ações, quando as ideias são falsas e apresentam os vícios e os crimes como bons e legítimos, ela se obscurece e os homens ignoram o que a Natureza torna legítimo. Ele cita alguns exemplos:

> Em algumas nações, os velhos são mortos a pancadas e os filhos estrangulam seus pais. Os fenícios e os cartagineses sacrificavam os filhos ao seu deus. Os europeus aprovam os duelos e consideram aquele que se recusa a degolar um outro como um homem desonrado. Os espanhóis e os portugueses acham honestíssimo queimar um herético. Os cristãos pensam que é muito legítimo dego-

---

105 "A partir do momento que se trata da religião, quer dizer, de uma quimera cuja obscuridade fez que fosse colocada acima da razão e da virtude, os homens se veem no dever de dar rédea a todas as suas paixões. Eles deixam de lado os preceitos mais claros da moral, logo que os seus sacerdotes lhes dão a entender que a divindade lhes ordena o crime, ou que é por meio das malfeitorias que eles poderão obter o perdão para as suas faltas" (HOLBACH, 2010, p. 680).

106 "A opinião pública nos dá a cada instante falsas ideias da glória e da honra. Ela vincula nossa estima não somente a vantagens frívolas, mas também a ações nocivas que o exemplo autoriza, que o preconceito consagra e que o hábito nos impede de ver com o horror e o desprezo que merecem [...] Existem países onde as ações mais louváveis parecem muito censuráveis e muito ridículas, e onde as ações mais negras são consideradas honestas e sensatas" (HOLBACH, 2010, p. 192).

> lar por causa das opiniões. Em alguns países, as mulheres se prostituem sem desonra e etc. etc. etc. (HOLBACH, 2010, p. 193, nota 10).

O soberano, porém, contribui para perpetuar essa situação, pois conserva os preconceitos para assegurar seu poder sobre as consciências e os corpos dos seus cidadãos.[107] Ele usa de sua autoridade para privilegiar seus aduladores, ou para oprimir as demonstrações de insatisfação de seu povo.

As variações morais são determinadas pelas circunstâncias sociais, ou seja, pelas ideias, opiniões e paixões nutridas pelas instituições que a sociedade cultiva, como a educação e os costumes, que formam e amoldam em grande parte o temperamento, a conduta e os desejos dos cidadãos. A raiz dos males humanos está, portanto, na má condução da sociedade, na negligência ou na impostura dos soberanos, governantes e magistrados que, ao invés de instruírem seus povos, incentivando a virtude e os bons costumes, punindo os crimes e criando os mecanismos adequados que garantam os direitos e as liberdades de seus cidadãos, estabelecendo uma justiça equitativa para todos os seus membros, são responsáveis pelo caos, pelos conflitos, pela desordem decorrente das opiniões e das ideias falsas que configuram as ações desnaturadas dos seus súditos. Eles se apresentam, assim, ou como ingênuos que, persuadidos pelos sacerdotes a conservarem os costumes que contrariam a Natureza, conduzem os homens através de opiniões impróprias para um bom governo; ou mesmo como maliciosos, pois estão preocupados antes em enganar os povos, incutindo-lhes ideias falsas de felicidade e bem-estar – engrossando o coro sacerdotal que lhes oferece uma feli-

107 "A autoridade se acha comumente interessada em manter as opiniões recebidas. Os preconceitos e os erros que ela julga necessários para assegurar o seu poder são sustentados pela força, que jamais raciocina" (HOLBACH, 2010, p. 193).

cidade imaginária numa vida *post-mortem* –, apresentando a verdade da Natureza como nociva e o erro como necessário: "o hábito nos liga fortemente a nossas opiniões insensatas, a nossas inclinações perigosas, a nossas paixões cegas por objetos inúteis ou perigosos. Eis aí como a maior parte dos homens se encontra necessariamente determinada ao mal" (HOLBACH, 2010, p. 194).

*

Holbach propõe que a função do soberano deva ser regular as relações entre os membros da sociedade através de medidas eficientes, que estejam em acordo com as leis da Natureza. Como já visto, a sociedade tem origem no pacto e no consentimento dos indivíduos em atribuir a responsabilidade pela sua organização a um indivíduo ou um grupo de indivíduos deliberado pelos seus membros. A legitimidade desse governo, portanto, está no consentimento dos cidadãos. Esses representantes devem atender às necessidades do povo, caso contrário, este tem todo o direito de destituí-los de sua função, escolhendo outros para seu lugar. Essa ideia, como vimos, não agradou a poderosos como Frederico da Prússia. Não há, portanto, laços de sangue ou instituições divinas que assegurem o lugar do soberano frente aos seus súditos, senão a própria vontade destes. A sociedade é constituída em analogia ao corpo humano, que é um conjunto de elementos diversos reunidos e constituindo um único ser; ou seja, a sociedade é também composta por essa mesma configuração, pois ela é a reunião de indivíduos diversos, que devem agir em conformidade para garantir a conservação do próprio ser que engendram:[108]

108 Quanto a este ponto, podemos notar uma concordância do pensamento de Holbach com a doutrina política de Diderot, na qual, segundo Maria das Graças de Souza, ela é alicerçado sobre o mesmo princípio da composição molecular da Natureza, ou seja, na qual a ontologia da política está diretamente relacionada à ontologia física, pois "na medida em que Diderot tende a conservar, na sua concepção da sociedade, a doutrina

> Se cada homem bastasse a si mesmo, não havia necessidade de viver em sociedade. Nossas necessidades, nossos desejos, nossas fantasias nos colocam na dependência dos outros e fazem com que cada um de nós, pelo seu próprio interesse, seja forçado a ser útil aos seres capazes de lhe proporcionar os objetos que ele próprio não tem. Uma nação nada mais é do que a reunião de um grande número de homens ligados uns aos outros pelas suas necessidades ou pelos seus prazeres (HOLBACH, 2010, p. 383).

Todos os membros do corpo político devem agir em vista da conservação da sociedade que compõem, cabendo ao soberano a função de regular essas relações entre os cidadãos através de suas instituições sociais e regimentais - normas jurídicas e leis civis estabelecidas por decretos - que fundamentam os *deveres* de cada cidadão para que ajam de modo a contribuir para o fortalecimento da sociedade, garantindo-lhes ainda *direitos* que lhes sirvam como garantias necessárias para que possam por si mesmos buscar a felicidade que desejam.[109]

---

molecular que constitui o fundamento de sua cosmologia e do seu modo de entender a natureza animal e humana. Assim, como nos seres vivos, as moléculas e os órgãos guardam a sua vida própria, constituindo, no seu conjunto, a vida do organismo inteiro, do mesmo modo, na sociedade, cada indivíduo preserva sua paixão fundamental de ser feliz. O corpo social é, do mesmo modo que o corpo orgânico, um sistema de encadeamento de forças ou soma de tendências" (SOUZA, 2002, p. 128). Esta é uma marca também do pensamento de Espinosa.

109 No *Système Social*, Holbach afirma que "a sociedade, como nós temos demonstrado até agora, tem direitos legítimos sobre seus membros pelas vantagens que ela lhes oferece; cada cidadão faz com ela um pacto tácito que por não ser redigido por escrito ou claramente anunciado, não é por isso menos real. Para exercer seus direitos sobre seus membros, a Sociedade lhe deve a justiça, a proteção, as leis que asseguram sua pessoa, sua liberdade, seus bens: ela se encarrega de proteger-lhe de toda injustiça ou violência, de defender-lhe contra suas paixões recíprocas,

Holbach define alguns desses direitos como fundamentais, como a liberdade, a propriedade e a segurança. A *liberdade*, enquanto instância metafísica ou ontológica, em sua perspectiva materialista e determinista, é inexistente; mas é necessário se estabelecer uma *liberdade política*, ou seja, uma liberdade que garanta ao indivíduo, dentro da sociedade, gozar de determinados bens, assim como o direito de pensar e agir livremente em vista do próprio bem-estar; ela é, em suma, "a faculdade de fazer para a sua própria felicidade, tudo aquilo que não cause dano à felicidade de seus associados" (HOLBACH, 2010, p. 182). Já a *propriedade* constitui o usufruto de todos os bens produzidos pelo seu trabalho e pela sua inteligência, que deve ser garantida, juntamente à liberdade, pela *segurança* que o soberano, através da aplicação das leis, deve assegurar aos cidadãos. Desde que o indivíduo cumpra com suas funções e obrigações sociais e dê à sociedade o quinhão que lhe cabe, o soberano deve assegurar-lhe o desfrute das vantagens que a sociedade, como um todo, foi capaz de produzir.[110]

Entramos assim no campo da justiça, que é definida como uma *equidade* de direitos que é necessária para equilibrar as desigualdades naturais. A *justiça* impede que alguma ação que beneficie um indivíduo possa prejudicar outro, ou que a sociedade em geral beneficie-se em detrimento de um ou poucos indivíduos. Ela garante assim que todos os cidadãos possam contribuir para o bem-estar geral, sendo por isso recompensados, desfrutando, igualmente, das benesses que lhes são garantidas pelas leis. É nessa perspectiva que as instituições como

---

de proporcionar-lhe o trabalho sem obstáculos à seu bem-estar próprio e sem prejuízo ao dos outros; a colocar cada um sob a salvaguarda de todos, para fazê-lo fruir em paz das coisas que ele possui ou que ele tem justamente adquirido por seu trabalho, seus talentos, sua indústria" (HOLBACH, 1994, p. 233).

110 Nesse aspecto, é notável a influência dos princípios políticos instituídos por Locke em seu *Segundo Tratado sobre o Governo* (1690).

a escravatura ou a submissão e opressão das mulheres, crianças ou estrangeiros são colocadas como contrárias à Natureza. Os *direitos* são, portanto, "tudo aquilo que as leis equitativas da sociedade permitem que os seus membros façam pela sua própria felicidade. Esses direitos são evidentemente limitados pelo objetivo invariável da associação" (HOLBACH, 2010, p. 182). Por sua vez, os direitos dos cidadãos estabelecem os deveres do soberano, que tem como função preservar a sociedade como um todo, assim como a cada membro em particular, da injustiça que possa decorrer de relações desequilibradas entre os cidadãos, devido às suas paixões e às suas licenciosidades. Os soberanos, portanto, enquanto responsáveis pela regulação da sociedade, possuem um direito mais específico, que é o de dispor do poder de organizar a sociedade tendo em vista sua preservação e perpetuidade. Quanto ao indivíduo que prejudica a sociedade, é garantido ao soberano o direito de tomar as medidas necessárias para corrigi-lo, ou impedir que ele possa prejudicá-la, agindo, contudo, sempre em vista das leis que regem o pacto. Já no caso do soberano não cumprir essa sua obrigação, ele perde o direito a esse poder, ou seja, perde o direito de governar a sociedade.[111] De maneira que uma sociedade só é uma

111 Vemos que Holbach defende o direito à revolta, pois ele diz num dado momento que "nenhum mortal recebe da natureza o direito de comandar um outro" (HOLBACH, 2010, p. 393), e num outro que "as infelicidades dos povos produzem as revoluções. Azedados pelo infortúnio, os espíritos entram em fermentação, e as quedas dos impérios são os efeitos necessários disso. É assim que o físico e o moral estão sempre ligados – ou, antes, são a mesma coisa" (HOLBACH, 2010, p. 405). Maria das Graças de Souza, por sua vez, atribui também a Diderot essa mesma prerrogativa política: "O naturalismo de Diderot, quando aplicado à política, exige o direito à rebelião e permite pensar que a transformação da sociedade, em certas circunstâncias, deve ser um processo de ruptura ou um movimento revolucionário. Segundo Diderot, a sociedade deve ser pensada como um organismo. O que caracteriza um organismo, na sua concep-

pátria justa quando todos os seus membros são cidadãos, gozam livremente dos seus direitos e são assegurados de sua felicidade pela justiça, possuindo, ainda, o direito de exigir do soberano que cumpra com sua obrigação política, que é ao mesmo tempo uma obrigação social e moral. Desse modo, os direitos dos cidadãos asseguram os deveres do soberano, na mesma medida em que os direitos dos soberanos são garantidos a partir dos deveres dos cidadãos. A sociedade, se não seguir essa configuração inextricável, tenderá fatalmente a sucumbir.

A moral universal fundamentada nas leis da Natureza

O último capítulo do primeiro tomo do *Sistema da Natureza* inicia-se da seguinte maneira:

> Todas as vezes que deixamos de tomar a experiência como guia, incorremos no erro (...) se os remédios que [os homens] lhe administraram foram ineficazes ou mesmo perigosos, é porque eles abandonaram a natureza, eles resistiram à experiência, eles não ousaram consultar a sua razão, eles renunciaram ao testemunho dos seus sentidos e não seguiram senão os caprichos de uma imaginação ofuscada pelo entusiasmo ou perturbada pelo temor. Preferiram as ilusões que ela lhes mostrava

---

ção, é o fato de ser um agregado de moléculas cujas estabilidade e duração dependem do modo como se articulam as suas partes. São duráveis os organismos cuja constituição não apresenta nenhuma contradição tão forte que ameace a sua sobrevivência. O mesmo se pode dizer do corpo social. Cabe à instituição política [os governantes] gerir a tensão entre os interesses dos indivíduos de tal modo que cada cidadão tenha garantido o acesso ao seu bem-estar no maior grau possível. Quando isso não acontece, o direito à oposição é inegável e legítimo. É a própria natureza que impõe limites ao sofrimento, para além dos quais só são possíveis a fuga, a morte ou a rebelião" (SOUZA, 2002, p. 144).

> às realidades de uma natureza que não engana nunca (HOLBACH, 2010, p. 409).

Ao tratar de maneira equivocada não só a Natureza, mas a própria essência do homem, os moralistas e teólogos, orientados pelos preconceitos da tradição teológico-metafísica, desvirtuaram a natureza do homem e da sociedade, fustigaram a sua composição real, que é a matéria em movimento, e estabeleceram regras de conduta que mais serviram para tornar os homens infelizes e as sociedades caóticas do que propriamente para tornar os homens morais e as sociedades benfazejas.[112] O principal erro em relação à moral advém do mau tratamento que fora dado até então às paixões humanas, que, como visto ao longo de nossa análise, são o eixo fundamental da conduta do homem, de suas relações e de suas ações morais.[113]

---

112 Ver *A Moral Universal*, obra na qual Holbach se propõe a tratar a moral como uma ciência, em que lemos no prefácio: "Embora, por muitos séculos, o espírito humano tenha se ocupado da moral, essa ciência, a mais digna de interessar os homens, não parece ter feito todos os progressos que se poderia esperar dela. Seus princípios ainda estão sujeitos a disputas, e, em todos os tempos, os filósofos pouco têm entrado em acordo sobre os fundamentos que se deveria conferir a eles" (HOLBACH, 2015, p.XIII).

113 Não podemos deixar de ter em vista, mais uma vez, a aproximação com Espinosa, em que lemos na terceira parte da *Ética*: "Os que escreveram sobre os afetos e o modo de vida dos homens parecem, em sua maioria, ter tratado não de coisas naturais, que seguem as leis comuns da natureza, mas de coisas que estão fora dela. Ou melhor, parecem conceber o homem na natureza como um império num império. Pois acreditam que, em vez de seguir a ordem da natureza, o homem a perturba, que ele tem uma potência absoluta sobre suas próprias ações, e que não é determinado por nada além de si próprio. *Além disso, atribuem a causa da impotência e da inconstância não à potência comum da natureza, mas a não sei qual defeito da natureza humana, a qual, assim, deploram, ridicularizam, desprezam ou, mais frequentemente, abominam*" (ESPINOSA, 2009, p. 97, grifo nosso).

De acordo com Josiane Boulad-Ayoub, os filósofos materialistas das luzes estabeleceram uma nova classificação das paixões, antes colocadas como antítese da razão, dando-lhes um lugar natural e normativo. No campo da filosofia prática, eles desfizeram o conflito razão e paixão no contexto político e moral, estabelecendo uma ligação entre o interesse coletivo e o individual, redesenhando as margens da política e da cultura.[114] Holbach, particularmente, passa de uma concepção tradicional de passividade do homem tomado por uma paixão para uma reflexão sobre o papel positivo do dinamismo das paixões;[115] ou seja, as paixões que animam uma mesma energia vital configuram uma moral norteada pelas oposições entre as paixões individuais, que num plano social geram um equilíbrio que constitui uma organização afetiva regulada sempre pelo interesse particular que visa o bem comum. As paixões apresentam-se, desse modo, não como algo nocivo a ser extirpado da natureza humana, para ser possível uma boa convivência entre os homens, mas como graus de temperamento e instrumentos de ação que se engendram e proporcionam um equilíbrio natural, a partir do qual, contrabalançadas devidamente, regulam as relações sociais e organizam as atividades necessárias ao funcionamento da sociedade:

> Em poucas palavras, é na ação e na reação necessárias das vontades humanas, na atração e na repulsão necessárias de suas almas, que toda a moral se fundamenta. É o acordo ou a combinação das vontades e das ações dos homens que mantém a sociedade. É a sua discordância que a dissolve ou a torna infeliz (HOLBACH, 2010, p. 420).

114 Cf. BOULAD-AYOUB, 2006, p. 268.

115 Cf. BOULAD-AYOUB, 2006, p. 255.

Paixões como a ambição, a glória ou os prazeres podem, nas mãos adequadas, serem úteis para a felicidade tanto do indivíduo que as possui quanto da sociedade em que ele se encontra. Porém, elas precisam ser orientadas de acordo com o indivíduo e sua função social,[116] devendo haver também aquelas que devem ser devidamente neutralizadas, pois não podem contribuir para a harmonia entre os indivíduos: paixões tais como o fanatismo, a intolerância ou o entusiasmo, que são frutos das falsas opiniões e que opõem os homens uns aos outros, tornando-os inimigos.[117] Vemos que é, pois, do interesse (racional) do cidadão submeter-se às leis de uma sociedade que garanta seu bem-estar. Este é o elo necessário entre o desejo da virtude, o desejo da felicidade e o interesse, todos impulsos orientados pelas paixões:

> A felicidade que nos proporcionam é a medida invariável e necessária dos nossos sentimentos pelos seres da nossa espécie, pelos objetos que desejamos, pelas opiniões que abraçamos, pelas ações que julgamos. Nós somos enganados pelos nossos preconceitos todas as vezes em que deixamos de nos servir dessa medida para regular os nossos julgamentos. Nós nunca correremos o risco de nos enganar quando examinarmos qual é a utilidade real que resulta para a nossa espécie das religiões, dos gover-

116 "À medida que as necessidades dos homens se multiplicam, eles se tornam mais difíceis de satisfazer; são forçados a depender de um maior número de seus semelhantes [...] De onde se vê que, na mesma proporção que as nossas necessidades se multiplicam, somos forçados a multiplicar os meios de satisfazê-las" (HOLBACH, 2010, p. 385).

117 "A religião nada mais é do que a arte de semear e de alimentar nas almas dos mortais algumas quimeras, ilusões, prodígios e incertezas, de onde nascem algumas paixões funestas para eles mesmos tanto quanto para os outros. Não é senão combatendo-as que o homem pode ser posto no caminho da felicidade" (HOLBACH, 2010, p. 413).

> nos, das leis, de todas as instituições, das invenções e das ações dos homens (HOLBACH, 2010, p. 395).

Em suma, a regra da utilidade serve para fixar os direitos e deveres que sustentam as relações sociais, no duplo registro do interesse individual e coletivo da felicidade:

> As paixões, para ser proveitosas, isto é, para que elas atinjam o resultado visado, manutenção ou maximização do bem-estar, devem então ser orientadas pelo interesse ou mais precisamente pelo reconhecimento pelo cidadão do que constitui seu interesse: elas serão então consideradas úteis na medida em que elas permitirão a satisfação do desejo e a realização da felicidade (BOULAD-AYOUB, 2006, p. 266).

Os três operadores da atividade humana que estabelecem essa harmonia social dentro do modelo holbachiano são, desse modo, a virtude, a utilidade e a felicidade. A arte de governar, a partir desse modelo, constitui-se em conciliar esses operadores entre si, pondo-os a serviço da conservação e do bem-estar da sociedade, partindo, primeiramente, do indivíduo, até chegar ao todo do corpo político. Pode-se, assim, estabelecer dois registros para pensar as paixões em seu sistema: primeiramente, um registro pragmático, do qual se relacionam a política e a moral; isto é, pode-se fundamentar, a partir da discussão sobre determinismo e liberdade, uma orientação das paixões que visa o bem-estar, a ordem social e a felicidade coletiva. Em segundo lugar, pode-se pensar o registro do conhecimento (científico), cujos esquemas naturalistas, medicinais, fisiológicos, isto é, científicos, estabelecem os critérios dessa orientação, em acordo com a organização fisiológica, ou seja, com os critérios fundamentados na natureza do homem a partir de sua essência material, sua ontologia.[118]

Há, dessa maneira, uma continuidade ontológica entre o ser físico e o ser moral do homem, assim como há uma ligação entre a ordem da Natureza e a ordem da Cultura (ou História), na qual a crítica à moral religiosa e ao cristianismo tem por sustentação não apenas a crítica à metafísica, mas conjuntamente a importância que as paixões adquirem quando orientadas para a sociabilidade. Visando não apenas estabelecer os princípios naturais da sociabilidade, da moral e da política, mas estabelecendo-os a partir dos critérios que têm por motor o interesse pela conservação e bem-estar, podemos pensar a História no âmbito da filosofia materialista como a luta entre os afetos naturais que configuram a vida social e àqueles imaginários decorrentes das ideias religiosas. Na medida em que a religião oponha razão e paixão, intelecto e corpo, associando a virtude ao que seja da ordem do inteligível, e o vício à ordem do físico, desfigurando a natureza do homem, as paixões como o medo da morte, o fanatismo, ou mesmo a culpa e o desprezo por si mesmo, funcionam como entraves ao equilíbrio que é necessário para a justaposição das paixões e a organização social decorrente desse mecanismo materialista. Assim, essas paixões não encontram, dentro da ordem da natureza das coisas, nenhuma utilidade no plano social, e interferem nele prejudicialmente.

Podemos então, seguindo o raciocínio de Boulad-Ayoub, sugerir três aspectos que renovam a compreensão das paixões dentro dessa perspectiva materialista: primeiramente, o determinismo fisiológico e a ausência de uma substância distinta do corpo que caracteriza sua liberdade; em segundo lugar a neutralidade moral, uma vez que as paixões não seriam consideradas nem boas nem más em si mesmas, mas relativas ao seu uso; e em terceiro lugar, elas não representam uma perturbação da ordem moral, mas, pelo contrário, são um ponto

118 Cf. BOULAD-AYOUB, 2006, p. 267.

de equilíbrio na relação do homem consigo mesmo – em sua vida particular – e com o Outro – em sua vida social.[119] Desse modo, as paixões são necessárias não apenas para a conservação da vida do indivíduo, mas também para sua própria orientação moral, apesar delas não serem todas legitimadas. Elas são julgadas, por um lado, de acordo com seus usos e com o bem-estar do indivíduo, que estabelece o nível moral de sua conduta; e por outro, a partir dos usos e da ordem na sociedade, que estabelece o nível político e a organização que dá sustentação à vida coletiva. Logo, "as paixões são o verdadeiro contrapeso das paixões. Não procuremos destruí-las, mas tratemos de direcioná-las. Contrabalancemos aquelas que são nocivas com aquelas que são úteis à sociedade" (HOLBACH, 2010, p. 413).

Porém, surgem algumas dificuldades no modo como as paixões são configuradas nessa perspectiva materialista. Por exemplo, há uma imprecisão em não distinguir claramente o que seja paixão, sentimento e emoção, tomando todas as manifestações somáticas como similares. Disso decorre, por exemplo, que o tratamento dado à sensibilidade, que é ao mesmo tempo natural e racional – pois ela é causa e juiz das afecções – não explica a existência de mecanismos inconscientes ou irracionais que designam as ações não refletidas dos indivíduos.[120] Ou seja, pode-se perguntar: qual seria a natureza das pulsões no materialismo de Holbach? Há nele uma ideia de inconsciente? Ou mesmo: como compreender o elemento irracional das paixões? – O materialismo é, de certo modo, herdeiro da tradição cartesiana, e Holbach procura conciliar as paixões com a razão a partir do artifício da sensibilidade.[121] São três pontos, portanto, que caracterizam essa concilia-

119 Cf. BOULAD-AYOUB, 2006, p. 259.

120 "A tendência para a conservação de si é origem e causa da inteligência, o poder de raciocinar, um instinto inscrito na sensibilidade" (BOULAD--AYOUB, 2006, p. 260). Conferir também BOULAD-AYOUB, 2006, p. 261.

121 Como vimos na nota 36 deste capítulo, para Descartes, a vontade pode ser delimitada pelo entendimento, na medida em que o grau de conheci-

ção: 1. Primeiramente, o homem é um ser sensível e está submetido às leis da natureza, logo ele busca o prazer e foge da dor; 2. Ele é também um ser inteligente, pois é ativo e criativo, ele estabelece um objetivo e é capaz de conduzir-se na direção deste; 3. Ao mesmo tempo, ele é um ser racional, logo, é capaz de refletir, de julgar e de avaliar seus interesses. Sua essência determina-o a sentir, julgar e agir, e esses processos escapam à sua razão, que só pode julgar as ações *a posteriori*. Logo, esses aspectos que caracterizam o homem enquanto ser sensível e racional estabelecem ao mesmo tempo a conciliação entre os dois operadores da vontade, quais sejam, a sensibilidade e a racionalidade. Porém, essa conciliação não constitui a liberdade (metafísica), que possibilita ao homem refletir e escolher a ação, mas ela configura antes a direção da energia despendida necessária para a vontade ser ativada.[122] Talvez a solução para esse problema sobre o aspecto irracional das paixões possa ser solucionado na análise sobre o hábito que, como vimos, constitui a ação fora do plano da consciência, já que é decorrente da adaptação do cérebro a determinados comportamentos e ideias. Ele constituiria, nessa medida, o elemento irracional, pois é o elemento que escapa à consciência, logo, não está sujeito à reflexão e ao julgamento. Seria necessário, portanto, incutir nos homens hábitos sociáveis para que eles pudessem adaptar-se socialmente com mais facilidade. Contudo, há desse modo uma limitação na compreensão da natureza humana, pois se tomarmos os mecanismos inconscientes

---

mento estiver de acordo com a clareza das ideias. Sendo a vontade ativada pelas paixões, e a razão sendo capaz de orientar sua direção, de modo a não torná-las nocivas, mas, pelo contrário, tornando-as benéficas para o indivíduo, essa conciliação apontada por Boulad-Ayoub, entre paixão e razão, configura um novo modo de conceber o papel das paixões dentro de uma perspectiva ética e moral. Para uma melhor análise da orientação das paixões em Descartes, ver Laurence Renault, *Natureza humana e paixões segundo Tomás de Aquino e Descartes*, p. 285-307 In MOREAU, 2008.

122 Cf. BOULAD-AYOUB, 2006, p. 262.

como mero aspecto cognitivo que escapa à consciência, como seria possível orientá-los para o interesse pela felicidade, uma vez que já estejam desvirtuados em outra direção, como aqueles dos falsos princípios? Isto é, dado que Holbach já alertara para a força dos costumes e a resistência dos homens em mudar as opiniões às quais já estejam habituados, por razões tanto fisiológicas quanto sociológicas, como dissuadi-los de seguirem a direção contrária à Natureza? É preciso frisar, ainda, que os usos derivados dos costumes, que são os hábitos cristalizados socialmente, tendem a um fluxo de mudança contínuo e configuram a sociedade sempre num processo que é análogo ao movimento da matéria, pois os indivíduos, tanto no plano particular quanto no coletivo, tendem a mudar suas opiniões e interesses devido às mudanças naturais de seu temperamento, ideias, circunstâncias e etc. Desse modo, a sociedade está submetida aos mesmos processos de agregação, dissolução e reorganização, num perpétuo movimento de alternâncias de seus elementos constituintes, que são os homens. É nesse interim que seria possível mudar os rumos da sociedade, imprimindo-lhes novos hábitos e novos costumes, através da educação e das instituições sociais que regulam a vida social. A perenidade da sociedade, portanto, torna-se uma tarefa árdua a ser executada, dada a multiplicidade de causas e efeitos que vem a constituí-la. O interesse do soberano está, nessa perspectiva, em prolongar na medida do possível sua constância e estabilidade.

Há, portanto, uma imbricação entre o interesse dos cidadãos e o interesse do soberano, e isso constitui o núcleo do pensamento político de Holbach. Os cidadãos têm interesse na sua felicidade, pois essa é sua inclinação natural, e eles também têm o direito assegurado pelo soberano de agirem livremente para alcançar esse fim, desde que não atinjam o direito alheio. Do mesmo modo, o soberano tem interesse na felicidade de seus cidadãos, pois é essa felicidade coletiva que garantirá o seu triunfo enquanto governante. Conforme os cidadãos são particularmente felizes, a sociedade é mais próspera, o que garante também a felicidade do próprio soberano. É importante salientar, também, que a relação entre Estado e sociedade, ou governantes e súditos, se dá, nesse registro, numa relação de tensão entre as partes, mas não uma tensão negativa, marcada pelo conflito, mas alicerçada na confluência das necessidades e na realização dos meios de satisfazê-las. Por um lado, um bom governante é aquele que garante a seus cidadãos os direitos que lhes são prescritos pela Natureza; por outro lado, a garantia desses direitos assegura que os cidadãos sejam, por consequência, bons e justos, pois não haveria razão para eles contrariarem as leis na medida em que estas lhes são benéficas e favoráveis. A tensão se dá, nesse sentido, na exigência de que cada parte do corpo político cumpra seus deveres quanto à outra parte e exija dela a mesma realização. É preciso haver, nesse sentido, um equilíbrio entre as paixões e os interesses derivados dessas paixões, que constituirá a harmonia ou a desarmonia entre os membros do corpo político, e seu consequente fortalecimento ou ruína. Às paixões que são nocivas e antissociais cabe ao soberano estabelecer os meios de neutralizá-las, já àquelas benéficas para o indivíduo e o coletivo, o soberano deve incentivá-las e promovê-las a fim de assegurar a felicidade de seus súditos. É esse o mecanismo que consolida toda a estrutura da política no sistema de Holbach.

As paixões, então, constituem os alicerces dos quais se erige a sociedade, e que constituem tanto o motor do progresso como também o motor da História. Afinal, a sociedade é definida pelo modo como as paixões são orientadas para os fins sociais. Como conclui Josiane Boulad-Ayoub, elas são tomadas como um artifício da razão, o artifício que norteia o Progresso e a História no plano simbólico das relações humanas.[123] Respondendo assim ao nosso problema inicial, colocado por Maria das Graças de Souza, sobre se a História, do ponto de vista do materialismo, seria regida por leis constantes assim como a

123 Cf. BOULAD-AYOUB, 2006, p. 267-8.

Natureza, poderíamos resolvê-lo da seguinte maneira: de acordo com o materialismo de Holbach, a História segue as leis da Natureza, na medida em que é constituída pelos homens, que são seres naturais e que seguem leis naturais. Contudo, não são apenas essas leis que a determinam, pois a História está sujeita também às leis singulares da natureza humana, que são derivadas do universo simbólico e significativo que é constituído por suas ideias e seus costumes, que caracterizam os homens enquanto seres sociais. E este universo, ao que tudo indica, escapa à consciência dos homens, que só podem compreender suas ações após praticá-las. Isto é, como explicitará Marx um século mais tarde, ao afirmar que os homens fazem a sua História sem ter a consciência disso, porque eles são determinados por ela ao mesmo tempo em que a determinam. A História tem, portanto, uma lei até certo ponto oculta, assim como a verdadeira essência da matéria talvez, também, seja oculta. Pois o devir, apesar do fatalismo, guarda um mistério que nenhum profeta ou adivinho é capaz de desvelar.

Conclusão

Denis Lecompte afirma que o impulso da filosofia de Holbach é um "ressentimento" em relação à religião cristã e ao clero,[1] e que, no final das contas, ele preza por uma devoção e um zelo por uma ideia de divindade natural purificada das superstições e das imposturas do sacerdócio; esse caráter pio e esse zelo o animariam em todo seu empreendimento filosófico. O horizonte de seu pensamento estaria, assim, numa comunhão entre o homem e a Natureza que culmina por fim na comunhão entre os homens, e isso caracteriza uma dimensão religiosa em sua filosofia. Ora, nada é mais estranho e contrário ao pensamento de Holbach do que uma dimensão religiosa, pois é evidente sua recusa categórica da ideia de uma divindade e de todas as suas implicações e consequências, quaisquer que sejam, na elaboração de sua filosofia materialista. Por outro lado, Robert Lenoble dirá também, em relação a Diderot – mas que poderia estender-se a Holbach –, que o naturalismo ateu nada mais é que um complexo de Édipo mal resolvido, ou seja, uma batalha pessoal do filósofo amante da Mãe Natureza contra o Pai Celestial, seu "dono", que se projeta também em seu representante terreno na figura do Rei, e que o materialismo das

1 Cf. Denis Lecompte, *Do ateísmo ao retorno da religião*, tradução de Yvone Maria de Campos Teixeira da Silva, São Paulo: Edições Loyola, 2000, p. 113-127.

Luzes se reduz, assim, a um trauma psicológico, ou uma "afetividade perturbada".[2] Portanto, para concluir nosso trabalho, procuraremos desfazer essas visões talvez equivocadas e esclarecer esse mal-entendido, para afastar quaisquer aspectos que possam associar o materialismo ateu de Holbach a uma perspectiva religiosa ou mística, ou mesmo a uma forma de autoterapia, apresentando seu caráter de *práxis* consciente, que procura demonstrar que a busca por uma vida feliz e uma sociedade harmoniosa, ou mesmo um sentimento de empatia e humanidade, não são apanágios exclusivos do pensamento teológico, mas, como fizemos ver ao analisar sua filosofia, objetivos que seguem a própria ordem da Natureza, pertencentes à essência do homem.

Para isso, basta esclarecer o conceito de divindade que se tem em vista, e mostrar como o materialismo de Holbach é radical na afirmação da imanência da Natureza, em que pese sua total dissociação com qualquer instância transcendente, religiosa ou não, mística ou não: em primeiro lugar, é preciso notar que o conceito de divindade é por si só objeto da crítica de Holbach, como procuramos demonstrar na seçãona seção *O Sistema da Natureza e a crítica à metafísica* do capítulo II. As ideias de Deus e espírito são construídas a partir de critérios não confiáveis, pois são inteiramente abstratas, dissociadas de critérios racionais legítimos, pois a experiência não lhes auxilia. Elas são um conjunto de hipóteses fundadas na imaginação, pois seus atributos são totalmente estranhos a todo conhecimento verdadeiro, aquele em que a razão e a experiência juntas atestam sua veracidade. Ora, um Ser transcendente, que possui atributos inacessíveis, tem em seu íntimo tudo aquilo que é contrário ao conceito de Natureza que o barão nos apresenta, que é a matéria em movimento. Não é por acaso que Holbach preocupa-se em limpar o campo conceitual da filosofia, pois ele quer se desfazer de alguns

2 Cf. LENOBLE, 1990, mais especificamente o Capítulo V da segunda parte.

equívocos milenares, como essa ideia de Ser que perpassa e estrutura toda a tradição do pensamento filosófico.

Mas o que é afinal esse conceito de Ser? Para responder a essa questão, nada mais justo do que fazermos a distinção entre ontologia e metafísica proposta por Regina Schöpke,[3] que as distingue como duas formas diferentes de se concebê-lo. Pois a metafísica, enquanto substrato da religião na filosofia, caracteriza-se pelo dualismo, isto é, pela cisão da realidade em dois planos opostos: aquele da mudança, da geração e da corrupção, o universo imanente que deve ser entendido como aparência e sombra; e aquele transcendente, o plano da Ideia Pura, uma realidade formal que só pode ser pensada através de conceitos abstratos, pois é inacessível pelos sentidos e pela experiência. Por outro lado, a ontologia, que é a ciência do Ser, e que sempre esteve imbricada com a metafísica na tradição filosófica, deve ser repensada a partir de uma nova configuração, em que o Ser deixa de opor-se ao Devir, devendo-se entendê-los como um mesmo conceito. Desse modo, ao invés de fazer a distinção entre *ser* e *ente*, da qual o *ser* é entendido como a essência e o *ente* seu acidente, distinção essa que é típica do dualismo da metafísica, ela propõe uma ontologia do ser/devir, isto é, uma ideia de *ser* liberada dos atributos como imobilidade, imutabilidade, eternidade e etc., de maneira que ele não é mais entendido como algo absoluto, mas definido também como devir, caracterizado pelo movimento e pela mudança: "O ser, numa ontologia autêntica, não pode ser nada além da própria matéria em movimento, ou seja, nada além do devir" (SCHÖPKE, 2009, p. 457).

Com esse esclarecimento, voltemos assim à filosofia de Holbach. Pode-se objetar, por exemplo, que seu materialismo não seja uma demolição do pensamento metafísico, visto que ele próprio constitua-se de uma metafísica, porém de uma metafísica monista, ao invés

3 Cf. SCHÖPKE, 2009. Ver principalmente a "Conclusão", em que é sintetizada essa distinção.

da dualista que ele combate. Contudo, há de se observar que o termo metafísica que é empregado por Holbach diz respeito ao pensamento dualista, que opera com seres imaginários e incognoscível e que são concebíveis apenas intelectivamente. Nesse sentido, como procuramos demonstrar ao longo do capítulo II, a forma como Holbach elabora sua teoria do conhecimento procura afastar o tanto quanto possível essas figuras características do pensamento teológico-metafísico, de modo que seus conceitos intelectivos, como os de Natureza, matéria em movimento, ou mesmo átomos e moléculas, não são estritamente intelectivos, mas derivativos de seu empirismo rigoroso. Assim, a distinção entre metafísica e ontologia é manifesta na formulação do seu materialismo, podendo caracterizá-lo não necessariamente como uma metafísica monista, mas como uma ontologia da Natureza. Ora, é evidente que a Natureza pensada pelo barão não pode ser de maneira alguma pensada como uma ideia pura, integralmente abstrata e formal, que possua em si uma realidade transcendente. Como vimos, ela é apenas uma palavra que designa o conjunto de seres compostos pelo movimento da matéria.[4] Ela não é em si mesma um Ser, e por essa razão não pode ser entendida enquanto divindade, pois não é de modo algum semelhante ao Uno de Parmênides ou Plotino, ao Bem das essências puras de Platão, ao Criador como o Deus judaico-cristão, ou mesmo a uma Inteligência universal, como o deus-relojoeiro dos deístas. Pelo contrário, a Natureza é justamente o oposto de todas as concepções de divindade, pois ela não possui vontade, liberdade tampouco algum propósito para agir. Por isso ela se confunde com o Destino, pois o movimento da matéria é incessante e inexorável. Além do mais, o Ser da metafísica – aquele Ser parmenidiano que nos remete diretamente à transcendência, à eternidade, à imobilidade e à imutabilidade – nos faz pensar em tudo aquilo que se assemelha mais à morte do que propriamente à vida, e nos faz tomar a existência

---

4 Ver a nota 67 do Capítulo II.

verdadeira como um imenso vazio, pois nos recônditos da inteligibilidade não há senão um silêncio eterno. Já a matéria em movimento, isto é, a Natureza apresentada no *Sistema da Natureza*, é a própria definição de vida: é a vida entendida como pulsação e vibração dos seus elementos, é a energia que age através dos seres que a constituem, é a criação da beleza, da ordem e da luz, assim como a fonte da fealdade, do caos e das trevas, pois ela não é só criação, é também destruição. Ela é o devir, porque geração e corrupção a definem, tal como o rio heraclitiano que nunca é o Mesmo, mas é sempre Outro; e é por essa razão que dizemos que o pensamento de Holbach vai além de uma metafísica monista, pois não opera com seres estanques, mas lança-se em compreender o Devir em sua profundidade. Por essa razão, a matéria não pode ser definida dissociando-a do movimento, pois ambos são inextricáveis. Ontologia da Natureza significa, portanto, uma ontologia do Ser/Devir. Em suma, a Natureza é tudo, e tudo é a Natureza – e é por isso que alguns defendem que o pensamento de Holbach é um herdeiro direto do panteísmo e do espinosismo –, apesar de nós não a entendermos como um Ser universal que se manifesta em seus atributos, mas como o devir que engendra os seres e a vida. Isto significa dizer que a Natureza é a própria vida agindo, é a existência singular de cada ser/ente que, num breve intervalo de tempo entre dois nadas, existe e é real.

Em segundo lugar, como vimos na seção *Crítica ao espiritualismo e ao deísmo*, do Capítulo II (ver também a nota 131 dessa mesma seção), é o próprio Holbach que sugere a abolição das palavras Deus e espírito da língua, e esse recurso não é apenas retórico ou uma ironia, pois ele traz em seu âmago um projeto, o de combater uma associação tradicional que precisa ser desfeita: a relação apodítica entre bondade, beleza, justiça e virtude a uma instância transcendente ou religiosa, isto é, a relação necessária de tudo o que aspira à vida ao *ser* abstrato da metafísica. Esse talvez tenha sido o maior legado da filosofia platônica na construção do pensamento ocidental, pois o Bem supremo e inteligível tão apreciado pelo filósofo grego é considerado a fonte primordial da qual brota tudo o que possui um valor "superior",[5] seja no campo conceitual epistemológico, seja no campo estético ou mesmo moral. Ora, é costume associar os adjetivos como bom, belo, justo ou verdadeiro àquilo que está diretamente ligado ao pensamento, à criação, à imaginação, faculdades sempre atribuídas ao espírito; ou mesmo considerar essas qualidades como próprias da divindade ou a um plano superior transcendente. A questão é que esses valores "elevados" estão enraizados nas noções estanques da metafísica, como se aquilo que fosse eterno, imóvel e imutável tivesse uma dignidade maior do que tudo aquilo que remeta ao devir; é como se a matéria em movimento, por não ser algo estável ou estático, não fosse "confiável". Contudo, o materialismo do século XVIII, ao enfrentar essa perspectiva metafísica e planificar ontologicamente os seres e os valores, estabelece uma nova forma de organizar o entendimento desse universo simbólico e dessas relações de ideias. Na medida em que tudo seja decorrente da matéria em movimento, consequentemente, os seres e os valores também o são, de modo que, entre o homem, a planta e a pedra exista apenas uma diferença de grau e não de essência. Isso, sem dúvida, como apontou Ernst Cassirer,[6] faz com que se estabeleça uma desvalorização daquilo que seria, por essência, "superior". Pois bem, os valores "superiores", tal como o belo e o justo que Sócrates insiste em chamar de divinos, agora são vistos a partir da perspectiva da relação entre os seres que os instituem; não há um Belo modelo, mas um belo relativo ao entendimento que atribui esse juízo. Do mesmo modo, no campo moral, o valor superior da ação não está mais na vontade ou

---

5 Ver a nota 27 do Capítulo III.

6 Cf. Ernst Cassirer, *A Filosofia do Iluminismo*, tradução Álvaro Cabral, Campinas, Editora da Unicamp, 1992. Ver em especial as páginas 47 a 50.

inclinação para algo suprassensível,[7] que ultrapassa os limites do interesse e do egoísmo: o valor da ação está agora na utilidade que ela tem para quem a pratica e na sua consequência para aqueles que ela afeta. Assim, todos os valores, epistemológicos, estéticos e, acima de tudo, morais, descem do céu onde plainavam intocáveis e são submetidos ao entendimento e ao juízo dos homens. Aliás, seria esse justamente o pecado original e a razão da Queda no pensamento judaico-cristão.

Mas esse movimento de relativizar os valores de acordo com sua utilidade, na perspectiva de Holbach, não delimita a dignidade da existência, mas justamente cria a possibilidade de se afirmar a vida em sua plenitude. Pois eles passam a estar enraizados na Natureza, estabelecidos pelas relações dos homens uns com os outros, no comércio que eles têm entre si para buscar, coletivamente, a felicidade que lhes é devida. Nesse sentido a moral encontra-se inscrita na própria natureza humana, não delimitada por um ser que a antecede e a cria, mas por uma essência que a constitui e a determina. Na medida em que a Natureza é a matéria em movimento, essa matéria organizada forma seres que têm necessidades, de maneira que essas necessidades fazem com que eles vivam conjuntamente, auxiliando-se reciprocamente, em busca de um objetivo comum, tornar-se feliz e fazer a felicidade de seu semelhante, pois não há prazer legítimo que não seja compartilhado.

O materialismo de Holbach permite assim atribuir o valor devido à vida concreta, esta vida que Bergson chamará mais tarde de "du-

---

7 Ver, por exemplo, a distinção entre as duas noções de desejo que se encontram no interior da obra de Platão, que é feita por Jose Américo Motta Pessanha: "O primeiro é impulso de liberação, o segundo aprisiona. O primeiro é nostálgico anseio de retorno à incorporeidade pura, apontando para *alhures*; o segundo persegue vorazmente, na sofreguidão do corpóreo, o aqui e agora". Cf. *A Água e o Mel* In NOVAES, Adauto (org.), *O Desejo*, Rio de Janeiro: ed. Cia das Letras : Funarte, 1990.

ração": a experiência pessoal da existência, que é a apreensão imediata do movimento da matéria, que desenha nossa personalidade através de nossa afetividade, e dá o contorno preciso nas relações pessoais e sociais que estabelecemos com aqueles que a compartilhamos; tudo isso é muito rico para que seja relegado a "um vestíbulo de um além", como diria Nietzsche. Pois a vida é o tempo que flui, que se esvai e se desfaz nas cinzas dos elementos.

Todo o pensamento teológico-metafísico, por sua vez, prima por uma ideia de divindade que, por mais artificiosa que seja, não passa de uma abstração lógica ou formal, que no fundo está desconectada do mundo e das coisas. Seus atributos afastam-na da vida concreta que constitui a *imanência da Natureza*. Se insistirmos em definir a Natureza por uma liberdade absoluta, uma vontade imperiosa ou um propósito objetivo, necessariamente precisamos entendê-la como uma matéria inerte e passiva, moldada por uma divindade de acordo com seu desejo e sua vontade, pois direcionada para um *thélos* longínquo e incognoscível. A nosso ver, essa perspectiva não apenas destitui a Natureza de sua beleza instigante, mas torna a própria humanidade algo insosso, e a própria vida, um despropósito.

Bibliografia

Bibliografia Principal

Obras de Holbach

HOLBACH, barão de. *A Moral Universal ou os deveres do homem fundamentados na sua natureza* (*La Morale Universelle au les devoirs de l'homme fondés sur sa nature*), tradução Regina Schöpke, Mauro Baladi, 1° Ed. – São Paulo: Martins Fontes, 2015 – (Coleção Tópicos).

______. *Éthocratie*, Paris: Coda & Jean Pierre Jackson/PUF, 2008.

______. *La contagion sacreé ou Histoire naturelle de la superstition*. Paris: Coda & Jean Pierre Jackson/PUF, 2006.

______. *La Politique Naturelle ou Discours sur les vrais principes du gouvernement par un ancien magistrat*. Paris: Fayard, 1998 (Corpus des oeuvres de philosophie en langue française).

______. *Le Bons Sens, ou Idées naturelles opposées aux idées surnaturelles*, disponível em http://gallica.bnf.fr/ark:/12148/bpt6k739238, versão impressa.

______. *Sistema da Natureza ou Das Leis do Mundo Físico e do Mundo Moral* (*Système de La Nature ou Des Lois Du Monde Physique et Du Monde Moral*), tradução Regina Schöpke, Mauro Baladi, 1° Ed. – São Paulo: Martins Fontes, 2010 – (Coleção Tópicos).

______. *Système Social ou príncipes naturelles de la morale e la politique avec um examen de l'influence du gouvernement sur les moeurs*. Paris: Fayard, 1994 (Corpus des oeuvres de philosophie en langue française).

______. *Teologia Portátil ou Dicionário abreviado da religião cristã* (*Théologie portative ou Dictionnaire abrégé de la religion chrétienne*), tradução Regina Schöpke, Mauro Baladi, 1º Ed. – São Paulo: Martins Martins Fontes, 2012 – (Coleção Tópicos).

Obras Críticas

BENÍTEZ, Miguel. Un atelier immense sans artisan intérieur? Le panthéisme dans le Système de la Nature, In BOURDIN, J.C., (org.) *Materialistes Français Du XVIIIe siècle: La Mettrie, Helvetius, Holbach*, Paris: PUF, p. 269-290, 2006 (Colection Fondements de la politique).

BLOCH, Olivier. *Matière à Histoires*, Paris: Librairie Philosophique J. Vrin, 1997.

______. *O Materialismo* (*Le Matérialisme*), tradução Emilio Campos Lima. Lisboa: Publicações Europa-América, 1987. (Coleção Saber).

BOULAD-AYOUB, Josiane. « L'homme de la raison future » et la politique naturelle des passions, In BOURDIN, J.C., (org.) *Materialistes Français Du XVIIIe siècle: La Mettrie, Helvetius, Holbach*, Paris: PUF, p. 255-268, 2006 (Colection Fondements de la politique).

BOURDIN, Jean-Claude. (org.) *Les matérialismes philosophiques*, Paris: Éditions Kimé, 1997.

______. (org.) *Materialistes Français Du XVIIIe siècle: La Mettrie, Helvetius, Holbach*, Paris: PUF, 2006 (Colection Fondements de la politique).

______. Introduction, In ______. *Materialistes Français Du XVIIIe siècle: La Mettrie, Helvetius, Holbach*, Paris: PUF, p. 251-254, 2006 (Colection Fondements de la politique).

______. Le matérialisme de Holbach pour "sortir" de la philosophie?, In ______. *Materialistes Français Du XVIIIe siècle: La Mettrie, Helvetius, Holbach*, Paris: PUF, p. 325-352, 2006 (Colection Fondements de la politique).

CHARBONNAT, Pascal. *Histoire des philosophies matèrialistes*, Paris: Syllepse, 2007.

CHAUSSINAND-NOGARET, Guy. *Les Lumières au Péril du Bûcher: Helvétius et Holbach*, Paris: Fayard, 2009.

DESNÉ, Roland. *Os Materialistas franceses - de 1750 a 1800*, Lisboa: Seara Nova, 1969.

______. A Filosofia francesa no século XVIII In CHATÊLET, F., *História da Filosofia v.4 O Iluminismo*, São Paulo: Jorge Zahar Editores, 1997.

EHRARD, Jean. *L'ideé de nature em France dans la première moitié Du XVIII*[e] *siècle*. Paris: Albin Michel, 1994.

ISRAEL, Jonathan. *A Revolução das Luzes*: O iluminismo radical e as origens da democracia moderna (*A Revolution of the mind: Radical enlightenment and the intelectual origins of modern democracy*); tradução Daniel Moreira Miranda, São Paulo: Edipro, 2013.

______. *O Iluminismo Radical*: A Filosofia e a Construção da Modernidade, 1650-1750 (*Radical Enlightenment*), tradução de Claudio Blanc, São Paulo: Madras, 2009.

KORS, Alan Charles. Les résonances des débats du XVIIe siècle dans la pensée du baron Holbach, In BOURDIN, J.C. (org.) *Materialistes Français Du XVIIIe siècle: La Mettrie, Helvetius, Holbach*, Paris: PUF, p. 291-306, 2006 (Colection Fondements de la politique).

MISSA, Jean-Nöel, Les systèmes materialistes des philosophes et les médecins sur l'âme de l'homme: de La Mettrie aux neurocientifiques du XXe siècle In BOURDIN, J.C. (org.) *Les matérialismes philosophiques*, Paris: Éditions Kimé, p. 133-150, 1997.

SALAÜN, Franck. Anti-materialisme e materialisme en France vers 1760 In BOURDIN, J.C. (org.) *Les matérialismes philosophiques*, Paris: Éditions Kimé, p. 113-132, 1997.

______. Holbach et la critique des qualités négatives, In BOURDIN, J.C. (org.) *Materialistes Français Du XVIIIe siècle: La Mettrie, Helvetius, Holbach*, Paris: PUF, p. 307-324, 2006 (Colection Fondements de la politique).

VERNIÈRE, Paul. *Spinoza et la Pensée Fraçais avant la Révolution*, Paris: PUF, 1954.

Bibliografia Complementar

ALQUIÉ, Ferdinand *et al. Galileu, Descartes e o Mecanismo*; tradução Geminiano Cascais Franco, Lisboa: Publicações Gradiva, 1987.

ALQUIÉ, Ferdinand. René Descartes In ______ *et al. Galileu, Descartes e o Mecanismo*; tradução Geminiano Cascais Franco, Lisboa: Publicações Gradiva, 1987.

______. Berkeley In CHATÊLET, F. *História da Filosofia v.4 O Iluminismo*, São Paulo: Jorge Zahar Editores, 1997.

AQUINO, Tomas de. *Compêndio de Teologia*, (*Compendium Theologiae*), tradução Luiz João Baraúna, São Paulo: Abril Cultural, 1973 (Coleção Os Pensadores).

BADINTER, Elisabeth *As Paixões Intelectuais*, v.1: Desejo de glória *(1735-1751)*; tradução de Clóvis Marques, Rio de Janeiro: Civilização Brasileira, 2007.

______. *Emilie, Emilie: A ambição feminina no século XVIII*, tradução Celeste Marcondes, São Paulo: Discurso Editorial: Duna Duet: Paz e Terra, 2003.

BEAUDÉ, Joseph. Mecanismo In ALQUIÉ, F. *et al. Galileu, Descartes e o Mecanismo*; tradução Geminiano Cascais Franco, Lisboa: Publicações Gradiva, 1987.

BERKELEY, George. *De Motu*, Scientiae Studia, São Paulo: v.4, n.1, p. 115-37, 2006.

______. *Tratado dos Princípios do Conhecimento Humano*, tradução de Antônio Sérgio, São Paulo: Abril Cultural (Coleção Os Pensadores), 1973.

BODANIS, David, *Mentes Apaixonadas*, tradução Carolina de Melo Araújo, Rio de Janeiro: 2012.

CHATÊLET, François. (org.) *História da Filosofia v.4 O Iluminismo*, São Paulo: Jorge Zahar Editores, 1997.

CHAUÍ, Marilena. *Desejo, Paixão e Ação na Ética de Espinosa*, São Paulo: Cia das Letras, 2011.

______. *Espinosa: uma filosofia da liberdade*, São Paulo: Moderna, 2005 (Coleção Logos).

COSTABEL, Pierre. Galileu In ALQUIÉ, F. *et al. Galileu, Descartes e o Mecanismo*; tradução Geminiano Cascais Franco, Lisboa: Publicações Gradiva, 1987.

D'ALEMBERT, Jean Le Ronde. *Ensaio sobre os elementos de filosofia*, tradução Beatriz Sidou, Denise Bottman, Campinas: Editora Unicamp, 1994.

DARNTON, Robert. *Os Best-Sellers Proibidos da França Pré-Revolucionária*, tradução de Hildegard Feist, São Paulo: Companhia das Letras, 1998.

______. *Boemia Literária e Revolução*: O Submundo das Letras no Antigo Regime, tradução de Luis Carlos Borges, São Paulo: Companhia das Letras, 1989.

DESCARTES, René. *Regras para a Orientação do Espírito* (*Règles pour la direction de l'esprit*), tradução Maria Ermantina de Almeida Prado Galvão, 2 ed., São Paulo: Martins Fontes, 2007 (Coleção Clássicos).

______. *Discurso do Método* (*Discours de la méthode de bien conduire as raison et chercher la verité dans les sciences*), tradução J. Guinsburg e Bento Prado Junior, São Paulo: Abril Cultural, 1973 (Coleção Os Pensadores).

______. *Meditações Metafísicas* (*Meditationes de prima filosofia, ubi de Dei existentia et animae immortalitate*). tradução J. Guinsburg e Bento Prado Junior, São Paulo: Abril Cultural, 1973 (Coleção Os Pensadores).

______. *As Paixões da Alma* (*Les Passions de l'Âme*) tradução J. Guinsburg e Bento Prado Junior, São Paulo: Abril Cultural, 1973 (Coleção Os Pensadores).

DIDEROT, Denis. *Obras I – Filosofia Política*, organização, tradução e notas de J. Guinsburg, São Paulo: Perspectiva, 2000a, p. 95-140.

______. Carta sobre os Cegos para uso dos que veem In *Obras I – Filosofia Política*, organização, tradução e notas de J. Guinsburg, São Paulo: Perspectiva, 2000a, p. 95-140.

_____. Diálogo entre d'Alembert e Diderot. In *Obras I – Filosofia Política*, organização, tradução e notas de J. Guinsburg, São Paulo: Perspectiva, 2000a, p. 151-164.

_____. O Sonho de d'Alembert. In *Obras I – Filosofia Política*, organização, tradução e notas de J. Guinsburg, São Paulo: Perspectiva, 2000a, p. 165-210.

_____. Princípios Filosóficos sobre a Matéria e o Movimento In *Obras I – Filosofia Política*, organização, tradução e notas de J. Guinsburg, São Paulo: Perspectiva, 2000a, p. 247-252.

_____. *Observações sobre o escrito do Sr. Hemsterhuis* intitulado Carta sobre o homem e suas relações, publicado em Haia no ano de 1772 (*Lettre sur l'homme et ses rapports avec le commentaire inédit de Denis Diderot*), tradução Pedro Paulo Pimenta, São Paulo: Iluminuras, 2000b.

DIX-HUITIEME SIECLE: Revue annuelle publiée avec le concours du Centre National de la Recherche Scientifique, par la Societé française d'Etude du 18e siècle, vol. 41: *Individus et communautés dans la pensée et les pratiques des Lumières*, Paris: La Découverte, 2009.

______. vol.42: *L'animal des Lumières*, Paris: La Découverte, 2010.

______. vol.45: *La Nature*, Paris: La Découverte, 2013.

DU MARSAIS, Cesar Chesneau *et. al.*, *Filosofia Clandestina*: Cinco tratados franceses do século XVIII, seleção, apresentação e tradução de Regina Schöpke e Mauro Baladi, São Paulo: Martins, 2008 (Coleção Tópicos Martins).

______. O Verdadeiro Filósofo. In ______ *et. al.*, *Filosofia Clandestina*: Cinco tratados franceses do século XVIII, seleção, apresentação e tradução de Regina Schöpke e Mauro Baladi, São Paulo: Martins, 2008 (Coleção Tópicos Martins).

EHRARD, Jean. Nature et jardins dans la pensée française du 18e siècle, In *DIX-HUITIEME SIECLE*: Revue annuelle publiée avec le concours du Centre National de la Recherche Scientifique, par la Societé française d'Etude du 18e siècle, vol. 45: *La Nature*, Paris: La Découverte, p. 365-377, 2013.

EPICURO. *Carta a Meneceu*, tradução de Álvaro Lorencini e Enzo Del Carratore, São Paulo: editora UNESP, 2002.

ESPINOSA. *Tratado Teológico-político*, tradução Diogo Pires Aurélio, São Paulo: Martins Fontes, 2008.

______. *Ética*, tradução Tomaz Tadeu, Belo Horizonte: Autêntica, 2009.

FARRINGTON, Benjamin. *A Doutrina de Epicuro*, tradução de Edmond Jorge, Rio de Janeiro: Jorge Zahar Editores, 1968.

FEUERBACH, Ludwig. *A Essência do Cristianismo*, tradução e notas de José da Silva Brandão, 2 ed., Petrópolis: Vozes, 2009.

fortes, Luis Roberto Salinas. *O iluminismo e os reis filósofos*. São Paulo: Brasiliense, 1981.

GIGANDET, Alain; MOREL, Pierre-Marie (org.). *Ler Epicuro e os epicuristas*, tradução Edson Bini, São Paulo: Edições Loyola, 2011.

GIGANDET, A. O conhecimento: princípios e métodos, In ______; MOREL, P.M. (org.) *Ler Epicuro e os epicuristas*, trad. Edson Bini, São Paulo: edições Loyola, 2011.

GILSON, Étienne, *O Espírito da Filosofia Medieval* (*L'Esprit de la philosophie médiévale*), tradução Eduardo Brandão, São Paulo: Martins Fontes, 2006 (Coleção Paideia).

GOBRY, Ivan, *Vocabulário Grego da Filosofia*, tradução Ivone C. Benedetti; revisão técnica Jacira de Freitas; caracteres gregos e transliteração do grego Zelia de Almeida Cardoso, São Paulo: WMF Martins Fontes, 2007.

HAZARD, Paul. *O Pensamento Europeu no Século XVIII*. Vols. I e II. tradução Carlos Grifo Babo, Lisboa: Editorial Presença, 1974.

LA METTRIE, Julien Offray de. *O Homem-Máquina* (*L'Homme-Machine*), tradução de Antônio Carvalho, Lisboa: Editorial Estampa, 1982.

LEIBNIZ, Gottfried Wilhelm, *Discurso de Metafísica* (*Discours de Metaphysique*), tradução de Marilena Chauí, São Paulo: Abril Cultural, 1973 (Coleção Os Pensadores).

LENOBLE, Robert. *História da Ideia de Natureza* (*Histoire de l'idee de Nature*), tradução Teresa Louro Pérez, Lisboa: Edições 70, 1990.

LOCKE, John. *Ensaio Acerca do Entendimento Humano*, tradução Anoar Aiex e E. Jacy Monteiro, 2. ed. São Paulo: Abril Cultural (Coleção Os Pensadores), 1978.

______. *Ensaio sobre o Entendimento Humano*, coordenação da tradução de Eduardo Abranches de Soveral, 2 vols., Fundação Calouste Gulbenkian: Lisboa, 1999.

LUCRÉCIO, *Da Natureza das Coisas*, tradução De Luís Manuel Gaspar Cerqueira, Lisboa: Relógio D'Água, 2015.

HOBBES, Thomas. *Os Elementos da Lei Natural e Política*, tradução Bruno Simões, São Paulo: WMF Martins Fontes, 2010.

______. *Do Cidadão*, tradução Renato Janine Ribeiro, São Paulo: Martins Fontes, 1992.

MONZANI, Luiz Roberto. Origens do Discurso Libertino In NOVAES, Adauto (org.) *Libertinos Libertários*, São Paulo: Companhia das Letras, 1996.

______. *Desejo e Prazer na Idade Moderna*. Campinas: Edunicamp, 1995.

MOREAU, Pierre-François (org.). *As paixões antigas e medievais*, trad. Miriam Campolina Diniz Peixoto, São Paulo: Edições Loyola, 2008.

NIZAN, Paul. *Os Materialistas da Antiguidade* (*Les Matérialistes de l'Antiquité*), trad. Maria Helena Barreiro Alves, Lisboa: Editorial Estampa, 1977.

NOVAES, Adauto (org.). *Libertinos Libertários*, São Paulo: Companhia das Letras, 1996.

PÉPIN, François. Diderot: la chimie comme modèle d'une philosophie expérimentale In *DIX-HUITIEME SIECLE*: Revue annuelle publiée avec le concours du Centre National de la Recherche Scientifique, par la Societé française d'Etude du 18e siècle, vol. 42: *L'animal des Lumières*, Paris: La Découverte, p. 445-472, 2010.

______. La nature naturante et les puissances de la matière, ou comment penser l'immanence totale à partir de la chimie? In *DIX-HUITIEME SIECLE*: Revue annuelle publiée avec le concours du Centre National de la Recherche Scientifique, par la Societé française d'Etude du 18e siècle, vol. 45: *La Nature*, Paris: La Découverte, p. 132-148, 2013.

PIVA, Paulo Jonas de Lima. *Ateísmo e Revolta*: os manuscritos do Padre Jean Meslier, São Paulo: Alameda Editorial, 2006.

PRADEAU, Jean-François, Platão, antes da invenção da paixão, In MOREAU, P.F. (org.). *As paixões antigas e medievais*, trad. Miriam Campolina Diniz Peixoto, São Paulo: Edições Loyola, 2008.

SCHÖPKE, Regina. *Dicionário Filosófico*: Conceitos Fundamentais, São Paulo: Martins Martins Fontes, 2010.

______. *Matéria em Movimento*: A Ilusão do Tempo e o Eterno Retorno, São Paulo: Martins Martins Fontes, 2009, (Coleção Tópicos).

______; BALADI, Mauro. Os Subterrâneos da Filosofia (Prefácio) In DU MARSAIS, C.C. *et al.*, *Filosofia Clandestina*: Cinco tratados franceses do século XVIII, seleção, apresentação e tradução de Regina Schöpke e Mauro Baladi, São Paulo: Martins, 2008 (Coleção Tópicos Martins).

SILVA, Franklin Leopoldo e, *Descartes*: A Metafísica da Modernidade, São Paulo: Moderna, 1993 (Coleção Lógos).

SILVA, Markus Figueira da. *Epicuro – Sabedoria e jardim*, Rio de Janeiro: Relumé Dumará; Natal, UFRN, Programa de Pós-graduação em Filosofia, 2003.

SOUZA, Maria das Graças de. "Materialismo e História: o caso do barão de Holbach." In *Doispontos*, Curitiba: São Carlos, vol. 8, n.1, p. 23-36, abril, 2011.

______. *Natureza e Ilustração*: Sobre o materialismo de Diderot, São Paulo: editora UNESP, 2002 (Coleção Biblioteca de Filosofia).

______. "Substância e realidade: a crítica materialista à noção cartesiana de substância", In *Cadernos Espinosanos VIII*, p. 42-51, 2002.

______. *Ilustração e História* – o Pensamento Sobre a História no Iluminismo Francês. São Paulo: Discurso Editorial, 2001.

______. "Imagens do materialismo nos contos de Voltaire", In *Trans/Form/Ação*, São Paulo: 7:37-48, 1984.

SPINELLI, Miguel. *Epicuro e as bases do epicurismo*, São Paulo: Paulus, 2013 (Coleção Ensaios Filosóficos)

TODOROV, Tzvetan. *O Espírito das Luzes*, tradução Mônica Cristina Corrêa, São Paulo: Barcarolla, 2008.

WARREN, J., A ética In GIGANDET, A., morel, p.m., (org.) *Ler Epicuro e os epicuristas*, tradução Edson Bini, São Paulo: edições Loyola, 2011.

WOLFE, Charles T., Organisation ou organisme? L'individuation organique selon le vitalisme montpelliérain In *DIX-HUITIEME SIECLE*: Revue annuelle publiée avec le concours du Centre National de la Recherche Scientifique, par la Societé française d'Etude du 18e siècle, vol. 41: *Individus et communautés dans la pensée et les pratiques des Lumières*, Paris: La Découverte, p. 99-119, 2009.

Agradecimentos

Agradeço a todos que contribuíram para a minha pesquisa de mestrado que resultou neste livro. Principalmente às seguintes pessoas: à minha orientadora, professora Jacira de Freitas, que desde a iniciação científica durante a graduação me incentivou na vida acadêmica. Às professoras que participaram da minha banca de Qualificação e Defesa, Professoras Maria das Graças de Souza e Olgária Chaim Féres Matos, que elucidaram com preciosas orientações o rumo do texto. Ao professor Juvenal Savian Filho, na época coordenador da Pós-Graduação em Filosofia na Unifesp, que foi muito solícito. Ao meu antigo professor Paulo Jonas de Lima Piva, que me apresentou o materialismo e me incentivou nesse caminho tortuoso de uma filosofia marginal. À Regina Schöpke, que pela tradução primorosa do *Sistema da Natureza*, que foi meu primeiro contato com a filosofia de Holbach, e pelo excelente livro *Matéria em Movimento*, que muito contribuiu para o meu entendimento do materialismo, também não poderia deixar de agradecer. À minha esposa Giordana e minha filha Beatriz, que foram compreensivas ao tolerar as dificuldades da vida de um pesquisador. Não poderia deixar de agradecer à minha mãe Solange e a meu avô Antônio, que me permitiram superar os momentos de dificuldade. À CAPES pelo financiamento de minha pesquisa e à FAPESP pelo auxílio para a publicação deste livro.

Enfim, aos meus amigos André e Leandro pelos calorosos debates, e todos aqueles que, com muitas trocas de ideias, me incentivaram e estimularam a levar adiante minhas pesquisas sobre o Iluminismo francês, inclusive aos colegas do Grupo de Estudos Rousseau da Unifesp, que toleraram a ovelha materialista...

E por fim, não agradeço a Deus.

Alameda nas redes sociais:

Site: www.alamedaeditorial.com.br
Facebook.com/alamedaeditorial/
Twitter.com/editoraalameda
Instagram.com/editora_alameda/

Esta obra foi impressa em São Paulo no inverno de 2019. No texto foi utilizada a fonte Minion Pro em corpo 10,3 e entrelinha de 15,3 pontos.